1x1 des Wissens

# Allgemeinbildung
# PHILOSOPHIE



Angelika Tiefenbacher

Compact Verlag

Chefredaktion: Dr. Angela Sendlinger
Redaktion: Anke Fischer
Produktion: Wolfram Friedrich
Abbildungen: Lidman Productions, Stockholm; pixelio, München;
Gruppo Editoriale Fabbri, Mailand; dpa-Picture-Alliance, Frankfurt
Compact Verlag, München
Titelabbildungen: dpa-Picture-Alliance, Frankfurt (3)
von links nach rechts: Symbolische Darstellung der Durchbrechung des mittelalterlichen Weltbildes, aus: Camille Flammarion, *L'atmosphere meteorologie populai;*
Platon, Hermenbüste, Rom; alte Bücher im Regal

Gestaltung: Axel Ganguin
Umschlaggestaltung: Inga Koch

ISBN 978-3-8174-6095-3
5460951

Besuchen Sie uns im Internet: www.compactverlag.de

# Inhalt

# Was ist Philosophie?

**Seit vielen Tausend Jahren sind die Menschen in allen Kulturkreisen auf der Suche nach der Weisheit. Sie stellen Fragen, die nicht einfach zu beantworten sind: Wie wurde die Welt erschaffen? Was ist der Sinn des Lebens? Woher kommen wir? Was bedeutet Gleichheit? Gibt es ein Leben nach dem Tod? Was ist Freiheit? Antworten auf diese schwierigen Fragen zu finden, nach Erklärungen für die Existenz der Welt und des Menschen zu suchen, ist Gegenstand der Philosophie, der Liebe zur Weisheit.**

**August Rodin:** ***Der Denker***

Um 600 v. Chr. entstand die Philosophie in Griechenland. Bis zu diesem Zeitpunkt hatten die Menschen an Götter und Dämonen geglaubt und mit überlieferten Mythen die Welt erklärt. Sie schrieben Unglücksfälle oder Unwetter der Macht von Göttern zu, die sie mit Opfern gnädig stimmen wollten. Die Philosophen begannen, die Götterlehre kritisch zu hinterfragen, indem sie für Ereignisse wie Katastrophen oder Unfälle natürliche Ursachen suchten. In jener Zeit entwickelte sich Griechenland rasch weiter. Viele Bürger hielten Sklaven, die ihnen die schwere körperliche Arbeit abnahmen. Jetzt hatten sie genügend Zeit, um sich mit Politik, Kultur und weltanschaulichen Fragen zu beschäftigen.

Als sich im antiken Griechenland Stadtstaaten bildeten, wurden die Bürger in politische Entscheidungen mit einbezogen, die Meinungsfreiheit nahm zu. So entwickelte sich mit den Anfängen der Philosophie die europäische Geistesgeschichte, die sich deutlich zum irrationalen Weltbild des Mythos abgrenzte. Philosophie und Mathematik charakterisierten eine neue, systematisch orientierte Denktätigkeit. Parallel zu den Anfängen der Philosophie in Griechenland bildeten sich asiatische Denktraditionen heraus, die heute unter dem Begriff „östliche Philosophie" bekannt sind. Diese werden aus europäischer Sicht oftmals vernachlässigt.

## Zur Philosophie gehören Ethik, Logik und Metaphysik

Wer die Philosophie beschreiben möchte, ist schon fast mittendrin im Philosophieren. Im Gegensatz zu anderen Wissenschaften hat die Philosophie keinen klar abgegrenzten Gegenstandsbereich. Die Philosophie sucht die Wahrheit, die Weisheit, das Gute und Schöne. Sie forscht nach den obersten Prinzipien und ergründet die Erkenntnis. Die Philosophie ordnet und verbindet alle Wissenschaften und sucht nach exakten Begriffen. Auch das Streben nach Tugend, Tüchtigkeit und Glückseligkeit ist Gegenstand der Philosophie.

Zu den Kerngebieten der Philosophie gehören die Ethik (die Wissenschaft, die sich mit dem menschlichen Handeln befasst), die Logik (die Lehre des folgerichtigen Denkens) und die Metaphysik (die Wissenschaft, die erforscht, was hinter der sinnlich erfahrbaren Welt liegt, und die Zusammenhänge des Seins zu erklären versucht). Weitere philosophische Grunddisziplinen sind die Erkenntnis- und Wissenschaftstheorie, die Sprachphilosophie, die Rechtsphilosophie und die politische Philosophie. Zu den neueren philosophischen Disziplinen gehören die moderne philosophische Anthropologie, die Philosophie des Geistes und des Bewusstseins, die Rationalitäts-, Handlungs- und Spieltheorie sowie die philosophische Mystik.

## Philosophen kommen aus dem Staunen nicht heraus

Philosophie bedeutet „Liebe zur Weisheit“ und ein Philosoph ist jemand, der sich wünscht, weise und gelehrt zu sein. Um dieses Ziel zu erreichen, versucht er, mittels kritisch-rationalen Denkens die Welt und die menschliche Existenz zu reflektieren und zu erklären. Für Philosophen ist die Welt ähnlich rätselhaft wie für kleine Kinder, die sich über die banalsten Alltagsgegebenheiten wundern.

**Staunendes Mädchen**

Schon Platon (um 427–347 v. Chr.) schrieb: „Der Anfang aller Philosophie ist Staunen.“ Ein Philosoph ist also jemand, der nicht aufhört, sich zu wundern und die Welt zu hinterfragen. ■

### Philosophie

Das Wort „Philosophie“ ist altgriechisch; „philos“ heißt „Freund“, „Freundschaft“, „Liebe“, „wünschen“; „sophia“ bedeutet „Weisheit“, „Wissen“. Demnach wünscht ein Philosoph, weise und gelehrt zu sein. Philosophie bedeutet Liebe zur Weisheit, Suche nach Wissen oder Streben nach Weisheit. Das Verb „philosophieren“ gebrauchte erstmals der griechische Historiker Herodot von Halikarnassos (484–425 v. Chr.).

# Naturphilosophen und Pythagoreer

Pythagoras und Thales

**Die ersten Denker, die versuchten, die Welt zu erklären, gehörten zu den Naturphilosophen. Ihnen widerstrebten die bis dahin verbreiteten Begründungen, dass es zum Beispiel donnerte, weil die Götter grollten. Sie erforschten die Natur durch Beobachten und deuteten deren Wandel auf unterschiedliche Weise. Auch bei dem Mathematiker und Philosophen Pythagoras spielte die Natur eine wichtige Rolle. Er war der Meinung, dass Naturerscheinungen von einer bestimmten Logik gesteuert werden.**

Die Naturphilosophen, die um 600 v. Chr. erstmals in Erscheinung traten, versuchten, Naturereignisse durch genaues Beobachten zu verstehen. Dadurch machten sie den ersten Schritt zu wissenschaftlichem Denken. Ungewöhnlich für die damalige Zeit war, dass die Gelehrten nicht nur erworbenes Wissen weitergaben, sondern ihre Schüler erstmals zu Diskussionen und Streitgesprächen anregten.

## Die Naturphilosophen suchen den Urstoff in Wasser oder Luft

Drei der bekanntesten Naturphilosophen kommen aus der Küstenstadt Milet in Kleinasien, die heute zur Türkei gehört. Thales von Milet ging davon aus, dass im Wasser der Ursprung allen Lebens zu finden sei. Anaximander (um 610 – um 546 v. Chr.) stellte sich dagegen keinen bestimmten Urstoff vor.

Er vertrat die Meinung, die Welt wäre aus „etwas" entstanden und würde in etwas „Unendliches" vergehen. Anaximander fertigte als Erster eine Karte von der Welt und sagte, dass die Erde frei im Raum schwebe. Anaximenes (um 585 – um 525 v. Chr.) hielt Luft für den Urstoff. Er vertrat die Meinung, dass sich Luft bei Verdichtung in Wasser und Gestein verwandeln würde und bei Verdünnung in Feuer. Anaximenes vermutete, dass der Mond nicht selbst leuchtet, sondern von der Sonne angestrahlt wird.

Anaximander, Relieffragment

## Pythagoras vereint die Philosophie und die Mathematik

Nach den ersten Naturphilosophen kamen die Pythagoreer. Dabei handelt es sich um Anhänger der Lehre des griechischen Philosophen und Mathematikers Pythagoras (um 570 – um 500 v. Chr.) aus Samos. Pythagoras wurde vor allem wegen seines Dreiecksatzes bekannt ($c^2 = a^2 + b^2$), des sogenannten Satzes des Pythagoras. Als vielseitiges Talent verband er die Philosophie mit der Mathematik. Er wandte mathematische Formeln in der Philosophie an und sagte, dass sich alle Bewegungen des materiellen Universums mathematisch ausdrücken lassen. Er ging davon aus, dass die Welt mathematisch geordnet ist und dass Naturerscheinungen von einer bestimmten Logik gesteuert werden.

Die von Pythagoras gegründete Schule war bei anderen Gelehrten nicht gerne gesehen. Das lag unter anderem an deren ausgeprägtem Elitedenken. Manche Anwärter waren tief in ihrer Ehre gekränkt, weil sie nicht in den Kreis der Auserwählten aufgenommen wurden. Andere kritisierten Pythagoras' Einteilung in Mathematiker, die Wissen erwerben, und in Akusmatiker, die nur zuhören durften, und selbst das nur, wenn sie sich zuvor die Erlaubnis eingeholt hatten.

## Demokrit entdeckte die Atome

Demokrit (um 460 – um 370 v. Chr.) war Gründer der großen naturphilosophischen Schule der Atomisten. Er war der Erste, der vermutete, dass alle Dinge aus unteilbaren, winzig kleinen Elementen (griechisch a-tomos = unteilbar) bestehen, die selbst nicht mehr verändert werden können. Demokrit erklärte die Eigenschaften der Stoffe damit, dass sich die kleinen Teilchen, die Atome, abstoßen oder anziehen. Demokrit hatte viele Kritiker, weil die Welt damals noch als etwas Göttliches angesehen wurde und sich seine Zeitgenossen mit rationalen Erklärungen für natürliche Phänomene schwertaten. ■

**Demokrit**

### Die Pythagoreer – ein Geheimbund?

Als Pythagoreer bezeichnet man die Anhänger des Pythagoreismus, der philosophischen Schule, die Pythagoras um 525 v. Chr. gründete. In der Gemeinschaft, die auch als sektiererischer Geheimbund bezeichnet wurde, lernten 600 Männer und – ungewöhnlich für die damalige Zeit – auch Frauen Philosophie, Mathematik, Religion und Politik. Nur die Fähigsten wurden aufgenommen. Sie mussten ihr gesamtes Hab und Gut verkaufen und das Geld versiegelt hinterlegen. Wer Mitglied werden wollte, musste schwören, nie Außenstehenden von den mathematischen Entdeckungen zu berichten. Dieser Schwur war ernst zu nehmen: Nachdem ein Mitglied gegen die Geheimhaltung verstoßen hatte, wurde es ertränkt.

# Thales von Milet

Thales von Milet

Thales von Milet (um 624 – um 546 v. Chr.), ein scharfsinniger und vielseitig talentierter Kaufmannssohn, gilt als Vater der Philosophie. Aufmerksam beobachtete er die Natur und suchte Gesetzmäßigkeiten und Regeln, um die verschiedenen Prozesse und Veränderungen zu erklären. Für das Jahr 585 v. Chr. sagte er eine Sonnenfinsternis voraus. Thales, der im Wasser den Urstoff allen Lebens sah, beschäftigte sich neben der Philosophie mit der Astronomie und der Mathematik.

Thales wuchs in Milet auf, einer damals bedeutenden Handels- und Hafenstadt, in der unterschiedliche ethnische Gruppen friedlich miteinander lebten. Er war viel unterwegs und erwarb sich auf seinen Reisen Kenntnisse in Astronomie, Philosophie und Mathematik. Thales hatte Spaß daran, seinen Mitmenschen die Welt zu erklären. Er gründete die Schule von Milet, die auch Anaximander besuchte, der als sein Nachfolger gilt.

Thales war ein aufmerksamer Beobachter der Natur und versuchte, für natürliche Vorgänge Regeln zu finden. Bei der von ihm vorausgesagten Sonnenfinsternis beruhigte er seine Mitmenschen, indem er betonte, die Finsternis sei kein Grund zur Sorge und würde nicht lange andauern.

## Thales und die Olivenpressen

Dass Philosophen auch durchaus geschäftstüchtige Kaufmänner sein können, zeigt folgende Geschichte: Nachdem Thales bereits im Winter vorhersah, dass die Olivenernte im Sommer außerordentlich gut werden würde, kaufte er zu einem günstigen Preis alle Olivenpressen in der näheren Umgebung. Zum Zeitpunkt der Olivenernte vermietete er sie teuer. Dadurch machte er sich finanziell unabhängig und konnte sich seinen philosophischen Studien widmen. Aristoteles schrieb dazu gute 200 Jahre später: „So bewies er der Welt, dass auch Philosophen leicht reich werden können, wenn sie nur wollen, dass das aber nicht ihr Ehrgeiz ist."

## Wasser als Urstoff des Lebens

Wasser hatte für den Naturphilosophen eine besondere Bedeutung. Er war der Meinung, dass alles aus Wasser entstanden ist. Vermutlich war Thales bewusst geworden, wie wichtig Wasser für Pflanzen, Tiere und Menschen ist.

Er beobachtete, dass bei Regen viele Pflanzen aus dem Boden schießen, und folgerte daraus, dass Pflanzen Wasser in einer anderen Form sind. Thales stellte fest, dass viele Dinge aus Wasser bestehen, und schloss, dass nicht wie bisher vermutet göttliche Wesen diese Dinge geschaffen haben müssen, sondern dass sie aus Wasser entstanden seien. Er behauptete, dass jede Materie in irgendeiner Form aus Wasser bestehe. Thales sah, dass die Landmassen von Wasser umgeben sind, und vertrat die Ansicht, dass die Erde auf Wasser schwimme und aus Wasser entstanden sei. Im Kreislauf des Werdens, den Thales zu erkennen glaubte, musste der Urstoff, aus dem alles entstanden war, sehr wandlungsfähig sein. Wasser erfüllte seiner Meinung nach diesen Anspruch, weil jedes Lebewesen Wasser benötigt, um existieren zu können, und weil Wasser verschiedene Formen annehmen kann. Er beobachtete, dass Wasser bei Kälte zu Eis wurde, bei Wärme wieder zu Wasser und schließlich zu Dampf, und versuchte zu erklären, warum sich die Zustandsformen änderten.

Thales soll gesagt haben: „Das Wasser ist das Beste." Ein weiterer Satz, der Thales zugeordnet wird, lautet: „In allem sind die Götter!" Damit wollte Thales sagen, dass nicht das Sichtbare in der Welt eine wichtige Bedeutung hat, sondern vielmehr das, was im Inneren der Dinge verborgen ist, also das eigentlich Unsichtbare. Dass diese beiden Sätze widersprüchlich sind, erkannte schon Aristoteles (384–322 v. Chr.). Aristoteles löste den scheinbaren Gegensatz auf, indem er sagte, dass Wasser bei Thales die Bedeutung einer metaphysischen Ursubstanz habe.

**Wasser – Urstoff des Lebens?**

Von Thales ist nichts Schriftliches überliefert. Deshalb ist unsicher, welche der ihm zugeschriebenen Erkenntnisse tatsächlich von ihm stammen. Dennoch gilt Thales von Milet als „Vater der Philosophie", weil er einer der Ersten war, der wichtige philosophische Fragen stellte und darauf zwei mögliche Antworten gab, die sich jedoch auf den ersten Blick widersprechen und zu weiterem Hinterfragen anregen. ■

# Heraklit

**Thales von Milet sah den Urstoff aller Dinge im Wasser, Anaxemines in der Luft. Für den Naturphilosophen Heraklit (540 – 480 v. Chr.) spielte Feuer die wichtigste Rolle. Er vertrat die Meinung, dass sich alle Gegensätze des Daseins im Feuer vereinen, dass die Weltordnung einem ewigen Feuer entspricht und ständigen Veränderungen ausgesetzt ist. Mit seinem bekannten Zitat „Alles fließt" meinte er, dass alles sich wandelt und nie dasselbe bleibt.**

Heraklit wurde in Ephesos geboren, einer Stadt, die an demselben Küstenstrich lag wie der Ort Milet. Auch Heraklit ist den Naturphilosophen zuzuordnen. Wie Thales von Milet beobachtete er die Natur und begann daraufhin mit seinen philosophischen Überlegungen. Er stellte fest, dass die Natur sich ständig verändert, und übertrug diesen Wandel auf die Dinge, die Menschen, das Leben, die Weltordnung und die Welt an sich. Wie sich das Feuer ständig wandelt, indem es auflodert und wieder erlöscht, unterliegt auch die Welt Veränderungen. Alles fließt, alles wandelt sich, nichts bleibt gleich. Heraklit sah das Feuer symbolisch als eine Art Urenergie an. Der Naturphilosoph glaubte an ein universales Gesetz (Logos) in Kosmos und Natur, das vernünftig, göttlich und weise ist. Dieses göttliche Gesetz bestimmte die Welt. Heraklit hielt es für die Pflicht des Menschen, dem ewigen Weltgesetz zu folgen, die Wahrheit zu sagen und gemäß der Natur zu handeln.

## Alles fließt – aber der Fluss ändert sich

Nach Heraklits Aussage existieren Dinge und sind während ihrer Existenz niemals, auch nicht nur für zwei Augenblicke, dieselben. Das geht so lange, bis die Dinge, zu denen auch die Menschen und das Universum gehören, aufhören zu existieren. Er sah Dinge nicht als feste Gegenstände an, sondern sah sie in einer Übergangsphase. Zwar würden die Dinge aussehen wie Gegenstände, in Wirklichkeit aber seien sie in einen Prozess eingebunden, in das Gesetz des Lebens, das Veränderung bedeute.

Um zu verdeutlichen, was er mit „Veränderung" meint, führte der Naturphilosoph das anschauliche Beispiel mit dem

Fluss an. Er sagte: „Man kann nicht zweimal in denselben Fluss steigen."

Damit meint Heraklit, dass viel passiert ist, wenn man zum zweiten Mal in denselben Fluss steigt, selbst wenn man das kurze Zeit später macht. Heraklit war der Ansicht, dass der Mensch, der zum zweiten Mal in den Fluss steigt, sich in der Zwischenzeit verändert hat. Er sagte, dass auch das Wasser des Flusses einem Wandel unterliegt und dass es sich nicht mehr um dasselbe Wasser handelt, weil das alte bereits weggeflossen ist.

## Heraklit hatte keine hohe Meinung von seinen Mitmenschen

Heraklit stand der Kultur seiner Heimat Ephesos kritisch gegenüber und lebte außerhalb der Stadt. Im Gegensatz zu vielen anderen Philosophen seiner Zeit hat er keinen Lehrer gehabt und bildete keine Schüler aus. Heraklit galt als Menschenverächter: Er hielt nicht viel von seinen Zeitgenossen und äußerte sich ihnen gegenüber kritisch. So soll er gesagt haben, dass die meisten Menschen schlecht und böse sind. Heraklit erkannte früh die Gefahren wirtschaftlichen Wohlstands, der seiner Meinung nach die Menschen verweichliche.

## Die Welt ist voller Gegensätze

Heraklit erkannte, dass das Leben von Gegensätzen geprägt ist, von Gut und Böse, gesund und krank, satt und hungrig, Krieg und Frieden, von Winter und Sommer. Er sah, dass diese Gegensätze für die Ganzheit notwendig sind und dass man es nicht schätzen wird, satt zu sein, wenn man nie richtig hungrig war. Oder dass man sich oft erst richtig gesund fühlt, wenn man zuvor einige Zeit krank gewesen ist. Heraklit sah hinter der sich verändernden Natur mit den Gegensätzen Gott. Er gebrauchte aber für Gott das griechische Wort „logos" (Vernunft). Mit Gott meinte er keinesfalls die Götter aus den überlieferten Mythen, sondern vielmehr etwas Göttliches, das die ganze Welt umfasst.

Neben seinem berühmten Satz „Alles fließt" (panta rhei) ist von Heraklit ein weiteres Zitat überliefert, das heute noch gebräuchlich ist und hinter dem ein tieferer Sinn steckt: „Unsichtbare Harmonie ist stärker als die sichtbare." ■

Demosthenes, einer der bedeutendsten Rhetoriker des antiken Griechenlands

# Die Sophisten

Schon bei Demokrit deutete sich eine Wendung in der Philosophie an. Die Sophisten bereiteten den Übergang von der Naturphilosophie zur Ethik vor. Gemeinsam mit den Naturphilosophen zweifelten sie an Mythen. Sie stellten stattdessen den Mensch mit seiner ethischen und sozialen Natur in den Mittelpunkt. Die Sophisten vertraten den Standpunkt, dass der denkende Mensch die Maßstäbe für das Zusammenleben in der Gesellschaft setzt und nicht die Götter.

450 v. Chr. wurde Athen zum kulturellen und politischen Zentrum der griechischen Antike. Durch das Entstehen der Demokratie (Volksherrschaft) wuchs das Interesse für den Menschen und seinen Platz in der Gesellschaft. Die alten Griechen diskutierten öffentlich über Gesetze, bevor sie diese verabschiedeten. Wer mitreden wollte, musste die Kunst der freien Rede, der Rhetorik, beherrschen.

## Die Sophisten führten in die Rhetorik ein

Zu dieser Zeit kamen aus den griechischen Kolonien Lehrer und Philosophen nach Athen. Sie nannten sich Sophisten, Lehrer der Weisheit. Die Sophisten zogen von Ort zu Ort und untersuchten politische und ethische Fragen, beschäftigten sich mit dem Staat, dem Recht und der Sprachwissenschaft. Sie verdienten ihren Lebensunterhalt damit, dass sie junge Männer in die Kunst der freien Rede einwiesen. Sie bildeten überwiegend angehende Rechtsanwälte und Politiker aus und gaben ihnen das nötige Handwerkszeug mit, um in der Gesellschaft bestehen zu können. Die Sophisten lehrten ihre Schüler auch, wie sie über Dinge, von denen sie selbst nicht überzeugt waren, hervorragende Reden halten können. Das brachte ihnen viele Feinde ein.

Die Sophisten glaubten, dass der menschliche Geist erzogen und geformt werden kann, und legten somit den Grundstein für die Pädagogik.

## Der Mensch steht im Mittelpunkt

Die Sophisten führten erstmals eine ethische Denkweise in die Philosophie

**Sokrates und Gorgias, Kupferstich von Johann Georg Mansfeld**

ein. Sie stellten Hellenen und Barbaren, Freie und Sklaven als gleich dar und erörterten die Stellung der Frau. Die Lehrer der Weisheit vertraten den Standpunkt, dass Gut und Böse, Recht und Unrecht veränderbar sind und dass diese Begriffe immer in Bezug auf die Personen und Situationen definiert werden müssen. Die Sophisten mit ihrem bekanntesten Vertreter Protagoras (um 485 – um 415 v. Chr.) waren der Meinung, dass jedes Denken subjektiv ist und dass sich der denkende Mensch Ordnung und Gesetze selbst schafft. Allerdings räumten sie auch ein, dass ein Gesetz sich der Natur beugen muss, wenn es im Widerspruch zu dieser stehen sollte.

Die älteren Sophisten, zu denen neben Protagoras auch Gorgias, Hippias von Elis, Prodikos und Antiphon gehörten, zweifelten somit alle früheren Prinzipien der Welt an und erklärten Wahrheiten für relativ. Sie hinterfragten kritisch Werte, Lehren und Glaubenssätze und zweifelten an Meinungen und Gesetzen der damaligen Zeit. Mit ihrem Skeptizismus galten sie als Aufklärer der antiken Kultur.

So stellten die Lehrer der Weisheit etwa die Frage, was naturgegeben ist und was von der Gesellschaft geschaffen wurde. Sie zweifelten daran, dass ein „natürliches Schamgefühl" existiert. Die meisten Sophisten waren viel gereist und kannten andere Kulturen, in denen es kein Schamgefühl gab. Deshalb konnte es ihrer Meinung nach nicht angeboren sein. Mit ihren skeptischen Fragen legten sie die Grundlage für eine neue Gesellschaftskritik.

Zu den jüngeren Sophisten gehört Kritias aus Athen (um 460 – um 403 v. Chr.). ■

## Protagoras' Schriften wurden vernichtet

Einer der bedeutendsten Sophisten ist Protagoras aus Abdera in Thrakien, ein Schüler Demokrits. Er prägte den Satz „Der Mensch ist das Maß aller Dinge, der seienden, dass sie sind, und der nichtseienden, dass sie nicht sind." (Lateinisch verkürzt: Homo mensura.) Mit diesem Satz wollte der Philosoph ausdrücken, dass es keine objektiv-metaphysische und unveränderliche Wahrheit gibt, weil der Mensch sich in seiner Erkenntnis in einem stetigen Wandel befindet. Protagoras hinterließ zwei Schriften, die öffentlich verbrannt wurden. Protagoras wurde vertrieben und starb auf der Flucht nach Sizilien.

# Sokrates

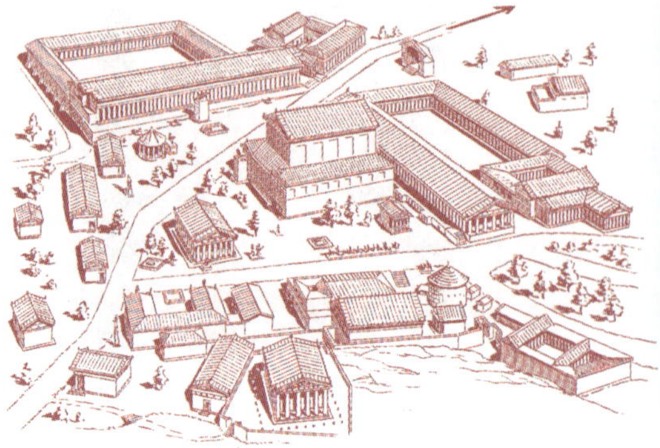

Die Agora – Zentrum des antiken Athen

**Kaum ein anderer Philosoph prägte das abendländische Denken so sehr wie Sokrates (um 469–399 v. Chr.). Sein berühmtester Satz „Ich weiß, dass ich nichts weiß" ist auch heute noch in aller Munde. Sokrates hatte die Angewohnheit, auf dem Athener Marktplatz Mitmenschen anzusprechen und sie in philosophische Diskussionen zu verwickeln. Als er angeklagt wurde, dass er die Jugend verderben und die Götter nicht anerkennen würde, ging er erhobenen Hauptes in den Tod und untermauerte damit seine Glaubwürdigkeit.**

Als Sohn eines Steinmetzes und einer Hebamme kam Sokrates in Athen auf die Welt. Er erlernte denselben Beruf wie sein Vater, doch mehr als Steineklopfen liebte er es, auf der Straße seinen Zeitgenossen philosophische Fragen zu stellen. Dabei war Sokrates nie überheblich. Er wollte seine Gesprächspartner nicht belehren, sondern von ihnen lernen. Er hatte sich dafür die Taktik zurechtgelegt, sich dümmer zu stellen, als er in Wirklichkeit war, und somit Unwissenheit vorzutäuschen. Sokrates war auf die etablierte, bürgerliche Gesellschaft nicht gut zu sprechen und umgekehrt war ihm das Establishment feindlich gesinnt. Nur gute Freunde konnten ihn davor schützen, dass die Feindseligkeit weiter eskalierte.

## Sokrates führte ein bescheidenes Leben

Sokrates war mit Xanthippe verheiratet und hatte drei Söhne mit ihr. Der Name Xanthippe ist heute ein Synonym für eine zänkische, streitsüchtige Frau. Angeblich vertrieb sie ihn immer wieder aus dem Haus und förderte dadurch sein philosophisches Denken, weil er so über die Plätze schlenderte und Mitmenschen in philosophische Gespräche verwickelte. Der Legende nach hat Xanthippe ihm eines Tages den Inhalt eines Nachttopfs über den Kopf geschüttet, was der berühmte Philosoph mit den Worten „Seht ihr, wenn meine Frau donnert, spendet sie auch Regen" kommentierte.

Sokrates hatte von seinen Eltern gerade so viel geerbt, dass er sich seinen philosophischen Fragen widmen und seiner Familie ein bescheidenes Leben sichern konnte, ohne dass sie Hunger leiden musste.

**Sokrates leert den Schierlingsbecher**

## Er hielt die Wahrheit für wichtiger als sein Leben

Im Jahr 399 v. Chr. wurde Sokrates angeklagt. Man warf ihm Gottlosigkeit und verderblichen Einfluss auf die Jugend vor. Unter Gottlosigkeit verstand man damals, dass man nicht an die Staatsgötter von Athen glaubte. Auf dieses schwere Vergehen stand der Tod durch Vergiften. Sokrates stritt in seiner Verteidigungsrede beide Vorwürfe ab, wurde aber dennoch mit 281 von 500 Stimmen für schuldig befunden. Im antiken Athen war es üblich, dass die Angeklagten eine Strafe für sich selbst vorschlagen konnten, nachdem sie verurteilt worden waren. Sokrates führte an, dass eine Belohnung angemessener als eine Strafe wäre, und wurde nunmehr mit 361 von 500 Stimmen zum Tod durch das Trinken des Schierlingsbechers verurteilt. Sokrates ging, umgeben von seinen engsten Freunden, aufrechten Hauptes in den Tod. Als er aus der Todeszelle flüchten konnte, nutzte er die Gelegenheit nicht, sondern bestand darauf, dass sein Urteil vollstreckt wurde. Dadurch blieb sich Sokrates treu und erlangte eine hohe Glaubwürdigkeit. Er versicherte, dass die Wahrheit wichtiger sei als das Leben und dass er zum Besten des Staates gehandelt habe.

Bevor er den Trank zu sich nahm, sagte er: „Ich gehe in den Tod und ihr ins Leben. Wer von uns das bessere Schicksal hat, das wissen nur die Götter." ■

### Schierlingsbecher

Im sogenannten Schierlingsbecher ist Saft des gefleckten Schierlings enthalten, einer der giftigsten einheimischen Pflanzenarten. Der gefleckte Schierling gehört zur Familie der Doldenblütler und enthält das Alkaloid Coniin. Das Gift ist in allen Teilen der Pflanze, besonders in den unreifen Früchten. Für einen Erwachsenen ist bereits eine Dosis von 0,5 bis 1 Gramm tödlich. Coniin wirkt auf das Nervensystem. Die Vergiftungserscheinungen zeigen sich mit Brechreiz, Muskelkrämpfen und dem Verlust des Sprach- und Schluckvermögens. Der Tod tritt durch Atemlähmung ein. Wer den Saft des gefleckten Schierlings zu sich nimmt, erstickt bei vollem Bewusstsein. Der Schierlingsbecher war in der Antike eine übliche Methode, um Verbrecher hinzurichten.

# Lehren des Sokrates

Der Philosoph Sokrates kam schon bald zu der Erkenntnis, zu wenig zu wissen. Er täuschte seinen Mitmenschen gegenüber Unwissenheit vor, um neue philosophische Ideen zu erhalten, und stellte ihnen schwierige Fragen. Wie bei den Sophisten stand auch in Sokrates' Lehren der Mensch im Mittelpunkt, aber er unterschied sich dennoch von den Sophisten. Er suchte nach einer Grundlage für menschliche Erkenntnisse und glaubte, diese in der menschlichen Vernunft gefunden zu haben.

Sokrates

Sokrates lebte zur gleichen Zeit wie die Sophisten, die sich erstmals nach den Naturphilosophen nicht mit Naturphänomenen beschäftigten, sondern den Menschen in den Mittelpunkt ihrer Lehren stellten. Auch Sokrates, einer der bekanntesten Philosophen auf der Welt, philosophierte über und mit anderen Menschen. Anders als die Sophisten, die Lehrer der Weisheit, hielt er sich nicht für eine gelehrte Person und verlangte deshalb für seine Lehrtätigkeit auch kein Honorar.

## „Ich weiß, dass ich nichts weiß"

Sokrates sprach Athener Bürger auf den Plätzen an und stellte ihnen Fragen, auf welche die meisten keine zufriedenstellenden Antworten wussten. Er fragte beispielsweise: „Was verstehst du unter Tugend?" „Was ist Gerechtigkeit?" „Wie definiert man Tapferkeit?" „Was ist Recht und was ist Unrecht?" Diese Fragen verunsicherten die Menschen, regten sie aber zum Nachdenken an. Sokrates wollte sich durch die Fragen weiterentwickeln, sah aber, wie schwierig sie zu beantworten waren, und kam so zu der Erkenntnis: „Ich weiß, dass ich nichts weiß." Das zu wissen, quälte Sokrates, doch er war weit davon entfernt, zu resignieren. Es drängte ihn umso mehr danach, alles zu wissen, vieles kritisch zu hinterfragen, immer wieder die Wahrheit zu suchen und zu finden. Der römische Philosoph Cicero (106–43 v. Chr.) sagte über Sokrates, dass er die Philosophie vom Himmel auf die Erde geholt habe.

Cicero

## Nur wer „richtig" handelt, wird ein „richtiger" Mensch

Auf der Suche nach einem Fundament für menschliche Erkenntnisse kam Sokrates zu dem Ergebnis, dass diese Grundlage in der menschlichen Vernunft liegt und dass Menschen moralische Tugenden des Zusammenlebens mit ihrer Vernunft lernen können. Darin unterschied er sich von den Sophisten, welche die Fähigkeit, Recht und Unrecht zu differenzieren, in der Gesellschaft begründet sahen. Sokrates war der Meinung, dass die richtige Erkenntnis zum richtigen Handeln führe und dass nur, wer richtig handle, zu einem richtigen Menschen werden könne. Wenn ein Mensch falsch handelt, dann nur deshalb, weil er es nicht besser weiß. Einfacher ausgedrückt bedeutet Sokrates' Philosophie, dass jemand nicht glücklich werden kann, wenn er gegen seine eigene Überzeugung handelt.

Moralische Grundsätze sind für Sokrates sehr wichtig. Er sieht nur fünf Gründe, die einen Menschen dazu verleiten können, Unrecht oder Böses gegen ihren Willen zu tun, nämlich Furcht, Liebe, Lust, Zorn und Schmerz. Sokrates vertrat zwei Grundsätze: „Man darf niemals Unrecht tun", also nie einen Mitmenschen schädigen, und „Vereinbarungen müssen eingehalten werden, sofern sie gerecht sind".

So trank der Philosoph nach seinem Todesurteil den Schierlingsbecher und starb für seine moralische Überzeugung.

Obwohl Sokrates so berühmt ist, schrieb er keine einzige Zeile auf. Alles, was von ihm überliefert ist, schrieb sein Schüler Platon auf. Dafür gebrauchte dieser die damals übliche Dialogform. ■

Das Orakel von Delphi

### Das Orakel von Delphi

Der Legende nach befragte ein Bürger Athens das Orakel von Delphi, eine bekannte Pilger- und Weissagungsstätte im antiken Griechenland, wer der klügste Mensch Athens sei. Das Orakel antwortete: „Sokrates." Als Sokrates davon erfuhr, war er erstaunt, denn er hatte seinen Satz im Gedächtnis: „Ich weiß, dass ich nichts weiß." Sokrates traf auf dem Marktplatz einen Mitmenschen, den er für klug und gelehrt hielt, und stellte ihm verschiedene Fragen. Als dieser keine zufriedenstellenden Antworten wusste, kam Sokrates zu der Erkenntnis, dass das Orakel recht gehabt hatte.

# Platon

Platon und Sokrates

**Als einer der größten Philosophen der Weltgeschichte beeinflusste der Schüler von Sokrates das Denken in der Antike und in den nachfolgenden Epochen maßgeblich. Seinen ursprünglichen Wunsch, in die Politik zu gehen, gab Platon (um 427 – 347 v. Chr.) zugunsten der Philosophie auf und versuchte mit seiner Erkenntnistheorie, der Welt Ordnungen, Hierarchien und Strukturen zu verleihen. Seine Philosophie hat bis in die heutige Zeit Auswirkungen.**

Platon entstammte dem adligen Geschlecht der Kodriden. Er hegte den Wunsch, seinen Lebensunterhalt mit der Politik zu verdienen, doch die Demokratie im antiken Athen war aus den Fugen geraten. Korruption und Dekadenz herrschten vor. Im Jahr 399 v. Chr. musste Platon erleben, wie sein Freund und Lehrer Sokrates zum Tode durch den Schierlingsbecher verurteilt wurde. Platon kam zu der Überzeugung, dass die meisten Staaten schlecht verwaltet sind, und machte sich auf Reisen. Er besuchte die Pythagoreer und traf sich mit Dionysios I. von Sykarus, ging aber wegen Meinungsverschiedenheiten zurück nach Athen.

Platon in der Akademie

## Platon gründete die erste Universität

Platon kaufte im heiligen Hain von Akademos ein Grundstück, um seinen Schülern ein Diskussionsforum bieten zu können. 387 v. Chr. entstand dort die erste philosophische Schule der Antike, die später Akademie genannt wurde, und von der die heutigen Lehrstätten ihren Namen haben. Platons Akademie blieb bis ins Jahr 529 n. Chr., als der oströmische Kaiser Justinian I. (527–565) sie schließen ließ, die bedeutendste Universität der antiken Welt.

## Platonische Liebe

Die Bezeichnung „platonische Liebe" für eine Liebe auf geistiger Ebene wurde von Platon geprägt. In einer seiner zahlreichen Schriften ließ er Sokrates einen Weg zur Erkenntnis verkünden, den dieser von der Priesterin Diotima empfangen haben soll. Platon vertrat die These, dass echte Liebe frei von sexuellem Interesse ist und dass sie nur unter Gleichgesinnten erlebt werden kann. Da Frauen in der Antike nichts galten, hielt er die wahre Liebe zwischen Frau und Mann für nicht möglich. Gleichzeitig lehnte Platon Homosexualität ab. Er betrachtete platonische Liebe als eine höhere Stufe der Liebe, weil sie frei von körperlichem Begehren und Sexualität ist. Heute versteht man unter platonischer Liebe eine tiefe Freundschaft und Liebe, bei der die seelische Verbundenheit im Vordergrund steht.

Im Jahr 366 v. Chr. reiste Platon erneut nach Sykarus, um Dionysios II. zu treffen. Der Philosoph wollte Dionysios II. davon überzeugen, seinen Idealstaat zu schaffen. Doch auch diese Reise endete für ihn in Enttäuschung und Streit. Angeblich soll der Tyrann versucht haben, Platon auf dem Sklavenmarkt zu verkaufen. Er konnte nur gerettet werden, weil ihn ein Freund freikaufte. Platon hatte nicht nur mit Dionysios Auseinandersetzungen. Als moralistische Person schaffte er sich viele Gegner. Zu anderen Philosophen hatte er – abgesehen von Sokrates – ein zwiespältiges Verhältnis. Die Schriften von Demokrit wollte er verbrennen lassen.

## Seine Philosophie ist heute noch aktuell

Platon hatte Talent für eine schöne Sprache und seine Schriften wurden schon in der Antike begeistert gelesen. Er galt als Meister des Dialogs und seine Werke wurden mehr geschätzt als die exotischeren Schriften seines Schülers Aristoteles.

Platons Philosophie wirkt bis in die heutige Zeit hinein. Mit seiner Erkenntnistheorie legte er den Grundstein für einen rationalen Idealismus der späteren Jahrhunderte. Fast alle Themen, die später in der Philosophiegeschichte von Bedeutung sind, finden sich bereits in Platons Schriften. Darüber hinaus inspirierte er das christliche, römische, islamische und neuzeitliche Staatsdenken wie kein anderer. Der amerikanische Politologe Francis Fukuyama (geb. 1952) erklärte, dass die liberale Demokratie der heutigen Zeit die beste Staatsform sei, weil sie den Prinzipien entspreche, die Platon in seinem bekanntesten Werk *Politeia* beschrieben habe. ■

# Platonische Philosophie

Platon wurde vor allem durch seine Ideenlehre bekannt, die besagt, dass unserer sinnlich wahrnehmbaren Welt eine unsichtbare Ideenwelt nachgeordnet ist. Eng damit verbunden ist das Höhlengleichnis, mit dem Platon zu erklären suchte, dass unsere normale Welt eigentlich eine Schattenwelt ist. Seine Werke schrieb er in Dialogform, um die Entwicklung zu seinen philosophischen Erkenntnissen plausibler zu machen. In seinem wichtigsten Werk, *Politeia*, führt er einen Dialog über den Staat.

**Platon**

Platon war von der Hinrichtung seines Freundes und Lehrers Sokrates tief erschüttert und konnte nicht begreifen, wie die Staatsmacht einen so klugen Menschen töten konnte. Dieses Schlüsselerlebnis wirkte sich auf Platons gesamtes philosophisches Schaffen und Denken aus, sah er durch den Tod Sokrates' doch, dass es große Widersprüche zwischen den tatsächlichen und den ideellen Verhältnissen gibt. So veröffentlichte er als erstes Werk die Verteidigungsrede von Sokrates vor dem großen Gerichtshof.

Während sich die Naturphilosophen für Naturphänomene interessierten und die Sophisten den Mensch in den Mittelpunkt stellten, befasste sich Platon in seinen Lehren mit beidem und versuchte, eine eigene Wirklichkeit zu finden, die nicht veränderbar ist.

Platon entwickelte eine Ideenlehre. Danach gibt es neben der sinnlich wahrnehmbaren Welt eine unsichtbare Ideenwelt. Dinge, die sinnlich wahrnehmbar sind, haben für Platon eine untergeordnete Rolle, ein unbedeutendes Sein. Er vertrat die Meinung, dass beispielsweise eine Rose schön ist, weil sie der „Idee des Schönen" entspricht. Mit dieser Zweiteilung der Realität in Ideenreich und sinnlich wahrnehmbare Welt legte Platon den Grundstein für ein dualistisches, ein zweigeteiltes, Weltbild.

## Ist die „normale" Welt eine Schattenwelt?

Platons Höhlengleichnis beschreibt Menschen, die von Geburt an in einer Höhle leben. Sie sind festgebunden und können nur die ihnen gegenüberliegende Höhlenwand sehen. Sie wissen auch nicht, dass es einen Ausgang gibt. Hinter den Gefangenen brennt ein Feuer. Eine

Gruppe anderer Menschen transportiert vor dem Feuer Bilder und Gegenstände, die flackernde Schatten an die Wand in der Höhle werfen. Die Gefangenen, die nichts anderes kennen, halten die Schattenbilder für die eigentliche Realität. Als eines Tages ein Mann freigelassen wird, sieht er, wie Menschen vor dem Feuer Bilder und Gegenstände tragen und wird sich darüber bewusst, bislang nur Schatten gesehen zu haben. Er sieht die Sonne, andere Gestirne und die ganze reale Welt. Als er zurückgeht und seinen Mitgefangenen davon berichtet, glauben sie ihm nicht und töten ihn.

**Schatten oder Realität?**

Das Höhlengleichnis besagt, dass die Menschen wie in einer Höhle leben und dass das, was sie wahrnehmen können, tatsächlich nur Schatten und Abbildungen der „echten" Wirklichkeit sind. Vermutlich wollte Platon damit ausdrücken, dass es ein großes, unbekanntes Universum jenseits der uns bekannten Welt gibt und dass wir Menschen nur einen Teil der wirklichen Realität mit unseren Sinnen wahrnehmen können. Das Ende des Höhlengleichnisses nimmt Bezug auf den Tod von Sokrates.

### *Politeia*: Platons bedeutendstes Werk

Um 370 v. Chr. verfasste Platon *Politeia*, eine der wichtigsten Schriften in der Philosophie, die die zentrale Frage „Was ist Gerechtigkeit?" zu beantworten versucht. Das Werk entstand aufgrund von Platons erlebter Ungerechtigkeit, als Sokrates hingerichtet wurde. Nach Platon entsteht der Staat aus Gründen der Arbeitsteilung, verfolgt jedoch als höheres Ziel die Gerechtigkeit. Er gliedert den Staat in den Handwerker- und Bauernstand sowie in den Stand der Wächter und Regenten. Den Standesmitgliedern fallen bestimmte Tugenden zu. Platons Ansicht nach werden den Menschen schon vor der Geburt unterschiedliche Fähigkeiten zugeteilt.

## Platon prägte den Begriff der Dialektik

Sämtliche Werke Platons sind in Dialogform geschrieben. Platon wandte die Methode der Dialektik an. Zu seiner Zeit bedeutete das eine bestimmte Form der Gesprächsführung, die auch als sokratischer Dialog bekannt ist. Beispielsweise unterhalten sich zwei Personen (A und B) über einen Gegenstand, dem eine Begriffsdefinition der Person A vorangegangen ist. Die Person B stellt nun Fragen an A, A antwortet und B stellt weitere Fragen, bis häufig nicht haltbare Definitionen als unzulänglich entlarvt werden. ■

# Aristoteles

Der griechische Philosoph und Naturforscher Aristoteles (384–322 v. Chr.) gilt als einer der einflussreichsten Denker des Abendlandes. Als Sohn eines Arztes war er mit einer realistischen Sichtweise der Welt vertraut und zeigte ein besonderes Interesse für Naturwissenschaften und Medizin. Er gründete eine Schule in Athen und errang bald mehr Ruhm als Platon, dessen Theorien er kritisch hinterfragte. Wie Sokrates wurde auch er wegen Gotteslästerung angeklagt, konnte jedoch fliehen.

***Die Schule von Athen*** **(Gemälde von Raffael, 1510/11): Im Zentrum stehen Platon (links) und Aristoteles (rechts)**

Aristoteles wurde in Makedonien geboren. Sein Vater war Leibarzt am Hof des damaligen Königs Amyntas II. von Makedonien. Der Beruf seines Vaters brachte es mit sich, dass sich Aristoteles für die Natur und die Menschen interessierte. Im Alter von 17 Jahren kam er auf Platons Akademie, wo er 20 Jahre lang blieb. Zunächst war er Schüler, später unterrichtete er selbst. Die Leitung der Akademie wurde nach Platons Tod jedoch Speusippos, einem Neffen Platons, überlassen und nicht dem offensichtlich begabteren Aristoteles.

Aristoteles reiste nach Assos, einer Stadt in Kleinasien, und traf dort den Tyrannen Hermias von Atarneus, der ebenfalls Platons Akademie besucht hatte. Aristoteles lebte von 347–345 v. Chr. bei Hermias und stand ihm in allgemeinen und philosophischen Fragen beratend zur Seite. Aristoteles heiratete Hermias' Nichte und Adoptivtochter Pytias und gründete in Atarneus eine Schule. Von 343–336 v. Chr. war er Lehrer und Erzieher von Alexander dem Großen, dem Sohn des makedonischen Königs Philipp II. 335 v. Chr. kehrte Aristoteles nach Athen zurück, wo er wieder eine Schule gründete, das Lykeion. Bald war das Lykeion berühmter als Platons Akademie. Das Besondere an der Schule war, dass Schüler und Lehrer häufig auf dem Gelände spazieren gingen, während sie über den Lernstoff diskutierten. Deshalb wurde die Schule auch Peripatos (Wandelschule) genannt. Daraus entwickelte sich später eine eigene philosophische Richtung, die der Peripatetiker.

## Auch Aristoteles wegen Gotteslästerung angeklagt

Als Alexander der Große 323 v. Chr. in Asien starb, wurde Aristoteles verdächtigt, als makedonischer Kollaborateur eine Rolle bei dessen Tod gespielt zu haben. Weil es nicht genügend Beweise gab, klagte man ihn wegen Gotteslästerung an. Im Gegensatz zu Sokrates flüchtete Aristoteles. Im Jahr 323 v. Chr. ging er auf sein Landgut nach Chalkis, dem Geburtsort seiner Mutter, und starb im darauffolgenden Jahr.

**Alexander der Große**

## Aristoteles ließ es sich gerne gut gehen

Der berühmte Philosoph wusste die schönen Dinge des Lebens zu schätzen und hielt im Gegensatz zu manch anderen Philosophen seiner Zeit wenig von Fasten und Askese. Er aß und trank gerne, aber immer in Maßen: „Zur Glückseligkeit gehört auch, dass man ausreichend Anteil an den Gütern der Welt hat", sagte Aristoteles dazu.

Trotz seiner philosophischen Theorien war er ein realistischer Weltenbürger, der ein ausgesprochenes Talent hatte, seine Mitmenschen für sich zu gewinnen. Mit seinem Charisma war er nach kurzer Zeit beliebter als Platon.

Das Frauenbild von Aristoteles war geprägt von seiner Vorstellung, die Frau wäre ein unvollständiger Mann. Weil die Frau bei der Fortpflanzung im Gegensatz zum Mann passiv und nehmend wäre, erbe das Kind ausschließlich die Eigenschaften des Vaters. Diese lägen, so glaubte Aristoteles, bereits fertig im Samen des Mannes. ■

### Was von Aristoteles überliefert ist

Anders als sein poetisch begabter Lehrer Platon schrieb Aristoteles sachlich-nüchtern bis trocken. Von seinen Schriften sind die sogenannten Pragmatien vollständig erhalten. Dabei handelt es sich um Materialsammlungen, Vorlesungsskripte und Notizen, die ursprünglich nicht zur Veröffentlichung gedacht waren. Entsprechend schwer zugänglich und lesbar sind die Werke. Zu seinen Lebzeiten wurden Schriften, die teilweise als Dialog im Stil Platons geschrieben wurden, veröffentlicht. Davon ist nur sehr wenig überliefert. Erhalten ist der sogenannte *Protreptikos*, ein Werk, mit dem Öffentlichkeitsarbeit für die Philosophie gemacht wurde.

# Schule des Aristoteles

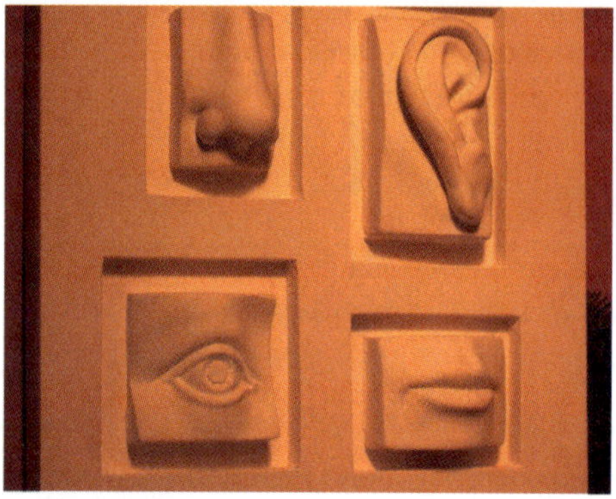

Vier menschliche Sinne

Im Alter von 17 Jahren kam Aristoteles in Platons Akademie. Wie bereits andere Philosophen vor ihm versuchte er, in den Veränderungen der Welt etwas Ewiges und Unveränderliches zu finden. Platons Ideenwelt lehnte er ab, weil er sagte, es könne nichts im Bewusstsein existieren, was nicht zuvor in den Sinnen existiert habe. Aristoteles beschäftigte sich in seinen Lehren mit der Substanzlehre, der Logik, der Ethik und der Theologie. Mit einer systematischen Einteilung legte er den Grundstein für die Kategorisierung von Wissenschaften.

Von Kindesbeinen an war Aristoteles mit der Natur vertraut. Er mochte es, spazieren zu gehen, Blumen zu riechen, Bäume zu sehen und Vögel zu hören. Während sein Lehrer Platon die Vernunft betonte, war Aristoteles ein Mensch, der mit all seinen Sinnen die Dinge um ihn herum wahrnahm. So war es logisch, dass er Platons Ideenlehre, nach der es neben der sinnlich wahrnehmbaren Welt eine unsichtbare Ideenwelt gibt, ablehnte. Er entwickelte seine eigene Philosophie, die von seiner naturwissenschaftlichen Sicht der Dinge geprägt war.

## Aristoteles riet zur Selbstverwirklichung

Aristoteles vertrat die Meinung, dass der Mensch nur glücklich wird, wenn er all seine Fähigkeiten und Talente nutzt und entfaltet. Heute würden wir von Selbstverwirklichung sprechen. Er unterschied drei Formen von Glück, die alle zusammen gehörten: 1. ein Leben der Lust und der Vergnügungen, 2. ein Leben als freier, verantwortlicher Bürger, 3. ein Leben als Forscher und Philosoph.

## Alle Dinge bestehen aus Substanz und Form

Besonders bekannt wurde Aristoteles' Substanzlehre. Diese Lehre gründet auf die Frage, was die Grundlage allen Seins ist. Das griechische Wort „ousía", das mit „Substanz" übersetzt wurde, hat bei dieser Lehre eine besondere Bedeutung. Aristoteles beschrieb ousía als das, was eine Sache ihrem Sein nach ist. Die Frage, was das bleibende Wesentliche einer Sache ist, beantwortete Aristoteles mit der Form. Die Substanz nimmt eine bestimmte Form an, die die Ursache allen Seins ist. Anders ausgedrückt bedeutet die Substanzlehre, dass alle Dinge eine Einheit aus Substanz und Form bilden. Substanz ist das Material, aus dem eine Sache besteht, und die Form ist die Eigenschaft der Dinge. Die Form eines Huhns ist zum Beispiel das Eierlegen und Gackern, die Form einer Katze das Miauen, Mäusejagen und Schnurren. Wenn nun eine Katze stirbt, hört ihre Form auf zu existieren, weil eine tote Katze nicht mehr miaut, schnurrt oder auf Mäusejagd geht. Nach dem Tod einer ehemals lebendigen Sache bleibt also nur der Stoff, die Substanz, übrig.

## Aristoteles teilte die Wissensgebiete ein

Als Systematiker, der Ordnung und Struktur in die Dinge bringt, teilte Aristoteles die Wissensgebiete in drei Kategorien ein: in die theoretischen, die praktischen und die poietischen (hervorbringenden) Wissenschaften. Als theoretische Wissenschaft betrachtete er Gebiete, die vom Menschen unabhängig sind und ausschließlich der Erkenntnis dienen, wie die Physik und die Metaphysik. In die praktischen Wissenschaften ordnete er Gebiete, die mit menschlichen Handlungen verknüpft sind, wie die Ethik oder die Politik. Unter poietische Wissenschaft kategorisierte er Fächer, die im Bereich menschlicher Tätigkeiten liegen und etwas selbst Geschaffenes hervorbringen, wie die Dichtung.

**Form und Substanz eines Huhns**

Aristoteles ordnete nicht nur die Wissenschaften, sondern auch andere Sachen. Er unterschied zunächst zwischen seelenlosen Dingen, wie Steinen, die sich nicht verändern können, und lebenden Wesen, zu denen er Pflanzen, Tiere und Menschen zählte, die alle wachsen und sich vermehren können. Bewegen können sich nur Tiere und Menschen und diese ordnete er höher ein als die Pflanzen. Ganz oben auf seiner Trittleiter stellte Aristoteles den Menschen, weil er sich von Tieren durch eine wesentliche Eigenschaft unterscheidet: Er kann rational denken. ■

# Augustinus von Hippo

Augustinus von Hippo (354 – 430) gilt als wichtigster Philosoph in der Zeitwende zwischen Antike und Mittelalter, zwischen Aristoteles und Thomas von Aquin. Der einflussreiche Kirchenlehrer prägte das abendländische Denken auf besondere Weise. In seinen Werken verband er platonische und neuplatonische Ideen mit der christlichen Lehre. Augustinus wurde 395 zum Bischof von Hippo ernannt. Von seinen Schriften wurden besonders die *Bekenntnisse* berühmt.

**Szene aus Augustinus' Werk *De civitate dei***

Augustinus wurde in der Stadt Hippo (Nordafrika, heute Algerien) als Sohn eines Heiden und einer Christin geboren. Im Alter von 18 Jahren las er den römischen Philosophen und Politiker Cicero. Augustinus wandte sich vom Christentum ab und begab sich auf eine philosophische Suche. Er schloss sich zunächst verschiedenen Richtungen an, bis er wieder zum Christentum zurückkehrte. Zu Beginn interessierte er sich für den Manichäismus. Nach dieser Lehre gibt es zwei Naturen: die des Lichts und der Finsternis, des Guten und Bösen. Der Mensch wurde als Mischung aus beidem betrachtet. Augustinus bekam Zweifel an dieser Schule und schloss sich der Tradition der philosophischen Skeptiker an, die sich mit Platon und dem Neuplatonismus beschäftigten.

## Christentum und platonische Philosophie sind kein Widerspruch

Nach Augustinus' Ansicht ließ sich das Christentum hervorragend mit der platonischen und neuplatonischen Philosophie verbinden. Weil das Christentum – anders als etwa der Buddhismus – in weiten Teilen nicht philosophisch ist, sah er keinen Widerspruch in beiden Lehren. Er vertrat die Ansicht, dass der Platonismus und Neuplatonismus wichtige Erkenntnisse über die Welt vermittelten, die in der Bibel nicht erwähnt werden. So integrierte er die Philosophie in die christliche Weltanschauung, sprach der Philosophie aber immer eine Nebenrolle zu.

Ähnlich wie Jahrhunderte später Schopenhauer (1788 – 1860) vertrat Augustinus die These, dass unser weltliches Dasein einschließlich unseres Intellekts vom Willen beherrscht ist. Genauso erstaunlich ist die Vorwegnahme von Descartes' berühmtem Satz: „Ich denke, also bin ich." Augustinus postulierte, dass die Skeptiker Unrecht haben, indem sie alles anzweifeln. Er sagte, dass der Mensch zwangsläufig existieren muss, wenn er etwas, und erst recht, wenn er *alles* bezweifeln will. Daher, so Augustinus, sei es unmöglich, an der Existenz zweifeln zu wollen, und aus diesem Grund sei die Position der Skeptiker falsch. Er übertrug die Aussage auf andere Dinge, die der Mensch nicht mit absoluter Sicherheit wissen kann.

## Augustinus schrieb die erste Autobiografie

Augustinus von Hippo verfasste die im modernen Sinne erste Autobiografie. Sie trägt den Titel *Bekenntnisse*. Darin beschreibt Augustinus in schöner Sprache

**Augustus in seinem Studierzimmer**

seine Kindheit und liefert ein sensibles Porträt seiner Mutter. Offen bekennt er sich als junger Mann zur sexuellen Promiskuität und ist hin- und hergerissen zwischen dem Wunsch, Herr über seine Sexualität zu werden und ihr weiter nachzugeben. Er betet zu Gott: „Gib sie mir, die Keuschheit und Enthaltsamkeit, aber nicht gleich." ■

### Die Prädestinationslehre hatte tragische Folgen

Unter der Prädestinationslehre (lat. praedestinatio: Vorherbestimmung) versteht man eine religiöse Glaubensvorstellung, nach der Gott allein über das ewige Heil oder die Verdammnis eines Menschen entscheidet. Das Schicksal, von Gott erwählt oder verworfen zu sein, hing demnach nicht vom persönlichen Handeln oder Glauben eines Menschen ab, sondern einzig und allein von Gott. Augustinus entwickelte diese Prädestinationslehre, nach der Gott der Richter war, der entschied, welche Seelen in die Hölle kamen. Diese Lehre hatte dramatische Auswirkungen, diente sie doch in den folgenden Jahren als Rechtfertigung dafür, warum man Ketzer folterte und zu Tausenden unter dem Deckmantel der Prädestinationslehre auf dem Scheiterhaufen verbrannte. Die Lehre ist ein Beispiel dafür, dass eine theoretische philosophische Lehre weitreichende, tragische Folgen haben kann.

# Weitere Lehren der Antike

Diogenes, bekanntester Vertreter der Kyniker

Nach dem Tod von Alexander dem Großen im Jahr 323 v. Chr. zerfiel das Reich, das aus dem ehemals kleinen Makedonien und griechischen Stadtstaaten hervorgegangen war. Zwar bildete das Land eine kulturelle Einheit, doch politische Streitereien, Machtkämpfe und Auseinandersetzungen waren an der Tagesordnung. In dieser unsicheren Zeit, in der überall Gefahren drohten, bildeten sich vier neue philosophische Schulen: die Kyniker, die Skeptiker, die Epikureer und die Stoiker.

Die Kyniker stellten sich gegen soziale Konventionen und Privateigentum. Gegründet wurde die Schule von Antisthenes (um 440 – um 365 v. Chr.), einem Schüler Sokrates', den der Tod seines Lehrers schwer traf und der zugleich unter dem Machtverlust Athens litt. Er entschied sich dafür, ein einfaches Leben zu führen, trug alte Kleider und lebte zusammen mit Armen. Antisthenes sprach sich gegen die Ehe, gegen eine Staatsreligion, gegen eine Regierung und gegen Privateigentum aus. Der bekannteste Kyniker ist Diogenes (um 400 – um 325 v. Chr.), auch bekannt als „Diogenes in der Tonne". Er lebte freiwillig unter erbärmlichen Umständen. Diogenes hauste in einer Tonne, war schmutzig und ungepflegt, nahm ungekochtes Essen zu sich und lebte wie ein Hund. Von seinen Mitmenschen wurde Diogenes „kynikos" genannt, was bedeutet „wie ein Hund". „Kynikos" gab der philosophischen Schule den Namen. Von Diogenes sind verschiedene Anekdoten überliefert. Die bekannteste ist wohl die,

Alexander der Große zu Ross. Detail eines Mosaiks aus der Casa del Fauno in Pompeji, etwa 100 v. Chr.

als Alexander der Große ihn in seiner Tonne besuchte und fragte, ob er etwas für ihn tun könne, woraufhin Diogenes antwortete: „Ja. Geh mir aus der Sonne."

## Skeptiker stellen alles in Frage

Die zweite philosophische Schule, die zu dieser Zeit entstand, war die Schule der Skeptiker. Pyrrhon (um 365 – um 270 v. Chr.), ein Soldat unter Alexander dem Großen, war ihr Begründer. In den Feldzügen lernte er andere Länder und Kulturen kennen und stellte fest, dass überall unterschiedliche Meinungen vorherrschten. Er kam zu dem Ergebnis, dass man sich nicht mehr so viel Gedanken machen, sondern sich den üblichen Gebräuchen anpassen soll. Skeptiker weigern sich, an etwas zu glauben, und sagen, dass es selbst durch Argumente, Demonstrationen und Beweise keine endgültige Gewissheit gibt.

Epikur (341–270 v. Chr.) war Begründer der Epikureer, einer liberalen, humanistischen und materialistischen Strömung, die dem Humanismus des 20. Jahrhunderts ähnelt. Von Epikur stammt das Zitat: „Lebe im Verborgenen." Weil das öffentliche Leben so gefährlich war, hielt er die Menschen dazu an, Glück und Erfüllung im Privaten zu finden. Epikur wollte die Menschen von Angst befreien und ihnen auch die Furcht vor dem Tod nehmen. Er hielt Vergnügen in Maßen für gesundheitsförderlich und nahm auch Frauen und Sklaven in seine Gemeinschaft auf.

**Epikur**

Die letzte philosophische Lehre dieser Zeit ist der von Zenon gegründete Stoizismus. Die Stoiker vertraten die Ansicht, dass man Tod und Unglück mit Würde begegnen soll, weil man sowieso nichts daran ändern könne. Sie sahen den Menschen als Teil der Natur, der sich nach seinem Tod wieder in Natur auflöst, und hielten Selbstmord bei herben Schicksalsschlägen für durchaus vertretbar. Das führte dazu, dass viele bekannte Stoiker Selbstmord begingen. ■

### Zenon von Kition

Der auf Zypern geborene Kaufmannssohn Zenon (um 333 – 264 v. Chr.) gründete im Alter von 41 Jahren eine philosophische Schule, die Stoa. Diese Lehre hat ihren Namen von der „Stoa poikile" (bemalte Vorhalle) auf der Säulenmarkthalle in Athen, wo Zenon seine Schüler traf. Der Stoiker vertrat die Meinung, dass der Mensch sich zügeln soll, um seine Begierden zurückzuhalten, und dass er ein tugendhaftes Leben führen muss. Der Kyniker Diogenes beschrieb Zenon als asketischen, hageren Mann mit ungepflegtem Erscheinungsbild. Angeblich starb Zenon, nachdem er gestürzt war und sich dabei einen Finger brach. Sein Begräbnis wurde prunkvoll gestaltet, weil er mit seiner Tugendhaftigkeit vor allem der Jugend ein geschätztes Vorbild war.

# Philosophie des Mittelalters

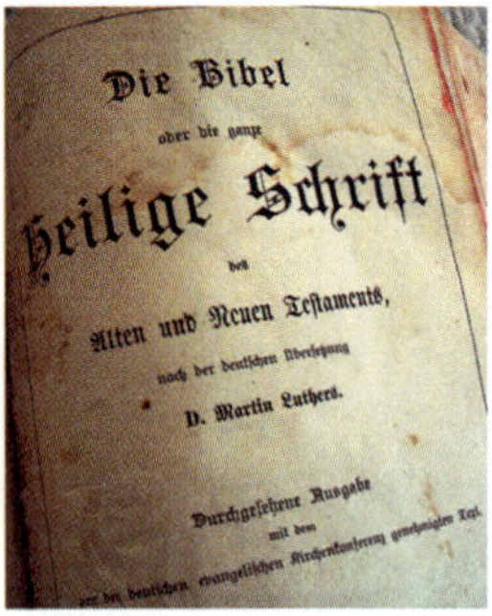


Die Heilige Schrift des Christentums

**Während des Mittelalters spielte das Christentum erstmals in der Geschichte eine bedeutende Rolle und beeinflusste auch die Philosophie, die verschiedene Lehren umfasst, wie die Scholastik oder die Patristik. Bei der Scholastik handelt es sich nicht im eigentlichen Sinne um eine philosophische Schule, sondern vielmehr um eine wissenschaftliche Methode, eine Weiterentwicklung der antiken Dialektik.**

Heute wird das Ende der Spätantike im 6. Jahrhundert als Geburtsstunde des Mittelalters angesehen. Es endet mit der Erfindung des Buchdrucks (1450), der Entdeckung Amerikas (1492) oder der Reformation (1517) – eine einheitliche Definition über das Mittelalter gibt es nicht. Die Philosophen des Mittelalters leisteten einen beachtlichen Beitrag zur Philosophiegeschichte und waren Vordenker für Renaissance, Humanismus, Reformation und Aufklärung.

Das Christentum, insbesondere der Katholizismus, spielte eine wichtige Rolle und war stark mit der philosophischen Denkweise verwoben.

Zur Philosophie des Mittelalters zählen die Patristik und die Scholastik. Die Patristik, die historisch der Spätantike zugeordnet werden müsste, ist theologisch geprägt und knüpfte an die griechische Philosophie an, wie den Stoizismus, den Skeptizismus oder den mittleren Platonismus, den Philon im 1. Jahrhundert n. Chr. lehrte. Sie ist eine Orientierungsphase, in der Lehrsysteme herausgebildet werden. Als das Christentum im 4. Jahrhundert n. Chr. zunehmend anerkannt wurde und parallel dazu das Römische Reich zerfiel, traten die griechischen Philosophenschulen in den Hintergrund.

## Scholastiker suchen Widersprüche in kirchlichen Lehren

In der Zeit zwischen Patristik und Scholastik bildete sich keine neue philosophische Denkrichtung heraus. In der Frühscholastik versuchten die Gelehrten, Widersprüche in den kirchlichen Lehren zu diskutieren. Dabei liefen sie Gefahr, wegen Ketzerei verurteilt zu werden. Anselm von Canterbury (um 1033–1109) wandte die Dialektik, die Kunst der Gesprächsführung, auf die christliche Gotteslehre an, um zu zeigen, dass sie vernunftorientiert war. Petrus Abaelardus entwickelte die scholastische Methode weiter.

Die Spätscholastik knüpfte an die theologisch-juristische Bewegung von Thomas von Aquin an und entwarf zentrale Grundsätze des Völkerrechts und des Strafrechts. Die Neuscholastik ist eine Strömung der katholischen Theologie, die spätmittelalterliche und frühneuzeitliche Ideen weiterentwickelte.

Bei der Scholastik handelt es sich streng genommen um keine bestimmte philosophische Schule, sondern um die Weiterentwicklung der antiken Dialektik, die Aristoteles geprägt hatte. Die Meinungen der Scholastiker gingen inhaltlich auseinander. Ein Scholastiker konnte jeden beliebigen Standpunkt vertreten, musste jedoch in der Lage sein, ihn methodisch einwandfrei begründen zu können. ■

**Abaelardus und Héloise, Kapitell im Justizpalast, Paris**

## Petrus Abaelardus

Petrus Abaelardus (1079 – 1142) wurde als Sohn eines Ritters in der Nähe von Nantes geboren. Er gilt als umstrittener Philosoph und Vertreter der Frühscholastik. Abaelardus unterrichtete in Paris Theologie, Logik und Dialektik und wurde vor allem durch seine logischen Schriften und Stellungnahmen zur Ethik und Religionsphilosophie bekannt. In einem seiner Werke legte er Widersprüche dar, die sich aus Bibeltexten und Lehren der Kirchenväter ergaben. Er wollte nachweisen, dass die Theologie nur mithilfe der Vernunft richtig praktiziert werden konnte. Damit geriet der Philosoph zunehmend in Konflikte, die durch seine Liebesaffäre noch verstärkt wurde. Abaelardus ging eine Beziehung zu seiner Schülerin Héloise ein, die ihr Onkel Fulbert erst bemerkte, als sie schwanger war. Héloise flüchtete und war gegen eine Heirat, um Abaelardus' Ruf zu wahren. Abaelardus heiratete sie trotzdem unter der Voraussetzung, dass die Hochzeit geheim bliebe. Doch Fulbert hielt sich nicht an die Abmachung. Daraufhin brachte Abaelardus seine Frau in ein Kloster, was Fulbert als Flucht vor ehelichen Pflichten sah. Petrus Abaelardus trat als Mönch in die Abtei Saint-Denis ein, wo er lehrte, jedoch immer wieder Anfeindungen ausgesetzt war.

# Albertus Magnus

**Albertus Magnus**

Albertus Magnus (um 1200 – 80) verbindet die vorchristliche aristotelische Philosophie mit dem christlichen Glauben. Er gilt als Begründer der christlichen Aristotelik und ist Vertreter der Hochscholastik. Als universaler Gelehrter des Mittelalters, der sich mit Philosophie, Naturwissenschaften und Theologie beschäftigte, wurde er wegen seines umfassenden Werkes „Magnus" (der Große) genannt. Albertus Magnus war Dominikaner und Bischof zu Regensburg. Im Jahr 1931 wurde er von Papst Pius XI. heiliggesprochen.

Albertus Magnus wurde in Lauingen an der Donau geboren und gehörte vermutlich dem staufischen Dienstadel an. 1222 nahm er in Padua ein Studium der freien Künste und wahrscheinlich auch der Medizin auf. Dabei las er erstmals die Schriften von Aristoteles. 1223 trat er dem Dominikanerorden bei. Er legte ein Noviziat in Köln ab und studierte im Kloster in der Stolkgasse Theologie. In einem der folgenden Jahre wurde Albertus zum Priester geweiht. Während Albertus Magnus an verschiedenen dominikanischen Klosterschulen studierte, verfasste er erste Schriften, darunter das *Marienlob*. Von 1243 bis 1248 studierte er an der Universität Paris, wo er 1245 seinen Magister der Theologie erlangte. In dieser Zeit unterrichtete er seinen Schüler Thomas von Aquin. Albertus beschäftigte sich eingehend mit Aristoteles' Werken sowie mit der jüdisch-arabischen Philosophie. 1248 ging er zurück in die Kölner Klosterschule, die unter seiner Leitung einen exzellenten Ruf im In- und Ausland erwarb. 1260 wurde er zum Bischof geweiht. Seine Lehrtätigkeit nahm Albertus Magnus im Jahr 1264 wieder auf. 1280 starb er in Köln. 1622 wurde Albertus selig, 1931 heiliggesprochen.

**Seite aus Albertus Magnus' Werk über die Mineralien**

## Albertus Magnus als Wegbereiter der Naturwissenschaften

Albertus Magnus verfügte über ein umfassendes Wissen aus der Antike. Bis

**Thomas von Aquin**

zu seiner Zeit waren die Werke von Aristoteles wegen ihres heidnischen Ursprungs sehr umstritten. Albertus Magnus setzte sich dafür ein, dass sich die Sichtweise der Kirche über die aristotelischen Werke änderte.

Der gelehrte Theologe und Philosoph war auch naturwissenschaftlich hochgebildet und gilt als wichtiger Wegbereiter der modernen Naturwissenschaft. Seine ausführlichen Schriften über die mitteleuropäische Flora mitsamt geografischen Darstellungen waren für die damalige Zeit bahnbrechend. Bekannt wurde Magnus auch mit seinen Arbeiten zur Gesteinskunde. Er systematisierte die Mineralien.

## Albertus entwickelte die Ideen von Aristoteles weiter

In seiner Philosophie vertrat Albertus die Theorie, dass gewordene Dinge aus Form und Materie bestehen. Im Gegensatz dazu bestehen geistige Wesen wie Engel und Intelligenzen nicht aus Materie und Form, sondern aus einer immateriellen Wesenheit. Die Substanz, die allen universalen Wesenheiten zugrunde liegt, sah er in Gott.

Magnus sprach der Menschenseele eine von Gott eingegebene Vernunft zu, die der Aneignung von Wissen und philosophischen Erkenntnissen dient, nicht aber der gesamten Wahrheit. Den restlichen Teil der Wahrheit kann der Mensch durch göttliche Offenbarung erlangen, die weit über die Vernunft hinaus reicht.

Das Werk von Albertus Magnus führte sein Schüler Thomas von Aquin fort. ■

### Für Albertus Magnus war ethisches Handeln an Gott gebunden

Albertus Magnus sprach der Seele vier verschiedene Kräfte zu: die körperlichen (vegetativen), die empfindsamen (sensitiven), die begehrenden (appetitiven) und die bewegenden (motiven). Zusätzlich sah er den Intellekt als fünfte Kraft, der für das Handeln des Menschen zuständig ist. Er betrachtete das ethische Handeln eines Menschen in Abhängigkeit von den intellektuellen Führungskräften. Aufgrund dieser Einstellung vertrat er die Ansicht, Ethik weniger nach äußerem Handeln, sondern nach den inneren, intellektuellen Beweggründen für das Handeln zu beurteilen. Albertus Magnus sprach dem Intellekt eine Orientierung an Gott und dem göttlichen Willen zu. Er war der Meinung, dass der Intellekt eines jeden Menschen auf der Suche nach Übereinstimmung mit Gott ist und dass dieses innere Streben der Ethik ein gutes Gewissen verleiht. Ethisches Handeln war seiner Ansicht nach an Gott gebunden.

# Thomas von Aquin

**Der wichtigste Philosoph und Theologe des Mittelalters, Thomas von Aquin (um 1225 – 74), vertrat die sogenannte Scholastik. In seinem Schaffen zeigte er auf, dass sich die christliche Lehre und die Philosophie nicht widersprechen, sondern ergänzen und dass es zwei Wege gibt, die zu Gott führen: den Weg des Glaubens und der Offenbarung sowie den Weg der Vernunft und der Sinne. Thomas von Aquin orientierte sich dabei überwiegend an den Schriften von Aristoteles.**

**Thomas von Aquin**

Thomas von Aquin wurde als siebter Sohn eines Herzogs geboren. Im Alter von fünf Jahren kam er in das Kloster Monte Cassino. 1244 trat Thomas dem Dominikanerorden bei. Seine Familie war dagegen und versuchte mit allen Mitteln, ihn davon abzuhalten. Angeblich hielt sie ihn ein Jahr gefangen und schickte ein Mädchen zu ihm, doch er ließ sich nicht von seinem Weg abbringen. Von 1248 bis 1252 studierte er bei Albertus Magnus in Köln. 1259 übernahm er selbst Lehrtätigkeiten an verschiedenen Orten. 1272 baute er in Neapel eine Dominikanerschule. Thomas von Aquin starb im Jahr 1274 in Lyon. 1323 sprach ihn Papst Johannes XXII. heilig.

In seinem Werk verknüpfte Thomas von Aquin die eher vernunftgesteuerte Philosophie mit dem christlichen Glauben. Er war der erste Gelehrte, der die Schriften Aristoteles' auf die Vereinbarung mit der Kirche hin prüfte, und sah keinen Widerspruch zwischen beiden Werken.

Thomas von Aquin sah zwei unterschiedliche Wege, die beide zum gleichen Ziel, zu Gott, führten: den einen Weg über die Vernunft und die Sinne, den anderen über Glaube und Offenbarung. Er vertrat die Meinung, dass die beiden Wege sich nicht widersprechen, sondern ergänzen.

Seine Theologie und Philosophie waren stark ineinander verwoben, wie es im Mittelalter üblich war. In der Philosophie verfasste er Schriften zu Metaphysik, Anthropologie, Erkenntnistheorie und Ethik.

## Gott ist allwissend

In seiner Anthropologie nimmt Thomas von Aquin Bezug auf die von Aristoteles entworfene Skala von Pflanzen, Tieren und Menschen. Pflanzen können nur wachsen und sich vermehren, Menschen und Tiere sich darüber hinaus bewegen und Eindrücke über ihre Sinnesorgane aufnehmen. Der Mensch schließlich unterscheidet sich von Tieren durch die Gabe, denken und vernünftig handeln zu können. Thomas von Aquin führt die Engel als über den Menschen stehende Wesen an. Engel verfügen weder über Körper noch über Sinnesorgane, doch verfügen sie über Intelligenz. Von den Menschen unterscheiden sie sich außerdem durch ihre Unsterblichkeit. Über den Engeln steht Gott, der Allwissende.

**Die fünf Sinne. Nielliertes Silber, Fuller-Brosche aus England, 9. Jahrhundert**

Als einflussreicher Theoretiker, der sich mit mittelalterlichem Staatsdenken beschäftigte, sah Thomas von Aquin den Menschen als ein Wesen an, das in der Gemeinschaft die Arbeit teilt und sozialen Austausch praktiziert. Seine bevorzugte Staatsform war die Monarchie. Den Staat vergleicht er mit einem menschlichen Körper: Den König als Vertreter Gottes sieht er als Vernunft und Seele an, die Glieder und Organe als Bevölkerung.

Das Werk des Thomas von Aquin wurde 1879 von Papst Leo XIII. zur Grundlage der katholischen akademischen Ausbildung ernannt. In seinem Hauptwerk, *Summa Theologica*, beschreibt er mit fünf Wegen die Gründe für Gottes Existenz. ■

### Das Frauenbild des Thomas von Aquin

Thomas von Aquin war zwar in seinen Lehren sehr fortschrittlich für seine Zeit, doch das Frauenbild übernahm er von Aristoteles. Dieser sah die Frau als unvollkommenen Mann. Thomas von Aquin schrieb über die Frau: „Der wesentliche Wert der Frau liegt in ihrer Gebärfähigkeit und ihrem hauswirtschaftlichen Nutzen." „Die Frau ist ein Missgriff der Natur ... mit ihrem Feuchtigkeitsüberschuss und ihrer Untertemperatur körperlich und geistig minderwertiger ... eine Art verstümmelter, verfehlter, misslungener Mann ... die volle Verwirklichung der menschlichen Natur ist nur der Mann." „Ein männlicher Fötus wird nach 40 Tagen, ein weiblicher nach 80 Tagen ein Mensch. Mädchen entstehen durch schadhaften Samen oder feuchte Winde." Auch wenn er den Körper der Frau dem des Mannes unterlegen sah, so sah er die Seele der Frau als gleichwertig mit der männlichen Seele an.

# Wilhelm von Ockham

**Bildnis Wilhelm von Ockhams aus einer mittelalterlichen Handschrift**

Der Philosoph und Theologe Wilhelm von Ockham (um 1285 – um 1349), Vertreter der Spätscholastik und des Nominalismus, setzte sich erstmals für eine strikte Trennung von Staat und Kirche ein. Als Wegbereiter der Moderne und einer der bedeutendsten Philosophen des Mittelalters wurde er wegen seiner oppositionellen Meinung zur Kirche vom Papst exkommuniziert. Der Begriff „Ockhams Rasiermesser" ist bis heute aktuell und beschreibt das Sparsamkeitsprinzip in der Wissenschaft.

Wilhelm von Ockham wurde in England geboren. Er trat schon in jungen Jahren dem Orden der Franziskaner bei und studierte ab 1309 Theologie in Oxford. Um 1327 gab es zwischen Franziskanern und dem Verwaltungsorgan des Heiligen Stuhls Streit darüber, ob die Kirche dem Armutsprinzip folgen soll oder ob sie weltliche Güter besitzen darf. Ockham mischte sich auf Anfrage in die Auseinandersetzung ein und beschuldigte Papst Johannes XXII. der Häresie (Irrlehre, Ketzerei). Daraufhin verfolgte ihn die päpstliche Inquisition, weshalb er nach Pisa floh. Kaiser Ludwig IV. aus Bayern bot ihm ab 1330 Asyl.

Bis zu seinem Tod führte er seinen politischen Kampf gegen das Papsttum fort. Er postulierte eine deutliche Trennung zwischen Glauben und Wissen, Theologie und Philosophie.

**Relief des Kaisers während einer Salbung**

## Ockham führte in die wissenschaftliche Denkweise ein

Ockham vertrat die These, dass man das Wissen über die Welt nicht nur aus logischen Argumenten heraus gewinnen kann. Er war der Meinung, dass der Mensch durch Beobachten und Erfahren der Natur eine solide und ausbaufähige Basis an Wissen erfährt. Um dieses Wissen auszubauen, muss der Mensch jedoch Überlegungen anstellen. Mit diesem für die damalige Zeit neuen Ansatz begründete Ockham wissenschaftliche Prinzipien.

## Beim Universalienstreit vertrat er die nominalistische Position

Im 12. Jahrhundert begann der sogenannte Universalienstreit. Darunter versteht man eine philosophische Auseinandersetzung, bei der es um den Wirklichkeitsgehalt von Universalien (Allgemeinbegriffen) geht. Von Ockham vertrat die nominalistische Position, nach der nur Einzeldinge wirklich existieren, unsere Allgemeinbegriffe dagegen gedankliche Abstraktion sind. Zum Beispiel hat eine einzelne Rose eine reale Existenz, die Rose als Begriff dagegen existiert nur in Gedanken.

Der Philosoph übertrug den Nominalismus auf die Frage nach dem Verhältnis von Glauben und Wissen und kam zu dem damals revolutionären Ergebnis, dass man über Gott nichts wissen, nur glauben kann.

Wilhelm von Ockham trat als einer der Ersten für die Trennung von Staat und Kirche ein und gilt als Vorbereiter der Reformation und Moderne. ■

### Ockhams Rasiermesser

Unter dem Begriff „Ockhams Rasiermesser" versteht man das Sparsamkeitsprinzip in der Wissenschaft. Nach diesem Prinzip ist von mehreren Theorien, die denselben Sachverhalt erklären, der einfachsten der Vorzug zu geben. Ein Grund dafür ist, dass Hypothesen mit weniger Annahmen einfacher zu widerlegen sind. Der Zusatz „Rasiermesser" ist im übertragenen Sinne gemeint: Nur die einfachste Erklärung bleibt, alle anderen werden wie mit einem Rasiermesser wegrasiert. Beispiel: Nach einem starken nächtlichen Sturm liegen abgebrochene Äste unter einem Baum. Die Hypothese, dass der Wind die Äste vom Baum gebrochen hat, ist einfacher als die Hypothese, dass mitten in der Nacht jemand auf den Baum gestiegen ist, die Äste abgebrochen und auf den Boden geworfen hat. Die bekannteste Formulierung zu Ockhams Rasiermesser stammt von dem Philosophen Johannes Clauberg (1622–55): „Entitäten dürfen nicht über das Notwendige hinaus vermehrt werden." Unter Entitäten sind Gegenstände, Eigenschaften und Prozesse zu verstehen. Die ursprüngliche Idee für die Theorie reicht zurück bis Aristoteles. Ockham hat das Prinzip nie als solches postuliert, sondern es implizit in seinen Schriften gebraucht. Im 16. Jahrhundert tauchte der Satz in der philosophischen Literatur auf und im 19. Jahrhundert ist der Ausdruck „Ockhams Rasiermesser" bereits ein geläufiger Begriff.

# Mystik

Mystisches Kreuzsymbol

Mystische, christliche Denker begannen ab dem 12. Jahrhundert n. Chr. an den göttlichen Urgrund zu glauben, den Menschen nicht mit ihrem Verstand erkennen können. Durch Intuition, innere Versenkung, Meditation, Fasten oder Askese konnten sich Mystiker dem göttlichen Urgrund annähern. Erstmals in der Geschichte der Philosophie vertraten auch Frauen diese Richtung. Eine der berühmtesten Mystikerinnen ist Hildegard von Bingen. Als männlicher Vertreter der Mystik wurde Meister Eckhart bekannt.

Christliche, mystische Denker führten ein einfaches, zeitweise asketisches Leben. Ihr Ziel war es, die Gottheit in mystischer Schau und Ekstase zu erleben und sich so dem göttlichen Urgrund zu nähern, den Menschen rational nicht erkennen können. Die Mystiker übten verschiedene Methoden aus, um mit Gott eins zu werden. Dazu gehörten Askese und Fasten, Meditation und innere Versenkung sowie Gebete und Gesänge. Anders als in fernöstlichen Philosophien wird das Ich bei der Einswerdung mit Gott (Unio mystica) in der christlichen Mystik nicht aufgegeben. In dieser Vereinigung verspüren die Mystiker eine ganz besondere Selbstfindung ihres wahren Ichs.

Mystiker setzten sich für ein harmonisches, friedvolles Weltbild ein. Sie wollten Tugenden verwirklichen, Frieden stiften und Seelengleichgewicht suchen. Gottes- und Nächstenliebe waren für sie von großer Bedeutung.

## In der Mystik des Mittelalters wurden erstmals Frauen berühmt

Der Ursprung der christlichen Mystik liegt im Neuplatonismus, als die Schriften Platons neu bewertet und auf ihre Verträglichkeit mit der christlichen Schrift hin geprüft wurden. Als Wegbereiter der christlichen Mystik gelten Augustinus und Dionysios Areopagita. Zentren der Mystik waren die Klöster, wo Mönche und Nonnen sich der Versenkung hingaben und ihre Erfahrungen der Einswerdung mit Gott aufschrieben. Mit Musik unterstützen sie dabei ihren Weg zu Gott, wie etwa mit den gregorianischen Gesängen. Die Hochblüte der christlichen Mystik ist im Spätmittelalter und in der frühen Neuzeit zu finden. Neu in der Geschichte war, dass auch Frauen bekannt wurden. Dazu gehören die heilige Hildegard von Bingen, die heilige Gertrud von Helfta (1256–1302), Mechthild von Hackeborn (1241–99), Mechthild von Magdeburg (1210–82) und Katharina von Siena (1347–80). Die hoch gebildete Gertrud von Helfta, Zisterzienserin im Kloster Helfta bei Eisleben, hatte mit 26 Jahren ihre erste Vision und entwickelte mit der Zeit eine tiefe Beziehung zu Christus. Mechthild von Hackeborn lebte ebenfalls in Helfta und ließ ihre Offenbarungen in lateinischer Sprache aufzeichnen.

Einer der bekanntesten männlichen Mystiker ist Meister Eckhart (1260–1327), der alles Endliche als Äußerung des Göttlichen ansah. Weitere Vertreter sind Johannes Tauler (1300–61) und Heinrich Seuse (1295–1366). ■

**Mystischer Bronzeengel auf einem Friedhof in Dresden**

## Mechthild von Magdeburg

Mechthild von Magdeburg ist eine der bedeutendsten Mystikerinnen Mitteleuropas. Im Alter von zwölf Jahren hatte sie ihr erstes mystisches Erlebnis. 1230 ging sie nach Magdeburg, wo sie in der Beginengemeinschaft lebte, die vom Dominikanerorden betreut wurde. Die Beginen hatten sich einer asketischen, geistlichen Existenz verschrieben. Im Alter von 40 Jahren begann sie ihre mystischen Erfahrungen mit Gott in Form von poetischen Versen und Hymnen aufzuschreiben, die ihr Beichtvater Heinrich von Halle als *Fließendes Licht der Gottheit* herausbrachte. Die Schriften der Mechthild von Magdeburg gliedern sich in sieben Teile. Das letzte Buch entstand im Zisterzienserkloster Helfta. In das Kloster kam sie, vermutlich erblindet, im Alter von 70 Jahren und lebte dort bis zu ihrem Tod. Mechthild von Magdeburg erhielt keine geistliche Bildung. Sie bezeichnete sich als „ungeleret" und schrieb ihre Visionen in elb-ostfälischem Dialekt, da sie kein Latein beherrschte. Als Frau sah sie sich für unwürdig an, Gottes Wort zu empfangen und zu verbreiten.

# Hildegard von Bingen

**Hildegard von Bingen**

Hildegard von Bingen (1098 – 1179) gilt als eine der bedeutendsten Mystikerinnen des Mittelalters. Die Benediktinerin zeigte schon als Kind visionäre Begabungen. Später beschäftigte sie sich neben der Philosophie und Religion mit der Medizin, Biologie und Musik. Obwohl sie eine Frau war und im Mittelalter lebte, gelang es ihr, sich mit nachhaltiger Wirkung durchzusetzen. Schon zu Lebzeiten wurde Hildegard von Bingen wie eine Heilige verehrt.

Hildegard von Bingen war das zehnte Kind der Edelfreien Hildebert und Mechthild. Als „Zehnter" war sie dazu auserkoren, ihr Leben Gott zu widmen. Schon als Kind zeigte sich, dass sie über visionäre Begabungen verfügte. Im Alter von acht Jahren kam sie in ein Benediktinerkloster am Disibodenberg. Im Jahr 1113/14 legte sie dort ihr Ordensgelübde ab. 1136, nach dem Tod ihrer Lehrerin Jutta von Sponheim, wurde sie Lehrmeisterin der Schülerinnen und später eine der bedeutendsten Äbtissinnen des Mittelalters. Zwischen 1147 und 1152 entstand bei Bingen gegen den Widerstand der Mönche vom Disibodenberg das Frauenkloster der Hildegard.

Die mythische Theologin hatte immer wieder ekstatische Visionen mit christlichen Bilderwelten. Sie sprach sich für Demut und Gerechtigkeit aus, die dem in Sünde lebenden Menschen helfen, die Seele zu heilen, und vertrat die Ansicht, dass jeder einen freien Willen hat. Sie war davon überzeugt, dass alle die Möglichkeit haben, sich für oder gegen göttliche Gebote zu entscheiden, und dass in jedem Menschen die Fähigkeit liegt, in drei Stufen zur höchsten Gottheit aufzusteigen. Die erste Stufe beschrieb sie als Reinigung von Schuld, die zweite Stufe als Sehen des Ewigen und die dritte Stufe als die Vereinigung mit dem Göttlichen in Ekstase.

## Hildegard – eine Vorreiterin der Gleichberechtigung

Hildegard von Bingen hatte für das damalige Zeitalter fast schon revolutionäre Ideen. Mehrfach hatte sie Meinungsverschiedenheiten mit dem Abt Hugo von Disibodenberg, weil sie sich gegen die Askese, ein wichtiges Prinzip des Mönchtums, aussprach. Für ihre Schülerinnen lockerte sie die Speisebestimmungen und kürzte die Gebets- und Gottesdienstzeiten. Sexualität sah die Äbtissin als etwas Positives an, das dem Menschen half, gesund zu bleiben, weil die Körpersäfte fließen müssen.

Sie erklärte, dass nicht nur die Frau um des Mannes willen geschaffen wurde, sondern umgekehrt auch der Mann um der Frau willen. Hildegard wandte sich gegen die Geschlechterhierarchie der zeitgenössischen Naturphilosophen. Diese sprachen die „höheren“ Elemente Feuer und Luft dem Mann zu und die „niederen“, Wasser und Erde, der Frau, was bei dieser zu einer schlechten Temperamentenmischung führe. Hildegard von Bingen erklärte dagegen Luft und Wasser für weibliche Elemente.

Sie empfahl, die männliche Stärke durch Sanftheit zu mäßigen, damit sich aus der Stärke keine Grausamkeit entwickelt. Die Ehe beschrieb die Äbtissin als „caro una in coniunctione caritatis“, als ein Fleisch in der Verbindung der Liebe.

Durch ihr selbstbewusstes Auftreten erlangte Hildegard von Bingen große Bekanntheit. Sie reiste noch in hohem Alter zu verschiedenen Klöstern und wurde für viele wegen ihrer Lebensart und ihres Glaubens zu einer charismatischen Wegweiserin. ■

**Die Königskerze, Heilmittel gegen ein „traurig Herz“**

## Hildegard-Medizin

Angeblich soll Hildegard göttliche Einsichten zu Gesundheit und Krankheit erhalten haben. Darauf gründet sich die nach ihr benannte Heilkunde. Hildegard von Bingen teilte Krankheiten in körperlich-seelisch und spirituell-kosmologisch ein und plädierte für eine ganzheitliche Heilung. Das Getreide Dinkel setzte sie als Lebens- und Heilmittel ein. Sie schrieb dem Dinkel wärmende, fettende und kräftigende Eigenschaften zu und empfahl den Verzehr von Kräutern und Gewürzen, Sellerie, Edelkastanie und Fenchel. Zum Heilen wandte sie pflanzliche Mittel an, aber auch Mineralien und Edelsteine. Hildegard achtete bei ihrer Behandlung auf die Mondphasen. Sie empfahl Aderlass, Schröpfen, Fasten und Schwitzbäder sowie einen geregelten Wechsel zwischen Ruhe und Aktivität. Für die Reinigung der Seele riet sie zu Liebe und Hoffnung, Gebet, Meditation und Musik. Seit den 1970er-Jahren ist die Hildegard-Medizin populär. Unabhängige empirische Studien über die Wirksamkeit gibt es nicht.

# Meister Eckhart

Meister Eckhart (1260 – 1328) von Hochheim gilt als bedeutender Vertreter der Philosophie des Mittelalters. Der Theologe und Mystiker, der von Glaubensbrüdern wegen ketzerischer Glaubenssätze angezeigt wurde, konnte nur durch öffentlichen Rückruf der Sätze dem Scheiterhaufen entkommen. In seiner Ethik waren die Begriffe Gelassenheit, Nächstenliebe und Sünde von großer Bedeutung. Meister Eckhart distanzierte sich deutlich von den Lehren Thomas von Aquins, der die Theologie und Philosophie eng miteinander verknüpfte.

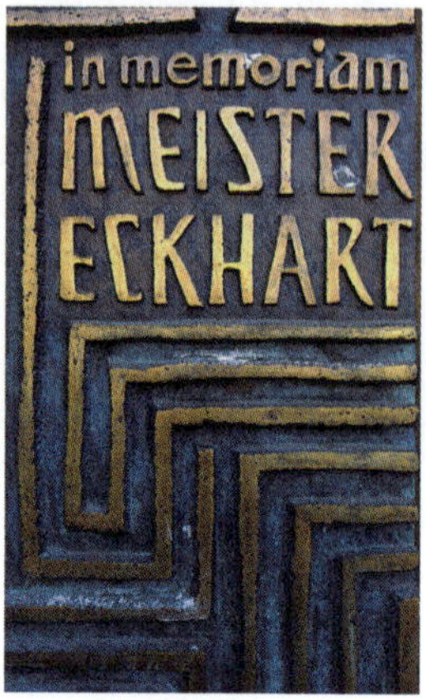


**Bronzerelief an der Predigerkirche in Erfurt**

Eckhart von Hochheim, der unter dem Namen Meister Eckhart bekannt wurde, kam in Tambach (südlich von Gotha) oder Hochheim (nordöstlich von Gotha) als Sohn des Ritters Eckhart auf die Welt. Seine Biografie ist nur lückenhaft überliefert, konnte aber in Umrissen rekonstruiert werden. Im Alter von etwa 15 Jahren trat er dem Dominikanerorden bei. In den Jahren 1277–89 erhielt Meister Eckhart

## Meister Eckhart fordert Gerechtigkeit und Nächstenliebe

Eckhart postulierte die Gelassenheit als wichtige Grundlage für das menschliche Handeln. Drei zentrale Begriffe spielten bei seiner Ethik eine große Rolle: Nächstenliebe, Gerechtigkeit und Sünde. Mit Gelassenheit erreicht der Mensch Nächstenliebe, die beim Übergang von eigennützigem zu uneigennützigem Leben hilft. Gerechtigkeit sah er als Grundlage für Nächstenliebe an. Er vertrat die Meinung, dass der Mensch nur dann gerecht handeln könne, wenn er mit Gott „eines Sinnes" und wenn die göttliche Gerechtigkeit im Inneren des Menschen angekommen ist. In seiner Sündenlehre wandte er sich von den Schriften Anselm von Canterburys und Thomas von Aquins ab, bei denen das stellvertretende Leiden Jesu und der Märtyrer eine große Bedeutung hatte. Meister Eckhart sah Sünde als willentliche Abkehr von Gott, die wieder umgekehrt werden kann, wenn der Mensch sich in Gelassenheit übt und sich wieder Gott zuwendet.

eine Ausbildung in Naturphilosophie und Theologie sowie in allgemeinen Fächern des Studium generale. Um 1290 ging er vermutlich an die Universität von Paris. 1294 bekam Eckhart ein Amt beim Erfurter Dominikanerkloster und wurde Vikar seines Ordens für Thüringen. Er begann, seine Gedanken aufzuschreiben, und verfasste die Reden der Unterweisung. 1302 ging er wieder nach Paris und übte seine Lehrtätigkeit aus. Dort schrieb er die *Quaestiones parisienses*, in denen er sich der Geistphilosophie annäherte. 1303–10 leitete er die neu gebildete Ordensprovinz Saxonia, 1311 ging er erneut nach Paris, wo seine großen lateinischen Traktate entstanden sowie umfangreiche lateinische Predigten. Im Jahr 1314 wurde Eckhart Generalvikar des Dominikanerklosters in Straßburg und ab 1322 leitete er das Studium generale in Köln. 1325 zeigten ihn Mitbrüder beim Kölner Erzbischof Heinrich II. an, weil er angeblich 49 häretische (ketzerische) Glaubenssätze formuliert hatte. Die beanstandeten Sätze werden überprüft und auf 28 reduziert. Trotzdem war sein Leben in Gefahr. Meister Eckhart rief die Glaubenssätze öffentlich zurück, um dem Scheiterhaufen zu entkommen. Nach seinem Tod wurden noch 17 Sätze als häretisch verurteilt. In elf weiteren Thesen wird der angeblich missverständliche Wortlaut kritisiert.

## Eckhart betont die Bedeutung der menschlichen Intuition

Meister Eckhart stellte sich gegen die enge Verbindung von Theologie und Philosophie, wie sie etwa Thomas von Aquin postulierte. Statt Rationalismus und Empirismus unterstrich er in seinen Lehren die Rolle der menschlichen Intuition. Anders als seine Vordenker beobachtete und untersuchte Eckhart nicht die Natur, die Menschen oder die Welt. Er wollte auch nicht im Universalienstreit mitdiskutieren. Meister Eckhart ging es lediglich um die menschliche Intuition, um Gott und um die Seele. Dabei stellte Eckhart vier Grundthesen auf:

**Blick auf die Predigerkirche mit dem Predigerkloster**

1. Er unterschied zwischen einer Gottheit und Gott. 2. Er sah Gott und die Menschenseele als Einheit. 3. Er vertrat die Ansicht, dass Gott und die Welt eine Einheit sind. 4. Er sprach sich für die Selbstentäußerung und das Aufgehen in Gott aus. ■

# Nikolaus von Kues

Nikolaus von Kues

Nikolaus von Kues (1401 – 64) war ein bedeutender Philosoph und Mathematiker im 15. Jahrhundert. An der Schwelle vom Mittelalter zur Neuzeit gehörte er zu den Wegbereitern, die die Philosophie wieder aus den Fängen der Religion befreiten. Er setzte sich für eine autonome und selbstbestimmte Philosophie ein. Als Universalgelehrter der Frührenaissance wurde sein Denken später von vielen Philosophen aufgegriffen. Der Kardinal und Kirchenmann schaffte es bis an die Führungsspitze der Kirche.

Nikolaus von Kues kam in Cues an der Mosel (heute Bernkastel-Kues) als Sohn eines Kaufmanns und Schiffers zur Welt. Im Alter von 16 Jahren begann er ein Studium in Padua und Heidelberg. Er studierte Mathematik, Physik, Astronomie, Medizin, antike Philosophie und Jura. Mit 22 Jahren schloss er sein Jurastudium ab, um danach in Köln Theologie zu studieren. Vier Jahre später wurde er Dekan in Koblenz, nach weiteren drei Jahren Sekretär des Erzbischofs von Trier. Im Jahr 1450 wurde Nikolaus von Kues Kardinal. Er war damals der einzige deutsche Kardinal. Im selben Jahr ernannte man ihn zum Bischof von Brixen. In den Jahren 1450–52 reiste er durch Deutschland, um Kirchen und Klöster zu reformieren. Dabei wollte er das christliche Wissen im Volk fördern und hing in den Kirchen Tafeln mit dem Vaterunser und den Zehn Geboten in der Volkssprache auf. Nikolaus von Kues galt als möglicher Nachfolgekandidat für die nächste Papstwahl. Er starb 1464 in Umbrien.

## Nikolaus kennt drei Stufen der Erkenntnisfähigkeit

Der universal ausgebildete Nikolaus war nicht nur in der Theologie und Philosophie ein Meister seines Fachs. Ebenso war er mit Botanik, Mathematik, diagnostischer Medizin, Kartografie und Astronomie vertraut. Seine Erkenntnisse in der Arzneikunde waren bahnbrechend. Nikolaus von Kues wandte sich vom Aristotelismus ab und setzte sich für eine deutlichere Trennung von Philosophie und christlichem Denken ein.

In seinen Schriften beschrieb er drei Stufen der menschlichen Erkenntnisfähigkeit. Mit seiner Sinnlichkeit verbindet der Mensch einzelne Eindrücke zu einem zusammenhängenden Ganzen. Mit dem Verstand ordnet und verknüpft der Mensch Sinneswahrnehmungen. Der Verstand hilft ihm dabei, indem er Gegensätze auseinanderhält und unterscheidet. Zuletzt verbindet die Vernunft das, was der Verstand vorher geordnet hat, zu einer höheren Einheit. Auf dieser Ebene fallen verschiedene Gegensätze zusammen. Sinnlichkeit, Verstand und Vernunft bilden eine Einheit und sind allesamt notwendig, damit der Mensch zu neuen Erkenntnissen gelangen kann. Von Kues sah Gott als das absolut Unendliche an, in dem alle Gegensätze zusammenfallen.

## Zur Kalenderreform kam es nicht

Nikolaus von Kues fand Fehler im bislang gültigen julianischen Kalender und der Osterrechnung. In seiner Schrift *De correctione calendarii* setzte er sich für eine Reform des Kalenders ein. Der Konzil von Basel war jedoch unschlüssig und so wurde der julianische Kalender erst im Jahr 1582 bei der gregorianischen Kalenderreform abgelöst.

Auch in der Astronomie erwies sich der hochgebildete Nikolaus von Kues als Vordenker. Er vertrat die Meinung, dass das Weltall keinen Mittelpunkt hat und dass die Himmelskörper nicht grundsätzlich anders beschaffen sind als die Erde. Das Universum sah er als grenzenlos an. Nikolaus von Kues war der Ansicht, dass die Erde sich bewegt.

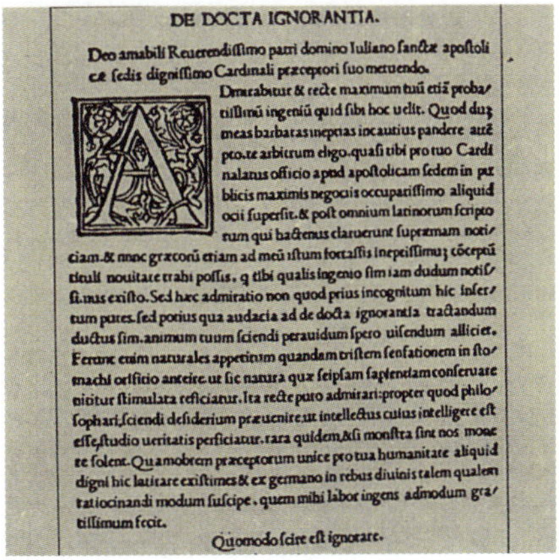
DE DOCTA IGNORANTIA.

Deo amabili Reuerendissimo patri domino Iuliano sanctæ apostoli
cæ sedis dignissimo Cardinali præceptori suo metuendo.

Dmirabitur & recte maximum tuū etiā proba
tissimū ingeniū quid sibi hoc uelit. Quod du
meas barbaras ineptias incautius pandere attē
pto. te arbitrum eligo. quasi tibi pro tuo Cardi
nalatus officio apud apostolicam sedem in pu
blicis maximis negociis occupatissimo aliquid
ocii supersit. & post omnium latinorum scripto
rum qui hactenus claruerunt supremam noti
ciam. & nunc græcorū etiam ad meū istum fortassis ineptissimu cōceptū
tituli nouitate trahi possis. q tibi qualis ingenio sim iam dudum notis
simus existo. Sed hæc admiratio non quod prius incognitum hic infer
tum putes. sed potius qua audacia ad de docta ignorantia tractandum
ductus sim. animum tuum sciendi perauidum spero uisendum alliciet.
Ferunt enim naturales appetitum quandam tristem sensationem in sto
machi orificio anteire. ut sic natura quæ seipsam sapiendam conseruare
nititur stimulata reficiatur. Ita recte puto admirari: propter quod philo
sophari, sciendi desiderium præuenire. ut intellectus cuius intelligere est
esse, studio ueritatis perficiatur. rara quidem, & si monstra sint nos moue
re solent. Quamobrem præceptorum unice pro tua humanitate aliquid
digni hic latitare existimes & ex germano in rebus diuinis talem qualem
ratiocinandi modum suscipe. quem mihi labor ingens admodum gra
tissimum fecit.

Quomodo scire est ignorare.

**Seite aus Kues' Werk**

> ## Er wollte weltweite Toleranz zwischen den Religionen
>
> Der Vordenker Nikolaus von Kues forderte schon im 15. Jahrhundert mehr Toleranz zwischen den Religionen. Seiner Meinung nach verehrten Christen, Juden, Araber und Griechen jenseits der kulturellen Unterschiede den gleichen Gott. Jede Religion leistet einen Beitrag zur Gottesverehrung und spiegelt einen Teil der göttlichen Wahrheit wider, weil sie Gott, in dem alle Gegensätze vereint sind, nur relativ erfassen kann. Er bezeichnete alle Glaubensbekenntnisse als relativ, auch das Christentum. Er sprach sich dafür aus, den christlichen Monopolanspruch aufzugeben, weil es keine absolute Religion gibt. Hinter allen Religionen steckte das göttliche Geheimnis. Einen Dialog unter den Religionen hielt er für unabdingbar.

# Die Philosophie der Neuzeit

**In der Neuzeit (15. Jahrhundert bis Ende 18. Jahrhundert) überschlugen sich die Ereignisse. Die Wissenschaft machte rasante Fortschritte. Neu war, dass Theorien anhand der Wirklichkeit überprüft wurden, nicht, wie überwiegend seit der scholastischen Bewegung in der Antike, mittels Diskussionen und Argumenten. Viele unterschiedliche Strömungen kennzeichnen die Zeit der raschen Entwicklungen: Renaissance und Humanismus, Empirismus und Rationalismus, Aufklärung, Moralphilosophie und Utilitarismus.**

Die Philosophie der Renaissance und des Humanismus (etwa 1400 – 1600) markiert den Übergang der Philosophie des Mittelalters in die Philosophie der Neuzeit. Im Mittelalter waren Philosophie und der christliche Glaube eng miteinander verwoben, nun setzten sich die Bemühungen des Nikolaus von Kues fort, die Philosophie wieder als eigenständige Wissenschaft ohne christlichen Einfluss zu führen. „Renaissance" (Wiedergeburt) heißt die Epoche, weil die Gelehrten Schriften antiker Philosophen neu lasen und teilweise mittelalterliche Traditionen wieder aufleben ließen, aber gleichzeitig wissenschaftliche Methoden weiterentwickelten, die zu bahnbrechenden Entdeckungen führten und auch prägend für die Philosophie der damaligen Zeit waren.

Giordano Bruno

## Wer sich gegen den christlichen Glauben stellte, wurde hart bestraft

Naturwissenschaftler lebten zu dieser Zeit gefährlich. Wer mit seinen wissenschaftlichen Erkenntnissen gegen den Glauben der römisch-katholischen Kirche verstieß, wurde der Ketzerei angeklagt. Galileo Galilei entging nur knapp dem Scheiterhaufen, der Naturphilosoph Girolamo Cardano (1501–76) bekam Lehrverbot erteilt und der italienische Philosoph und Politiker Tommaso Campanella (1568–1639) kam wegen seiner reformatorischen Ideen nach schwerer Folter für 27 Jahre in den Kerker. Auch das Leben des italienischen Dichters und Philosophen Giordano

Bruno (1548–1600) endete wegen Ketzerei auf dem Scheiterhaufen.

Als die Kirche langsam ihre Macht über das Denken verloren hatte, und sich Philosophie und der christliche Glaube wieder voneinander trennten, taten sich zwei wichtige Strömungen hervor: der Rationalismus und der Empirismus.

## Rationalismus versus Empirismus

Die Rationalisten waren davon überzeugt, sich mit ihrer Vernunft und ihrem Verstand Wissen aneignen zu können. Der Begründer des Rationalismus ist René Descartes. Im Gegensatz dazu vertraten die Empiristen die Meinung, dass alle Erkenntnisse aus Sinneserfahrungen abgeleitet werden müssen. Mit anderen Worten: Den Empiristen genügte es nicht, „nur" den Verstand einzuschalten, sie wollten das, woraus sie ihr Wissen bezogen, mit eigenen Augen gesehen, gehört oder auf ähnliche Weise mit ihren Sinnen erfahren haben. John Locke ist einer der wichtigsten Vertreter des Empirismus.

Das Zeitalter der Aufklärung kennzeichnet in der westlichen Kultur den Zeitraum vom 17. – 18. Jahrhundert, als die damaligen Gelehrten sich vom Glauben an Autoritäten und deren Denkweise befreien und mündig ihren eigenen Verstand einsetzen wollten.

**Voltaire**

Voltaire und Rousseau gehören zu wichtigen französischen Vertretern der Aufklärung, aber auch in anderen Ländern gab es bedeutende Namen, wie in Deutschland Gottfried Wilhelm Leibniz.

Weitere philosophische Richtungen der Neuzeit sind Utilitarismus, Moralphilosophie und Relativismus. ■

### Galileo Galilei

**Galileo Galilei**

Galileo Galilei (1564 – 1642), italienischer Mathematiker, Physiker und Astronom, Mitbegründer der neuzeitlichen Wissenschaft, machte bahnbrechende Entdeckungen. Mit seiner Behauptung, die Erde drehe sich sowohl um die eigene Achse als auch um die Sonne, beging er für damalige Zeiten ein schweres Verbrechen und wurde der Ketzerei angeklagt. Die Inquisition der römisch-katholischen Kirche befand ihn für schuldig. Galilei bezahlte fast mit dem Leben dafür, die Ideen von Nikolaus Kopernikus (1473 – 1543) weiterentwickelt zu haben. Er konnte Folter und Scheiterhaufen nur entgehen, indem er seine Aussagen widerrief und schwor, nie wieder zu behaupten, dass sich die Erde bewegt. Galileo Galilei unterschrieb seinen Widerruf. Dabei soll er leise den Satz vor sich hin gemurmelt haben, der ihn später berühmt machte: „Und sie bewegt sich doch."

# Renaissance/ Humanismus

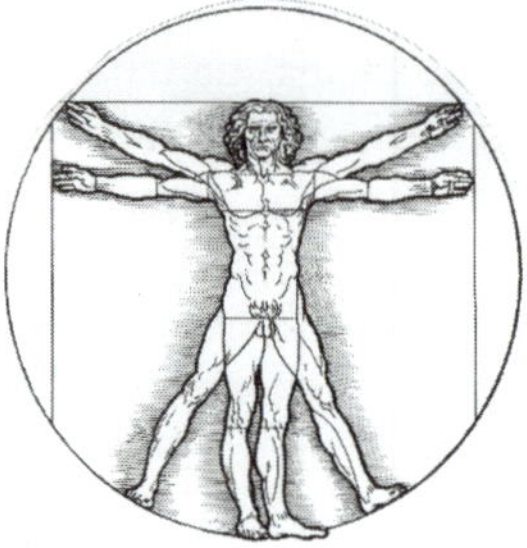

**Proportionsstudie von Leonardo da Vinci**

Die Philosophie der Renaissance unterscheidet sich grundlegend vom scholastisch vorchristlichen Denken. Die Philosophie und andere Wissenschaften befreiten sich immer mehr von der Kirche und deren Einflüssen. Mathematisch-naturwissenschaftliche Prinzipien prägten stattdessen die Renaissance. Im Humanismus steht der Mensch im Mittelpunkt. Unter den Gelehrten der Renaissance war der Humanismus eine weitverbreitete Denkweise.

Renaissance bedeutet Wiedergeburt und bezieht sich auf ein neues Aufleben der antiken Kultur. Griechische Philosophen kamen im 13. und 14. Jahrhundert nach Italien und verbreiteten dort ihr Wissen, das in Italien auf große Gegenliebe stieß.

**Giorgio Vasari**

Der italienische Künstler Giorgio Vasari (1511–74) war der Erste, der das Wort Renaissance gebrauchte, um aufzuzeigen, dass die mittelalterliche Kunst überholt war. Damals wünschten sich viele Gelehrte die antike Kultur zurück, weil sie nach dem christlich-geistig geprägten Mittelalter die mathematisch-naturwissenschaftliche Denkweise herbeisehnten.

## Der Mensch steht im Mittelpunkt

Ein Beispiel für diese neue Sicht ist die Proportionsstudie von Leonardo da Vinci, die den Mensch im Mittelpunkt eines neuen Ordnungssystems zeigt. Mit der Renaissance begann also ein neues Zeitalter, in dem nicht der christliche Glaube, sondern der Mensch im Zentrum stand. Damit wuchs der Wunsch nach humanistischer Bildung, nach der Möglichkeit, Sprachen, Geschichte, Philosophie und Literatur ohne religiösen Hintergrund studieren zu können.

Hier knüpft der Humanismus an, eine Weltanschauung, die die Interessen jedes einzelnen Menschen in den Vordergrund

## Leonardo da Vinci

Selbstporträt Leonardo da Vincis

Leonardo da Vinci (1452 – 1519) war Maler, Bildhauer, Anatom und Naturphilosoph in der Renaissance. Seine künstlerische Begabung wurde früh erkannt und gefördert. Er zeichnete und malte gerne in der Natur und zeigte ein besonderes Interesse an ungewöhnlichen Felsen, seltenen Pflanzen und ausgefallenen Tieren. Seine anatomischen Studien, die viele detailgetreue Zeichnungen hervorbrachten, betrieb er meist heimlich, weil das Sezieren von Leichen geächtet und verboten war. Leonardo da Vinci ging nach Mailand, Florenz und Rom und fertigte verschiedene Auftragsarbeiten und Skulpturen an. Zu seinen bekanntesten Werken gehören *Das Abendmahl* und *Mona Lisa*. Er zeichnete Illustrationen zur Biologie, Anatomie, Architektur und Technik, die er mit liebevollen Details sowie Längs- und Querschnitten versah. Wenn er nicht malte, beschäftigte sich das Universalgenie mit Mechanik, Architektur, Hydraulik, Geometrie und Statik. Jahrelang entwickelte er Skizzen von Fluggeräten weiter und war mit vielen seiner Konstruktionen seiner Zeit weit voraus. Zusammen mit dem Philosophen Niccolò Machiavelli entwarf er einen Plan, per Kanalsystem einen Binnenhafen für Florenz zu bauen, um so die Handelsstadt Pisa zu schwächen. Seine naturwissenschaftlichen Arbeiten wurden erst im 19. und 20. Jahrhundert gewürdigt. Obwohl er auf vielen Gebieten hochbegabt war, blieb Leonardo da Vinci zeit seines Lebens arm.

Niccolò Machiavelli

stellt. Dazu zählen neben Bildung auch Gewaltfreiheit und Toleranz. Humanisten vertreten die Meinung, dass sich der Mensch selbstständig weiterentwickeln kann, ohne auf eine Religion angewiesen zu sein. Die humanistischen Grundgedanken haben bereits die Philosophen der Antike beschrieben: „Du kannst niemals in denselben Fluss eintreten", „Alle Dinge fließen" und „Der Mensch ist das Maß der Dinge". Renaissance und Humanismus kennzeichnen den Beginn einer neuen Epoche nach dem „dunklen" Mittelalter, die geprägt ist von einem sozialen Wandel.

Renaissance und Humanismus sind also keine sich widersprechenden Strömungen, sondern traten oft zusammen auf. Deshalb spricht man für die Zeit von etwa 1400 – 1600 auch von einem „Renaissance-Humanismus". Darin vereinte sich der Wunsch der Gelehrten, sich von der spekulativen und textbezogenen wissenschaftlichen Arbeitsweise des Mittelalters abzugrenzen und gleichzeitig den Menschen mit seinen individuellen Wünschen und Bedürfnissen in den Vordergrund zu stellen. ■

# Erasmus (Desiderius) von Rotterdam

**Erasmus von Rotterdam**

Erasmus von Rotterdam (1466 – 1536) gehört zu den bedeutendsten Humanisten. Der Theologe und Philologe forderte, dass sich die Religionen der Kritik der Philosophie stellen und ihre Dogmen überprüfen sollen. Der Gelehrte setzte sich für einen christlichen Humanismus ein und geriet damit in die Nähe der Reformation. Er grenzte sich jedoch deutlich von Martin Luther (1483 – 1546) ab und seitdem trennten sich Humanismus und Reformation. Der Humanist war gegen den Krieg und einer der ersten Pazifisten der Neuzeit.

Erasmus von Rotterdam wurde als Sohn eines Priesters aus Gouda und dessen Haushälterin in Rotterdam geboren. Der einflussreiche Vertreter des Humanismus gilt mit seinen kirchenkritischen Schriften als Wegbereiter der Reformation. Er setzte sich für religiöse Toleranz ein und grenzte sich deutlich vom Dogmatismus des Martin Luther ab. Im Jahr 1492 wurde er zum Priester geweiht. Von 1495–99 studierte er in Paris. Er lebte in Holland, Paris, Italien und in der Schweiz. Der Gelehrte veröffentlichte viele Schriften, die wegen seiner schönen Sprache gerne gelesen wurden.

## Erasmus von Rotterdam forderte Toleranz in den Religionen

Erasmus von Rotterdam gilt als Wegbereiter der Reformation und äußerte verschiedene Ideen, wie die Religion von der Philosophie profitieren kann. Der christliche Humanist war davon überzeugt, dass sowohl die Religionen als auch die gesamte Kultur zu einem Lernprozess in der Lage seien, der sie weiterbringen würde. Er wünschte, dass die Religion von der Philosophie lernte und dass sie die Lehre der „allgemeinen Menschlichkeit“ aus der Philosophie aufnahm. Während im Mittelalter Philosophie und der christliche Glaube sehr stark miteinander verwoben waren, forderte Erasmus von Rotterdam nun, dass sich sowohl die Philosophie als auch die Wissenschaften als kritische Instanzen über die Religion stellten. So könnte die Religion von Aberglauben und Irrtümern befreit werden. Für den Humanisten war die Zeit reif, dass sich die Religion der philosophischen Kritik stellte und ihre Lehrsätze überprüfte. Aus den Erkenntnissen der Philosophie würde sich die Forderung nach Toleranz in den Religionen ergeben.

Erasmus von Rotterdam wandte sich entschieden gegen kirchliche Missstände und den Dogmenzwang. Er beschrieb die Grundlagen für eine reformatorische Theologie, stand also anfangs einer Reformation offen gegenüber. Doch er grenzte sich deutlich von Martin Luther ab, der die Religion allein aus den archaischen Lehren der Bibel erneuern wollte, ohne dabei die Erkenntnisse der Philosophie zu berücksichtigen. Erasmus war der Meinung, dass Gott dem Menschen einen freien Willen gab, um zwischen Gut und Böse zu wählen; Luther hingegen argumentierte mit der Allmacht Gottes, die alles vorausbestimmt. Sein Werk *Vom freien Willen* besiegelte den Bruch mit Luther.

### Lob der Torheit

Die Schrift *Encomium Moriae*, zu deutsch *Lob der Torheit*, ist das Hauptwerk des Erasmus von Rotterdam. Das Buch entstand im Jahr 1509. In dem Werk, das er seinem Freund Thomas Morus (1478 – 1535) widmete, verarbeitete er seine Auslandsaufenthalte. Ironisch beschreibt er, wie es die Weltherrscherin Torheit mit den Töchtern Eigenliebe, Vergesslichkeit, Lust, Faulheit und Schmeichelei schaffte, sich eine so große Macht anzueignen. Dummheiten und Laster der Menschen beschreibt er in eleganter Sprache als notwendig für ein irdisches Dasein. Doch Erasmus von Rotterdam machte bei seiner Kritik nicht vor seinesgleichen Halt und kritisierte Mönche, Fürsten, Professoren, Kaufleute und erstarrte Kirchenstrukturen. Gleichzeitig setzte er sich in seinem Werk ganz nach den humanistischen Maßstäben für eine menschlichere Welt und ein natürliches Selbstwertgefühl ein.

**Erasmus von Rotterdam**

## Der Humanist setzte sich für Pazifismus ein

1517 erschien *Die Klage des Friedens.* Darin vertritt Erasmus von Rotterdam eine klare pazifistische Position. Als Erster lehnte er die damals anerkannte Lehre eines „gerechten Kriegs“ ab. Er stellte sich prinzipiell gegen alle Kriege und ließ nur eine Ausnahme gelten: Erst wenn das gesamte Volk sich für den Krieg entscheide, sei dieser legitim. ■

# Niccolò Machiavelli

Niccolò Machiavelli

**Niccolò Machiavelli (1469 – 1527) ist ein bekannter, wenngleich umstrittener Philosoph, Politiker und Dichter aus der Renaissance. Berühmt wurde er vor allem durch sein Werk *Il Principe (Der Fürst)*, in dem er beschreibt, wie man an Macht kommen und diese auch unter Einsatz unmoralischer Mittel behalten kann. Machiavelli stellte zwar humanistisch den Menschen in den Mittelpunkt, war aber gleichzeitig einer der ersten Philosophen, die ein negatives Menschenbild vertraten.**

Niccolò Machiavelli kam als Sohn einer Juristenfamilie in Florenz auf die Welt. Er erhielt eine umfassende humanistische Bildung und las schon als Jugendlicher die antiken Philosophen. Nach dem Abschluss seines Jurastudiums im Jahr 1498 wurde er Sekretär des Rates der Zehn und reiste später als Diplomat durch ganz Europa. In seiner Jugendzeit regierten die Medici in Florenz, deren skrupellose Herrschaft ihn später zu seinem wichtigsten Werk, *Der Fürst*, inspirierte. 1513 verbannte man ihn auf sein Landgut in Percussina. Erst im Jahr 1519 durfte er wieder nach Florenz zurückkehren. Er war weiterhin als Schriftsteller tätig. 1524 nahm er wieder politische Aufgaben wahr. Er starb im Alter von 58 Jahren.

Lorenzo di Medici

## Alle Mittel sind recht, um an die Macht zu kommen

1513 verfasste er sein Hauptwerk *Il Principe*. Der Inhalt des Buches wurde zunächst begrüßt und später als anstößig empfunden. Niccolò Machiavelli gab in seinem Buch Ratschläge, wie man sich verhalten muss, um politisch erfolgreich zu sein. Das war auch für die damalige Zeit nichts Neues, doch war er der Erste, der seinen Lesern alltagstaugliche, praktische Hinweise gab. Seiner These, dass öffentliches Auftreten und die damit verbundene Imagepflege für Herrscher besonders wichtig sei, stimmten viele Leser zu. Doch seine Meinung, dass sich Herrscher nicht an überlieferte ethische Normen halten müssten, rief Widerstand hervor. Machiavelli schreibt, dass ein

Herrscher – er wählte einen Fürsten aus – seine Aufgabe zum Wohl des Gemeinwesens um jeden Preis erfüllen muss. Weil er von Menschen umgeben ist, die schlecht und unmoralisch sind, kann auch er unmoralisch handeln, jedoch nur, wenn es dem Gemeinwesen dient. Nach Machiavelli ist es viel sicherer, als Fürst gefürchtet statt geliebt zu werden. Er räumt jedoch ein, dass der Herrscher im Idealfall sowohl geliebt als auch gefürchtet wird. Notwendige Grausamkeiten müssten kurz und heftig sein, Wohltaten in kleinen Mengen erfolgen, damit sie lange in Erinnerung bleiben. Kurz zusammengefasst bedeutet der Inhalt von Machiavellis Schrift: „Der Zweck heiligt die Mittel."

Machiavellis Thesen sind bis heute geachtet und umstritten. Schon früh bildete sich eine Gegenrichtung, der sogenannte Antimachiavellismus, dem Adelige, Ethiker und humanistische Philosophen angehörten.

## Machiavellis Menschenbild ist negativ geprägt

Niccolò Machiavelli war der Meinung, dass Menschen nie wirklich gut und nie wirklich böse sein können, und riet deshalb zu einem gesunden Misstrauen. Er bezeichnete die Menschen nicht als von Natur aus schlecht, sondern allenfalls in Zusammenhang mit der Ausübung ihrer Aufgaben.

Die Kirche distanzierte sich von seinen Schriften und führte eine Initiative ein, um seine Werke zu verbieten. Machiavelli lehnte die katholische Lehre ab, weil das Christentum seiner Meinung nach zu Demut und Zurückhaltung erzog. ■

### Niccolò Machiavelli als Literat

Machiavelli war nicht nur Philosoph und Politiker, sondern auch Dichter. Er schrieb unter anderem drei Komödien: *Andria*, *Clizia* und *Mandragola*. Bei *Andria* handelt es sich um die Übersetzung einer antiken Komödie, *Clizia* ist an Platons *Asnia* angelehnt, ist aber mehr als eine wortgetreue Übersetzung, da Niccolò Machiavelli die Handlung ins zeitgenössische Florenz legte. *Mandragola* hat Niccolò Machiavelli ohne antike Vorlage verfasst. Darin beschreibt er, wie sich ein junger Mann in die Frau eines berühmten Florentiner Arztes verliebt und sie schließlich erobert, wobei er vor Intrigen nicht zurückschreckt. Der Philosoph verfasste noch weitere Stücke, die meisten davon sind Komödien.

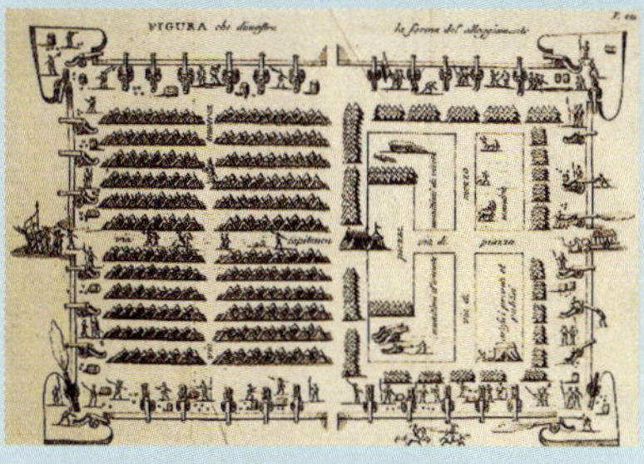

**Seite aus *Über die Kriegskunst*, einem weiteren Werk Machiavellis**

# Thomas Hobbes

Thomas Hobbes

**Der Philosoph, Mathematiker und Staatstheoretiker Thomas Hobbes (1588 – 1679) wurde vor allem mit seinem Werk *Leviathan* berühmt, in dem er die Aufgabe des Staates beschreibt, unter Ausübung von Macht für Sicherheit zu sorgen. Neben John Locke und Jean-Jacques Rousseau gilt Hobbes als einer der wichtigsten Vertreter philosophischer Staatstheorien im 17. und 18. Jahrhundert. Mit seinen Theorien machte er sich vor allem unter den Christen viele Gegner. Hobbes vertrat keine bestimmte philosophische Richtung.**

Thomas Hobbes wurde in England als Sohn eines Dorfpfarrers und Bauernmädchens geboren. Er erhielt auf einer Privatschule Unterricht in Griechisch und Latein. Mit 14 Jahren begann er sein Studium an der Universität Oxford und schloss 1607 mit einem Abschluss in Philosophie ab. Von 1608 an arbeitete er als Lehrer und Erzieher bei der adligen Familie Carvendish und behielt diese Stelle mit Unterbrechungen bis an sein Lebensende. Anfang 1620 war er für kurze Zeit Sekretär des Philosophen Francis Bacon. 1640 musste er ins Exil nach Frankreich fliehen, weil er sich für die Rechte des Königs Karl I. einsetzte. Im Exil schrieb er seine Hauptwerke und musste 1651 erneut fliehen, weil er Papsttum und Kirche kritisiert hatte. Thomas Hobbes starb 1679 in England.

Francis Bacon

## Ohne Erfahrung ist keine Erkenntnis möglich

Hobbes war ein Anhänger der empirischen Erkenntnistheorie, nach der alle Erkenntnis von Erfahrung ausgeht. Die Natur besteht seiner Meinung nach aus Körpern, die aus Atomen zusammengesetzt sind. Diese bewegen sich, indem sie sich anziehen oder abstoßen. Auch menschliches Empfinden sah er als Folge von Körperbewegungen. Indem die Körper Druck auf die entsprechenden Sinnesorgane wie Augen, Nase oder Ohren ausüben, lösen sie Sinneswahrnehmungen aus. Die Empfindungen bilden die Basis für die weitere begriffliche Erkenntnis.

## Der Mensch ist von Natur aus ein Egoist

Hobbes sah die menschliche Natur als zweigeteilt an. Einerseits besteht sie aus egoistischen Macht- und Besitztrieben, andererseits aus Vernunft. In einer Gesellschaft, die nicht kontrolliert wird, herrscht der natürliche Egoismus vor. Die Menschen leben Triebe, Begierden und Machtkämpfe aus. Da alle Menschen von Natur aus gleich sind, beanspruchen sie dasselbe Recht auf alle Dinge. Im Konkurrenzkampf, bei dem einer gegen alle kämpft, prägte Hobbes das Zitat: „Der Mensch ist des Menschen Wolf." Da dieser Urzustand für eine Gesellschaft untragbar ist, muss er mit der Vernunft geändert werden. Jeder Einzelne soll sein Recht aufgeben und dem Staat (Leviathan) übertragen, der im Gegenzug für Frieden und Sicherheit sorgt. Um dieses Ziel zu erreichen, darf der Staat Macht ausüben.

## Die christliche Kirche war gegen Hobbes

Hobbes hatte viele Gegner unter den Christen. Vor allem Anglikaner und Presbyterianer verübelten ihm, dass er nicht das Paradies als den ursprünglichen Zustand ansah, sondern den Kampf. Sie warfen ihm Atheismus vor, weil er den Staat nicht als eine Institution von Gottes Gnaden ansah, sondern als eine zweckmäßige Erfindung der Menschen. Doch Hobbes war weder dem Christentum feindselig gegenüber eingestellt noch leugnete er, dass Gott existiert. Seine Gegner warfen ihm auch Häresie vor und wollten ihn verurteilen, doch einflussreiche Freunde bewahrten ihn davor. ■

### *Leviathan*

1651 erschien das Hauptwerk von Hobbes, *Leviathan*. Es gilt als eines der bedeutendsten Werke der politischen Philosophie. Der Schrift über den Staat gab Hobbes den Titel eines biblisch-mythologischen Seeungeheuers. Hobbes spricht sich darin für eine absolutistische Regierungsform aus, die er als einzigen Garant für Frieden und Ordnung ansah. Er vertritt die Meinung, dass Furcht, Egoismus, Unsicherheit und Ruhmsucht als natürliche Eigenschaften der Menschen in einer ungeregelten Gesellschaft überwunden werden können, wenn ein Staat gegründet wird. Diesem Staat soll die ganze Macht übertragen werden. Im Gegenzug sorgt der Staat für Schutz.

**Titelseite des *Leviathan*, 1651**

Blaise Pascal

# Blaise Pascal

Der Philosoph, Mathematiker, Literat und Physiker Blaise Pascal (1623–62) gilt als einer der berühmtesten Denker der französischen Klassik. Als gläubiger Christ beschäftigte er sich auch mit theologischen Fragestellungen und verwob die verschiedenen Disziplinen miteinander. Sein Werk ist geprägt durch seine sensible Persönlichkeit. Blaise Pascal beschäftigte sich schon in jungen Jahren mit der Mathematik. Er sah die mathematische Methode als Mittel zur Erkenntnis der Natur an.

Blaise Pascal kam als Sohn eines amtsadligen Richters und einer wohlhabenden Mutter auf die Welt. Schon früh zeigte sich, dass er hochbegabt war, und seine Eltern förderten ihn entsprechend. Die Familie zog nach Rouen, wo Hauslehrer und der gebildete Vater ihn unterrichteten. Nachdem sein Vater einen Unfall erlitt, kam die Familie mit den Lehren des Reformbischofs Jansenius in Kontakt. Dieser vertrat eine an Augustinus orientierte katholische Gnadenlehre. Daraufhin wurde die Familie sehr religiös. Blaise Pascal bewegte sich in der besseren Gesellschaft und las die Belletristik der damaligen Zeit.

## Die körperliche Verfassung beeinflusste sein Werk

Der zarte und sensible Blaise Pascal war schon als Kind häufig krank. Die Fragen, die er sich im Laufe seines Lebens stellte, waren stark mit seinem eigenen Schicksal verwoben. Aufgrund seiner körperlich-seelischen Konstitution und seinem Forscherdrang entwickelte er im religiösen und naturwissenschaftlichen Bereich eine tiefgründige Persönlichkeit. Im Herbst 1654 litt Blaise Pascal erstmals unter depressiver Verstimmung. Er hatte ein religiöses Schlüsselerlebnis und zog sich zurück, um alleine mit seinem Glauben zu leben.

## Pascal war ein hochbegabter Mathematiker

Der naturwissenschaftliche Forscherdrang von Blaise Pascal war ungebremst. Im Alter von 16 Jahren brillierte das Universalgenie mit einer Arbeit über die Berechnung von Kegelschnitten. Als sein Vater Steuereintreiber in der Normandie wurde, erfand Pascal im Jahr 1642 eine Rechenmaschine für ihn, die zunächst nur addieren, später auch subtrahieren konnte. Er beschäftigte sich mit dem Vakuum und dem Luftdruck, arbeitete an Wahrscheinlichkeitsrechnungen und schrieb Abhandlungen über das nach ihm benannte pascalsche Dreieck.

Pascal erkannte die mathematische Methode als Mittel zur Erkenntnis der Natur an, vertrat aber die Ansicht, dass die Wissenschaft keine Antworten auf die wirklichen Fragen des Lebens gibt, auf Fragen, die aus Herzensnot oder religiös-sittlichen Bedürfnissen heraus entstehen. Er sah neben dem naturwissenschaftlichen Wissen noch ein anderes, auf Gefühl gegründetes Wissen, das auf die Erfahrung Gottes im Herzen beruhte. Ähnlich wie Hobbes sah auch Pascal den Menschen als gewalttätiges, egoistisches Wesen an, der nur über seine Verbindung zu Gott Erlösung erlangen kann. ■

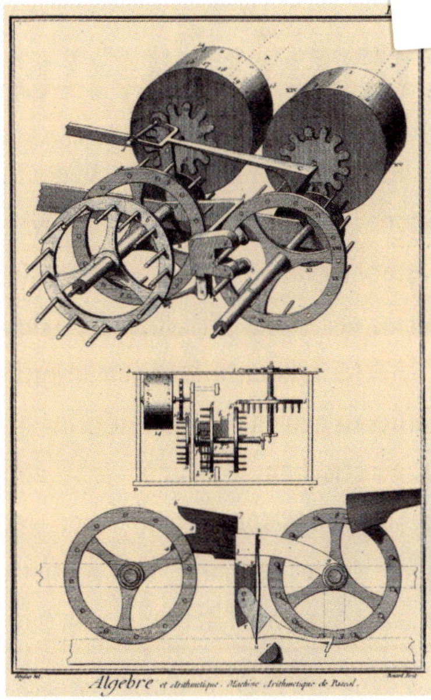


**Die Rechenmaschine von Blaise Pascal**

## *Lettres provinciales*

Zu den Klassikern der französischen Literaturgeschichte gehört eines der bekanntesten Werke Pascals, die *Lettres provinciales*. Hintergrund für das Verfassen war der Streit zwischen den orthodoxen und frommen Jansenisten und den lockereren, aber machtbewussteren Jesuiten. Pascal verfasste zunächst anonym einige satirisch-polemische Broschüren, die größtes Interesse weckten und 1657 in Holland als Buch erschienen. Bei den *Lettres provinciales* handelt es sich um 18 Briefe, die ein fiktiver Paris-Reisender verfasste. Die ersten zehn schrieb er an einen Freund aus der Provinz, die nächsten sechs an die Pariser Jesuitenpatres und die letzten beiden an den Beichtvater des Königs. In den Briefen beschreibt der adlige und naive Verfasser, der wenig über die Theologie weiß, wie Jesuiten ihm die Theologie in arroganter und herablassender Weise erklären. Nachdem der aufmerksame und wissbegierige Schüler genug gelernt hat, diskutiert er mit den Jesuiten und führt ihre Lehre ad absurdum. In dem Werk entlarvt Pascal die Jesuiten als machthungrige Opportunisten. Die *Lettres provincales* wurden verboten und im Jahr 1660 vom Henker verbrannt. Das konnte nichts an ihrem Erfolg ändern. Bis heute gelten sie als Meisterwerk der französischen Prosa.

# Empirismus

**Die Wiege des Empirismus liegt in England. Der Londoner Francis Bacon gilt als Wegbereiter dieser philosophischen Denkweise. Empiristen vertreten die Ansicht, dass alles Wissen auf Erfahrung beruht und gesicherte Erkenntnisse nur mithilfe von Sinneseindrücken gewonnen werden können. Dieser erkenntnistheoretischen Richtung steht der Rationalismus gegenüber, bei dem Verstand und Vernunft eine besondere Rolle zukommt. Das wissenschaftlich-philosophische Verfahren der Induktion hängt eng mit dem Empirismus zusammen.**

**Figur, welche die Wichtigkeit der sinnlichen Wahrnehmung als Anteil der Hirntätigkeit darstellt; Hygienemuseum, Dresden**

Für Empiristen zählt das Erfahren und das sinnliche Wahrnehmen. Daraus leiten sie alle Erkenntnisse ab. Empiristen glauben nur das, was sie mit ihren Sinneseindrücken aufgenommen haben. Der Rationalismus, der in derselben Epoche entstand, steht im Widerstreit mit dem Empirismus. Rationalisten glauben nicht daran, Erkenntnis durch Sinneseindrücke erlangen zu können, sondern einzig und allein durch die Vernunft. Während Rationalisten häufig Mathematiker sind, die sich für Methodik, Beweise und einen klaren Verstand interessieren, sind bekannte Vertreter des Empirismus Politiker, Mediziner oder Naturwissenschaftler. Trotz der gegensätzlichen Ansichten vereint Empiristen und Rationalisten die Frage nach der Erkenntnis, der menschlichen Freiheit, nach Gott und nach der unsterblichen Seele.

## Materialistischer und idealistischer Empirismus

**David Hume**

Es gibt einen materialistischen und einen idealistischen Empirismus. John Locke ist einer der wichtigsten Vertreter des materialistischen Empirismus. Locke vertrat die Ansicht,

## Barthold Heinrich Brockes

Der Schriftsteller Barthold Heinrich Brockes (1680–1747) ist ein Vertreter des Empirismus. Brockes besuchte das Akademische Gymnasium in Hamburg und reiste viel, um sich weiterzubilden. 1700 nahm er in Halle ein Philosophie- und Jurastudium auf und promovierte 1704. Von seinen Eltern erbte er ein beachtliches Vermögen, das ihm einen aufwendigen Lebensstil ermöglichte. 1712 veröffentlichte er sein erstes Werk. Brockes gründete eine Sprachgesellschaft, um die deutsche Sprache und Literatur zu fördern. 1720 wurde er Senator von Hamburg, später kaiserlicher Pfalzgraf. 1721 begann er mit der Herausgabe des *Irdischen Vergnügens in Gott, bestehend in Physicalisch- und Moralischen Gedichten.* Darin huldigte er der Natur. Präzise und analytische Betrachtungen der Natur lassen in diesem Werk den Empiristen erkennen. Sein *Irdisches Vergnügen* wurde zu seiner Zeit gerne gelesen, nach seinem Tod aber bald als dürftig und nichtssagend angesehen.

dass der Geist eines neugeborenen Babys einer unbeschriebenen Tafel (Tabula rasa) ähnelt. Diese Tafel wird durch Sinneseindrücke beschrieben. Locke widersprach damit dem Rationalisten René Descartes, der die These vertrat, dass Ideen angeboren sind. Zu den Vertretern des idealistischen Empirismus zählen George Berkeley und David Hume. Anders als bei materialistischen Empiristen gibt es ihrer Ansicht nach keine gegenständliche Welt, die Wahrnehmungen auslöst.

## Der Empirismus ist induktiv

In den Wissenschaften werden zwei unterschiedliche Methoden angewandt: die Induktion und die Deduktion. Bei den Naturwissenschaften herrscht die Induktion vor. Dabei wird vom Besonderen auf das Allgemeine geschlossen. Das heißt, einzelne Sachverhalte werden untersucht und gemeinsame Merkmale oder Beziehungen gefunden. Daraus entwickeln die Wissenschaftler ein Gesetz oder einen Begriff. Bei der Deduktion wird umgekehrt vom Allgemeinen auf das Besondere geschlossen. Ein Beispiel für eine deduktive Schlussfolgerung: Alle Säugetiere säugen ihre Jungen. Menschen säugen ihre Babys. Die deduktive Schlussfolgerung ist, dass der Mensch zu den Säugetieren gehört. Beide Methoden, die Induktion und die Deduktion, sollten nun auch in der Philosophie gebraucht werden. Dabei übersah man, dass eine Wissenschaft nur dann erfolgreich sein kann, wenn beide Methoden ergänzend angewendet werden: Mit der Induktion erhält man Hypothesen, die man wiederum mit der Deduktion prüfen kann, indem man untersucht, ob die Hypothesen für alle Fälle angewendet werden können und ob die Erklärung dafür ausreicht. So entwickelte sich der induktive Empirismus und der deduktive Rationalismus. ■

# Francis Bacon

Francis Bacon

**Der Philosoph, Politiker, Jurist und Naturwissenschaftler Francis Bacon (1561 – 1626) gilt als Wegbereiter des Empirismus. Er machte eine erstaunliche politische Karriere und brachte es bis zum Lordkanzler, was heute dem Posten des Premierministers entspricht. Bekannt wurde sein System der Idole, in dem er vier verschiedene Arten von Vorurteilen beschrieb, die Menschen haben. Bacon kritisierte die deduktive Denkweise der Scholastik und begründete die induktive Methode in der Philosophie.**

Francis Bacon wurde in London als jüngster von fünf Söhnen geboren. Sein Vater, Sir Nicholas Bacon, war Lordsiegelbewahrer von Königin Elisabeth I. und somit ihr wichtigster Rechtsberater, die gebildete Mutter war Tochter eines Ratsherrn. Bereits im Alter von 14 Jahren beschäftigte sich Bacon mit der Philosophie. Mit 19 veröffentlichte er seinen ersten Essay. Bacon studierte Jura in Cambridge und Paris und wurde Rechtsanwalt. In den folgenden Jahrzehnten machte er eine beachtliche Karriere als Politiker und Jurist. Mit 23 Jahren wurde er Abgeordneter im Parlament. Wegen eines Widerspruchs fiel er bei Königin Elisabeth I. in Ungnade. Erst nach vielen Jahren versöhnte sie sich wieder mit ihm, nachdem er sich politisch für ihre Belange eingesetzt hatte. Im Jahr 1613 wurde er Oberstaatsanwalt und 1617 Lordsiegelbewahrer. 1618 wurde Bacon zum Lordkanzler ernannt. 1621 warf man Francis Bacon Bestechlichkeit im Amt vor. Er wurde von all seinen Ämtern enthoben. Freunde des Königs hatten ihm Geld angeboten, damit er sich für ihre Wünsche bei der Steuergesetzgebung einsetzte. Er wurde zu vier Tagen Gefängnis und zu einer Geldstrafe verurteilt, die ihm jedoch erlassen wurde. König Jacob I. begnadigte Bacon, der sich bis zu seinem Tod wissenschaftlichen Studien widmete.

## „Wissen ist Macht“

Bacon war ein Gegner der begrifflich-deduktiven Vorgehensweise, bei der Wissen aus Allgemeinbegriffen abgeleitet wird, wie es in der aristotelischen und scholastischen Philosophie üblich war. Er war der Meinung, dass mit dieser Methode keine neuen Erkenntnisse gewonnen werden, was seiner Aussage „Wissen ist Macht“ widersprach. Deshalb setzte er sich für eine induktive Methode ein: Dabei sollten die Wissenschaftler Tatsachen genau beobachten und mit anderen Tatsachen vergleichen, schrittweise verallgemeinern und so schließlich neue Hypothesen aufstellen. Die Tatsachen sollten die Forscher vorurteilsfrei auswerten und die Ergebnisse zu Allgemeinbegriffen führen.

**Titelbild der *Instauratio magna*. Bacon wollte die große Erneuerung der Philosophie**

## Ein empirischer Versuch wurde Bacon zum Verhängnis

Als Empirist glaubte Francis Bacon nur das, was er mit seinen Sinneseindrücken wahrnahm. Er machte sich selbst zum Opfer seines einzigen überlieferten empirischen Versuchs. Er untersuchte, ob geschlachtete Hühnchen länger haltbar sind, wenn sie mit Schnee ausgestopft werden. Dabei zog er sich eine schwere Erkältung zu. Er bekam eine Lungenentzündung und starb daran.

## Bacon unterschied vier Arten von Vorurteilen

Ein genaues und gründliches Verständnis der Natur war für Bacon außerordentlich wichtig. Der Mensch soll auf die Natur eingehen, was nur gelingt, wenn er sich der Natur unterwirft. Dafür muss er sich von Vorurteilen befreien, die die Erkenntnis trüben und bis zum Selbstbetrug führen können. Die verschiedenen Vorurteile nannte er Idole. Bacon unterschied vier verschiedene Typen von Vorurteilen:

- Idola Tribus (Vorurteile der menschlichen Gattung): Der Mensch neigt dazu, alle Dinge aus seiner eigenen Sicht zu beurteilen und sich von seinen Gefühlen leiten zu lassen. So kann er nicht mehr neutral urteilen.
- Idola Specus (Vorurteile der Höhle): In Anlehnung an Platons Höhlengleichnis sehen die Menschen nur Schatten eines Feuers, aber nicht die Wirklichkeit. Den Schatten halten sie für wahr. Bacon spielt auf das Unbewusste in unseren Handlungen an.
- Idola Theatri (Vorurteile des Schauplatzes): Sie treten auf, wenn wir überlieferte, überzeugend dargelegte Lehrsätze übernehmen und glauben, ohne sie zu hinterfragen.
- Idola Fori (Vorurteile des Marktes): Vorurteile, die durch Sprache entstehen, weil dasselbe Wort für verschiedene Menschen eine unterschiedliche Bedeutung hat. ■

John Locke

# John Locke

**Der Hauptvertreter des Empirismus, John Locke (1632 – 1704 ), war Philosoph, Arzt, Erzieher und Politiker. Zusammen mit George Berkeley und David Hume war er einer der wichtigsten Begründer der englischen Aufklärung und des aufkommenden Empirismus. Mit seiner Staatsphilosophie beeinflusste er die Unabhängigkeitserklärung der USA. Von John Locke stammt die Aussage, dass die Seele eines Neugeborenen eine Tabula rasa, eine unbeschriebene Tafel, ist.**

John Locke entstammte einer wohlhabenden Familie. Er studierte in Oxford Philosophie, Naturwissenschaften und Medizin und erzielte 1667 einen Abschluss in Medizin. Danach trat er eine Stelle als Sekretär, Arzt und Lehrer bei der Familie des Earl of Shaftesbury an, die später aus politischen Gründen ins holländische Exil floh. Locke folgte ihnen, kehrte aber unter König Wilhelm II. (1689–1702) wieder nach England zurück. Im Alter widmete er sich dem Schreiben und der Philosophie.

In seiner Erkenntnistheorie unterscheidet Locke zwischen äußerer, durch Sinne aufgenommener und innerer Erfahrung, die einer Selbstwahrnehmung entspricht. Dinge haben für ihn primäre Eigenschaften wie Gestalt oder Bewegung und sekundäre wie Töne oder Farben. Innere und äußere Erfahrung helfen, Ideen zu bilden. Aus diesen einfachen Ideen macht der Geist komplexere Ideen, die Locke als Substanz oder Beziehungen bezeichnet. Bei den einfachen Ideen unterscheidet er vier Gruppen:

1. Ideen, welche die Sinne bilden, wie Töne oder Gerüche.
2. Ideen, die durch mehrere Sinne entstehen, wie Bewegung.
3. Ideen, die durch die innere Tätigkeit der Seele entstehen, wie Denken und Fühlen.
4. Ideen, die sich durch das Zusammenwirken beider Formen bilden, wie Lust oder Unlust.

## Der Staat muss Freiheit und Eigentum schützen

In seinem politischen Hauptwerk *Zwei Abhandlungen über die Regierung* beschreibt er seine Staatstheorie. Freiheit, Unverletzlichkeit und Gleichheit von Person und Eigentum bezeichnet Locke als höchste Rechtsgüter. Wie Hobbes sieht er einen Naturzustand und Gesellschaftszustand, wobei er im Naturzustand nicht den Krieg sieht wie Hobbes, doch aber die mögliche Gewalt. Der zu gründende Staat hat deshalb die Aufgabe, Freiheit und Eigentum des Einzelnen zu schützen. Mit seinen Theorien war Locke ein Vorkämpfer der Menschenrechte. Bei seiner bevorzugten Staatsform, der parlamentarischen Demokratie, unterschied er zwischen der Legislative (Gesetzgebung) und Exekutive (Regierung). Der Philosoph und Politiker Charles Montesquieu (1689–1755) ergänzte die Theorie mit der Judikativen (richterliche Gewalt).

**Charles Montesquieu**

Als einer der Ersten beschrieb Locke den Zusammenhang zwischen Eigentum und Arbeit: Wer viel arbeite, produziere mehr, als er verbrauchen könne. Durch den Verkauf der überschüssigen Produktion könne sich ein freier Markt entwickeln. Der Begründer des Liberalismus sprach sich dafür aus, dass sich die freie Marktwirtschaft entfalten kann, wenn sich der Staat möglichst zurückhält. Locke beeinflusste mit seinen politischen Theorien die Unabhängigkeitserklärung und Verfassung der USA sowie die Verfassungen vieler weiterer liberaler Staaten.

**Thomas Hobbes**

## Locke prägte den Begriff Tabula rasa

In dem Werk *Versuch über den menschlichen Verstand* stellt sich Locke gegen die Meinung der Rationalisten, dass Ideen angeboren sind. Er vertrat die These, dass nichts im Verstand ist, was nicht vorher in den Sinnen war. Locke sah das menschliche Bewusstsein eines Neugeborenen als Tabula rasa, als unbeschriebenes Blatt an, auf das die Erfahrung im Laufe der Zeit erst schreibt. ■

### Eltern sollen die Ideen ihrer Kinder fördern

In seiner Schrift *Einige Gedanken über Erziehung* forderte Locke, dass sich die Erziehung von Kindern an der Vernunft orientieren soll. Er schlug vor, dass Eltern ihre Kinder dazu anregen, eigene Ideen zu entwickeln. Locke setzte sich dafür ein, dass sich die moralische Erziehung von Kindern auf die Mäßigung ihrer Eltern stützt, die mit gutem Beispiel vorangehen sollten. Regeln und Vorschriften waren für ihn weniger wichtig als für seine Vordenker. Locke arbeitete an erzieherischen Ideen, die sich für eine freundschaftliche Beziehung zwischen Eltern und Kindern einsetzten und die natürlichen Anlagen des Kindes förderten.

# George Berkeley

George Berkeley (1684 – 1753) ist der zweite wichtige Vertreter des englischen Empirismus. Der irische Philosoph, Theologe und spätere Bischof von Cloyne wurde vor allem mit seiner Erkenntnistheorie berühmt. In seinen philosophischen Positionen ist George Berkeley zwischen Locke und Hume angesiedelt. Berkeley kritisierte den vorherrschenden Materialismus und stellt sich mit Locke gegen den Rationalismus von Descartes.

**George Berkeley**

George Berkeley ging bereits im Alter von 15 Jahren auf das Trinity College in Dublin, wo er Philosophie, Logik, alte Sprachen, Mathematik und Theologie studierte. 1707 schloss er mit dem Master of Arts ab. Von 1707 – 13 arbeitete er am Trinity College als theologischer Lehrer. Später war er als Priester tätig und unternahm Reisen nach London, Frankreich und Italien. 1724 wurde er Dekan von Derry. 1734 wurde er zum Bischof von Cloyne ernannt und behielt dieses Amt bis zu seinem Tod. George Berkeley war mit vielen Persönlichkeiten der damaligen Zeit bekannt, wie dem Schriftsteller Joseph Addison (1672–1719), dem Dichter Alexander Pope (1688–1744), dem Schriftsteller Richard Steele (1672 – 1729) und dem anglo-irischen Dichter und Satiriker Jonathan Swift (1667 – 1745), der mit *Gullivers Reisen* berühmt wurde.

**Joseph Addison**

**Jonathan Swift**

## Kritik am Materialismus

Berkeley kritisierte den zu seiner Zeit vorherrschenden Materialismus, der besagte, dass unabhängig vom Bewusstsein eine materielle Außenwelt existiert. Diese Ansicht wurde vor allem durch Naturwissenschaftler wie Galileo Galilei (1564–1642) und Isaac Newton (1643–1727) gefördert. Berkeley vertrat einen radikalen subjektiven Idealismus. Er prägte den Satz: „Sein heißt Wahrgenom-

## Der Traum von einer Missionarsschule platzte

Im Jahr 1729 wollte George Berkeley ein College auf den Bahamas errichten. Er hatte den Wunsch, dass englische Siedler dort gemeinsam mit Schwarzen und Indianern zu Missionaren ausgebildet werden. Nach vielen Jahren der Vorarbeit segelte er im Jahr 1728 nach Amerika. Drei Jahre verbrachte er auf Rhode Island und erwartete Unterstützung und Zuschüsse für sein Vorhaben. Doch er wurde enttäuscht und sein Traum scheiterte. Entmutigt kehrte Berkeley 1731 nach Irland zurück, ohne jemals die Bahamas gesehen zu haben.

menwerden." Das bedeutet, dass das Sein einer Sache mit ihrem Wahrgenommenwerden gleichzusetzen ist. Das heißt, dass für Berkeley nur Wahrnehmung und wahrnehmende Subjekte existieren. Deshalb hielt er eine Außenwelt, die unabhängig von der menschlichen Wahrnehmung entsteht, für falsch: Diese Außenwelt sei weder erkennbar, nachweisbar oder qualitativ beschreibbar und hätte deshalb in der Philosophie nichts zu suchen. Ebenso kritisierte er die von Newton geprägten Begriffe wie „absoluter Raum" und „absolute Zeit". Berkeleys Kritik war überwiegend von moralischen und theologischen Motiven geprägt. Er sah in einer naturwissenschaftlichen Sicht vor allem eine Gefahr für den Glauben.

Aus seiner Theorie, die Welt wäre ein Phänomen menschlichen Bewusstseins, folgt, dass die Welt von dem jeweiligen Beobachter abhängig ist. Berkeley führte die Ideen, an denen die Menschen dank ihrer Seele teilhaben, auf den göttlichen Geist zurück. Von Berkeley stammt das Zitat: „Die ganze Natur um uns herum und unser ganzes Dasein ruhen in Gott. Er ist die alleinige Ursache." Berkeley vertrat die Ansicht, dass das Wahrnehmen eines Gegenstandes, beispielsweise einer Blume, eine Idee ist, die der Geist Gottes hervorgerufen hat, und dass diese Blume auch dann existiert, wenn niemand da ist, der sie beachten kann, weil Gott immer da ist.

## Berkeley schrieb auch über die Mathematik

**Isaac Newton**

Berkeley verfasste auch Abhandlungen über die Mathematik und Ökonomie. In einem seiner Werke belegte er, dass die Grundlagen der Differenzial- und Integralrechnung von Newton und Gottfried Wilhelm Leibniz logisch nicht eindeutig sind, obwohl sie richtige Ergebnisse lieferten.

In seinen wirtschafts- und sozialpolitischen Themen erörterte er, wie das Geldwesen reformiert werden kann. ■

# David Hume

Der Philosoph, Historiker und Ökonom David Hume (1711–76) gilt als der dritte große Vertreter des englischen Empirismus. Auch er war der Ansicht, dass die wichtigste Quelle der Erkenntnis die Erfahrung ist. Mit seiner Erkenntnistheorie beeinflusste er besonders Immanuel Kant. Hume beschäftigte sich auch mit der Moral und insbesondere mit der Rolle von moralischen Gefühlen. Sein erstes Werk, *Treatise of Human Nature*, verkaufte sich anfangs nur schleppend.

**David Hume**

David Hume wurde 1711 in Edinburgh, Schottland, geboren. Seine Familie entstammte dem Adel, war jedoch verarmt. Hume hatte zwei ältere Brüder und erbte deshalb nach dem Tod seiner Eltern nur wenig. Im Jahr 1729 schloss Hume sein Studium der Rechtswissenschaft ab. Er erkrankte an Depressionen und trat nach seiner Genesung im Jahr 1731 eine Stelle in einem Bristoler Handelshaus an. 1735 reiste er für zwei Jahre nach Frankreich, um sich seinen philosophischen Studien zu widmen. Dort arbeitete er an seinem ersten Werk, *Treatise of Human Nature*. Mehrmals bewarb er sich vergebens um Lehrtätigkeiten, damit er sich seinen Lebensunterhalt verdienen konnte. Erst als er für einen Markgrafen tätig wurde, ging es ihm finanziell besser. In den Jahren 1746 und 1747 nahm er an militärischen Expeditionen teil. 1748 erschien eine Überarbeitung von *Treatise*. Hume schrieb weitere Werke, die sich bald besser verkauften und ihm endlich eine gute Existenzgrundlage gaben. 1763 reiste Hume als Botschafter nach Paris und kam drei Jahre später zusammen mit Jean-Jacques Rousseau zurück nach London, um Rousseau dort Asyl zu verschaffen.

**Jean-Jacques Rousseau**

## Alles Wissen kommt aus Erfahrung

David Hume stimmte mit John Locke überein, dass es keine angeborenen Ideen gibt, sondern dass alles Wissen aus Erfahrung stammt. Mit dieser Einstellung stellte er sich zusammen mit Locke gegen die Meinung von Descartes und Leibniz. Die Eindrücke, die im Bewusstsein existieren, sind nach Hume unmittelbare Eindrücke von Sinneserfahrungen wie Fühlen, Schmecken, Sehen, Hören und von den verschiedenen Gefühlszuständen wie Lieben oder Hassen. Nach Humes Meinung gibt es Ideen, die Abbilder der Eindrücke sind. Er leugnet die Existenz von Ideen, die nicht auf Eindrücke zurückzuführen sind.

**John Locke**

## Gefühle leiten das moralische Handeln

Die Philosophen der Antike vertraten die Ansicht, dass ethisches Handeln durch die menschliche Vernunft begründet ist. Hume dagegen sah die Emotionen als Beweggrund für moralisches Handeln an. Hume unterscheidet zwischen Gefühlen, die sich auf den Menschen selbst beziehen, und Gefühlen, die sich auf andere beziehen. Auf den Menschen selbst beziehen sich Gefühle wie Freude oder Kummer, auf andere beispielsweise Wut oder Liebe. Diese Gemütsregungen werden von lust- oder unlustvollen Erfahrungen beeinflusst. Die wichtigsten moralischen Gefühle waren nach Hume Sympathie, Wohlwollen und Gerechtigkeit. Weil diese Emotionen nicht nur dem Einzelnen, sondern der Gesamtheit nutzen, haben sie den höchsten moralischen Wert. Beim moralischen Handeln leitet uns die Vernunft, die hilft, die geeigneten Mittel auszuwählen. Von David Hume stammt das bekannte Zitat, dass die Vernunft die Sklavin der Leidenschaften ist. ■

### Humes erstes Werk

*Treatise of Human Nature,* ein Traktat über die menschliche Natur, ist einer der bedeutenden Texte des englischen Empirismus. 1739/40 veröffentlichte er es zunächst anonym in London. Das Buch hat den Untertitel *Ein Versuch, die experimentelle Methode des Schließens auf geistig-moralische Gegenstände anzuwenden* und umfasst drei Bände. Im ersten Band *Über den Verstand* erklärt Hume, wie der Mensch Wissen erwirbt, der zweite Band *Über die Leidenschaften* erklärt die emotionale Ordnung des Menschen und der dritte Band *Über Moral* beschreibt moralisches Gutsein mithilfe von Missbilligung oder Billigung. Der erhoffte Erfolg und der damit verbundene materielle Gewinn blieb nach der Veröffentlichung aus. Selbst eine anonyme Rezension, die David Hume selbst schrieb und an eine Zeitung schickte, verhalf ihm zunächst nicht, das Buch zu verkaufen.

# Edmund Burke

Edmund Burke

Edmund Burke (1729 – 97), Schriftsteller, Staatsphilosoph und Politiker, gilt als geistiger Vater des Konservatismus. Der irische Vertreter des Empirismus war lange Zeit Abgeordneter des englischen Unterhauses und fiel dort durch seine brillante Rhetorik auf. Burke sprach sich gegen die Französische Revolution aus. Er verglich die sich ständig verändernde, über Generationen gewachsene Gesellschaft mit einem lebendigen Organismus. Den einzelnen Menschen sah er als unvollkommen an.

Edmund Burke stammte aus ärmlichen Verhältnissen. Er studierte von 1743 – 50 Geschichte, klassische Literatur und Rechtswissenschaften am Trinity College in Dublin. 1765/66 arbeitete Burke als Privatsekretär bei Lord Rockingham. Seit 1765 verschaffte er sich als Abgeordneter des englischen Unterhauses Respekt, weil er als exzellenter Rhetoriker und scharfsinniger Denker auffiel. Bei einer Wahlrede äußerte er seinen Grundsatz, dass ein Parlamentsmitglied nicht Delegierter, sondern Repräsentant sei. Weil Mitglieder des Parlaments keinem Mandat unterworfen seien, hätten sie auch nicht die Pflicht, ihrem Urteil entsprechend abzustimmen.

Trinity College

## Die Gesellschaft ist ein komplexer Organismus

Burkes Ansichten zur Gesellschaft sind von Respekt über die lange gewachsenen Strukturen geprägt und entsprechend konservativ. Er sieht die Gesellschaft als zu komplex an, als dass sie von einem Einzelnen, etwa einem Regierenden, verstanden werden kann. Die Gesellschaft entwickelte sich über viele Generationen hinweg zu ihrer heutigen Form und hat in dieser Zeit erstaunliche organisatorische Leistungen vollbracht. Wegen dieser gewachsenen Erfahrung würde die gesamte Gesellschaft verlässlicher zum Handeln anleiten als ein Einzelner. Burke verglich die Gesellschaft mit einem komplexen, sich verändernden Organismus: Auch die Wechsel einer Gesellschaft seien organisch, da sie sich je nach Lage an aktuelle Situationen anpassen und neue Fähigkeiten hervorbrin-

## Burke und die Französische Revolution

**Emblem der Französischen Revolution**

Das bekannteste Buch Burkes trägt den Titel *Betrachtungen über die Französische Revolution* und erschien im Jahr 1790, ein Jahr nach der Revolution. In dem Werk äußerte Burke seine negative Meinung zu den Vorgängen in Frankreich. Er hielt es für undenkbar, wie eine Regierung, die aus „500 Advokaten und Dorfpfarrern" besteht, den Wünschen und dem Willen von 24 Millionen Einwohnern gerecht werden kann. Burke machte keinen Hehl daraus, dass er von den damaligen Machthabern nichts hielt. Er kritisierte, dass Frankreich in eine demokratische Form gepresst werden sollte, die Burkes Ansicht nach nur zu einer Zerstückelung führte. Burke wandte sich vehement gegen die Einteilung Frankreichs in 83 Départements.

gen können. Eine Gesellschaft ist seiner Ansicht nach keine Maschine, die man aus Einzelteilen zusammenbauen und bei der man defekte Teile durch andere ersetzen kann. Vielmehr ist die Gesellschaft ein sich ständig veränderndes, lebendiges Konstrukt. Er traute keinem einzelnen Politiker, aber auch keiner Gruppe politischer Führer zu, eine entwickelte Gesellschaft auszuradieren oder durch eine andere zu ersetzen, und wandte sich deshalb strikt gegen die Französische Revolution.

## Der Mensch ist unvollkommen

Als Vertreter eines zivilisierten Konservatismus respektierte Burke die Vergangenheit der Gesellschaft und sprach den einzelnen Menschen unterschiedliche Facetten zu. Gleichzeitig wandte er sich gegen die Intellektualisierung in der Politik und äußerte sich großen Ideen gegenüber skeptisch.

Den Menschen sah Burke als unvollkommen an. Deshalb kann es auch keine vollkommene Gesellschaft geben. Jeder ist anders, jeder hat andere Talente. In einer Gesellschaft findet sich immer eine Mischung aus Gut und Böse. Burke traute praktischen Denkern eher zu, eine Gesellschaft zu regieren, als hochgeistigen Theoretikern. Er war davon überzeugt, dass ein Regierender weniger Intellekt braucht, dafür gesunden Menschenverstand und Charakterstärke. Für ihn waren Menschen, die von Geburt an wohlhabend sind und gewohnt, verantwortlich zu denken, gute Kandidaten für Regierungsämter. Personen, die aus einer niederen Klasse stammen und sich hochgearbeitet haben, hielt er dagegen für wenig geeignet.

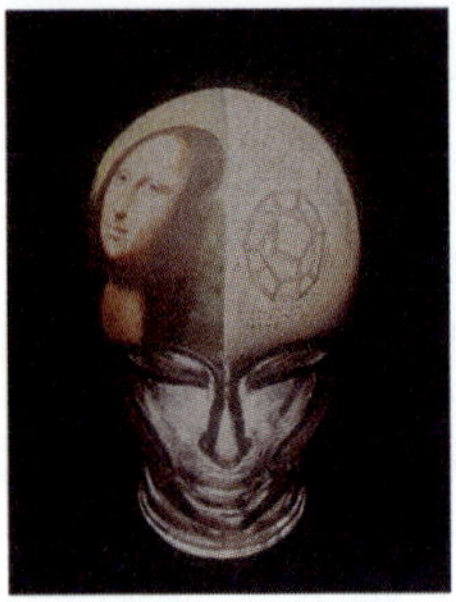

# Rationalismus

**Die philosophische Richtung des Rationalismus entwickelte sich fast zeitgleich mit dem Empirismus. Während die Vertreter des Empirismus der Ansicht waren, dass alle Erkenntnis auf Erfahrung beruht, vertraten die Rationalisten die Meinung, dass für den Erkenntnisprozess die Vernunft und das Denken wesentlich sind. Zu den wichtigen Vertretern gehören René Descartes, Baruch Spinoza und Gottfried Wilhelm Leibniz.**

Unter Rationalismus versteht man eine philosophische Strömung, die die menschliche Vernunft als wesentlich für den Erkenntnisprozess hervorhebt. Der Rationalismus unterscheidet sich somit deutlich vom Empirismus, bei dem die Rolle der Erfahrung und sinnlichen Wahrnehmung im Vordergrund steht. Trotz der Unterschiede in beiden Richtungen ist es nicht so, dass Rationalisten das Erfahren und Empiristen die Vernunft ablehnen. Vielmehr finden sich in den Werken der jeweiligen Vertreter auch Elemente der „entgegengesetzten" Richtung. Deshalb ist es sinnvoller, zu sagen, dass ein Vertreter des Rationalismus vor allem eine wichtige Schlussfolgerung betont, während ein Vertreter des Empirismus in seiner Weltanschauung nur Hypothesen zulassen wird, die auf sinnliches Wahrnehmen zurückzuführen sind.

**Immanuel Kant**

## Descartes ist der Hauptvertreter des Rationalismus

Vor allem in Frankreich breitete sich im 17. Jahrhundert Unmut über die Scholastik aus. Nach René Descartes, der als Begründer des Rationalismus gilt, lassen sich universelle Grundsätze mithilfe der Vernunft und des Verstandes erschließen. Die übrigen Fragestellungen könnten mit der deduktiven Methode beantwortet werden, also der Schlussfolgerung vom Allgemeinen auf den Einzelfall. Descartes vertrat die Meinung, dass sich Grundsätze nicht mithilfe von Sinneswahrnehmungen erschließen lassen, und widersprach so den Empiristen. Dem Philosophen Immanuel Kant gelang es schließlich, den Gegensatz zwischen Rationalismus und Empirismus in seinem Kritizismus aufzuheben.

## Schon in Platons Philosophie gab es Ansätze des Rationalismus

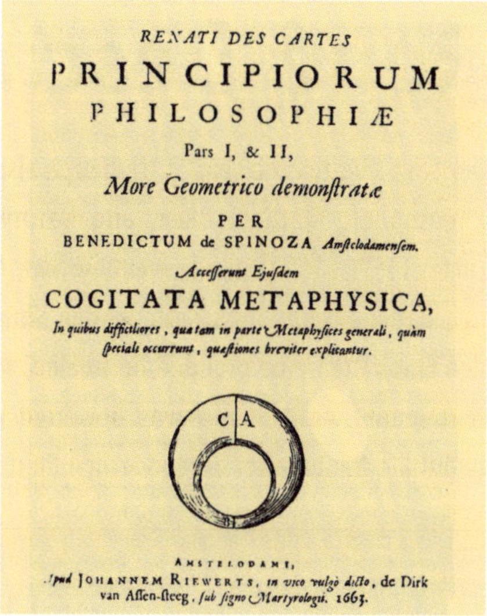
RENATI DES CARTES
PRINCIPIORUM
PHILOSOPHIÆ
Pars I, & II,
*More Geometrico demonstratæ*
PER
BENEDICTUM de SPINOZA *Amstelodamensem.*
*Accesserunt Ejusdem*
COGITATA METAPHYSICA,
*In quibus difficiliores, quæ tam in parte Metaphysices generali, quàm speciali occurrunt, quæstiones breviter explicantur.*

AMSTELODAMI,
*Apud* JOHANNEM RIEWERTS, *in vico vulgò dicto*, de Dirk van Assen-steeg, *sub signo Martyrologii.* 1663.

Descartes ging davon aus, dass Ideen angeboren sind, und hatte damit eine gegensätzliche Meinung zu Empiristen wie John Locke, der den Begriff der Tabula rasa, der unbeschriebenen Tafel eines Neugeborenen, prägte, die erst im Laufe des Lebens mit Ideen beschrieben wird. Anders als Locke war auch Platon der Ansicht, dass Ideen schon fertig in der Seele liegen, also angeboren sind. Die Bewusstwerdung der angeborenen Ideen kann nach Platon nur durch eine Tätigkeit der Seele erreicht werden, die das Wesen der Seele am reinsten ausdrückt, und das ist das Denken. Die Meinung, dass der Mensch Ideen durch logisch-mathematisches Denken zutage fördern kann, gab es demnach bereits in der Antike. ■

### Christian Freiherr von Wolff

Der deutsche Philosoph und Mathematiker Christian Freiherr von Wolff (1679 – 1754) gehörte zu den Vertretern des Rationalismus. Der in Breslau geborene Wolff studierte Mathematik und Philosophie in Jena, zog nach Leipzig um und erhielt 1703 den Magister- und Doktorabschluss. Er wurde Professor für Mathematik und Philosophie in Halle. Aufgrund seiner rationalistischen Lehren geriet er mit pietistischen Theologen in Konflikt. Bei einer Vorlesung, die er im Jahr 1721 abhielt, erklärte er den Studenten, dass einige moralische Aussagen des chinesischen Philosophen Konfuzius (551 – 479 v. Chr.) bewiesen, dass die menschliche Vernunft in der Lage sei, moralische Wahrheiten aus eigener Anstrengung heraus erkennen zu können. 1723 wurde er unter Androhung der Todesstrafe von allen Ämtern entlassen. Man warf ihm Atheismus vor. 1740 war er als Professor für Natur- und Völkerrecht tätig, später wurde er Rektor der Universität in Halle. In seinem Werk *Einleitende Abhandlung über Philosophie im allgemeinen* postuliert Wolff die historische, die philosophische und die mathematische Erkenntnis. Wolff hat keine eigene Philosophie begründet, sondern die Philosophie von Leibniz systematisiert. Deshalb wird sein Werk auch als Leibniz-Wolffsche Philosophie bezeichnet.

# René Descartes

René Descartes

Der Satz „Cogito ergo sum" („Ich denke, also bin ich") des französischen Philosophen, Mathematikers und Naturwissenschaftlers René Descartes (1596–1650) wurde weltberühmt. Als Begründer eines modernen Rationalismus misstraute er den Sinneswahrnehmungen, die bei den Empiristen eine große Rolle spielen, und stellte den Verstand und das Denken in den Mittelpunkt. Anhand von zwei Beweisen wollte Descartes die Existenz Gottes darlegen. Er gilt als Wegbereiter der modernen Philosophie.

René Descartes kam als Sohn einer kleinadligen Familie zur Welt. Der Vater arbeitete als Gerichtsrat, die Mutter starb ein Jahr nach der Geburt und Descartes wuchs bei seiner Großmutter und einer Amme auf. Schon als Kind war er häufig krank. Descartes studierte in Poitiers Jura und machte 1616 sein Examen. Trotz seiner Kränklichkeit unternahm er viele, lang andauernde Reisen. Descartes war als Soldat tätig, begann zu schreiben und bewegte sich in der guten Gesellschaft. 1628 zog er nach Holland und arbeitete dort an einem Traktat zur Metaphysik. Neben der Philosophie beschäftigte er sich mit der Naturwissenschaft. Sein Werk *Über den Menschen* gilt als erstes Lehrbuch der Physiologie. In der Mathematik gilt er als Wegbereiter der analytischen Geometrie.

### René Descartes unterrichtete die Königin

Mit der Königin Christine von Schweden (1626 – 89) verband Descartes ein langjähriger Briefwechsel. 1649 folgte er ihrer Einladung und wurde Philosophielehrer der Königin. Die Frühaufsteherin bestand darauf, dass der Unterricht dreimal in der Woche morgens um 5 Uhr stattfand. Der kränkliche Descartes war ein Langschläfer und das frühe Aufstehen bekam ihm nicht. Hinzu kam der kalte Winter in einer Gegend, über die er sagte: „Schweden ist das Land der Bären, mitten unter Felsen und Eis." Das ungemütliche Klima und frühe Aufstehen führten dazu, dass Descartes schwer erkrankte und 1650 an einer Lungenentzündung starb.

## Descartes misstraute den Wahrnehmungen

Wie schon Platon lange Zeit vor ihm ging auch Descartes von einer Zweiteilung des Menschen in Körper und Geist aus. Dem denkenden Geist räumte er Vorrang ein. Descartes vertrat die Ansicht, dass Sinneswahrnehmungen im Erkenntnisprozess keine Gewissheit liefern können. Er war der Meinung, dass es keine Sicherheit geben kann, ob die Dinge, die der Mensch wahrnimmt, tatsächlich existieren. Vielmehr könne der Mensch auch nur träumen. Einzig und allein durch Denken könne Gewissheit erreicht werden. Das Denken sei in dem Moment gewiss, in dem der Mensch denke. Dass er denke, merke er daran, dass ihm Gedanken durch den Kopf gingen. Daraus formulierte Descartes seinen bekannten Satz: „Ich denke, also bin ich."

In seiner Erkenntnistheorie ging Descartes von einer Seele aus, die nicht nur denken, sondern auch empfinden kann, da sie in Zusammenhang mit dem Körper steht. Von der Außenwelt gelangen Sinneswahrnehmungen zur Seele, die nur einen geringen Wert haben, da man sich nie sicher sein kann, ob die Sinne einen nicht täuschen. Aus dem, was der Mensch wahrnimmt, entwickeln sich Vorstellungen, die wiederum zu Gegenständen des Denkens werden können. Das ist die zweite Stufe der Erkenntnis. Bei der höchsten Stufe entwickelt sich die Seele aus sich selbst heraus, arbeitet nur mit Ideen, ohne dabei Empfindungen zurate zu ziehen.

**Einige herausragende Ereignisse im Leben von Descartes**

## Er wollte beweisen, dass Gott existiert

Anhand von zwei Gottesbeweisen wollte Descartes die Existenz Gottes belegen. Im ersten Beweis sieht er die Idee Gottes als allervollkommenstes Wesen. Ein solches Wesen muss laut Descartes auf alle Fälle existieren, da es andernfalls nicht vollkommen wäre.

Beim zweiten Gottesbeweis zeigt er auf, dass eine Wirkung nie vollkommener als ihre Ursache sein kann. Die Idee eines unendlichen Wesens wie Gott kann also nicht vom Verstand hervorgebracht werden, weil der Verstand endlich ist. Deshalb setzt die Idee des unendlichen Wesens, also Gott, voraus, dass dieser auch tatsächlich existiert.

Bei der Kirche stießen die Abhandlungen Descartes auf wenig Gegenliebe und seine Schriften wurden auf den Index gesetzt. Auch die protestantische und staatliche Seite stand ihm eher negativ gegenüber.

# Baruch Spinoza

Baruch Spinoza

**Baruch Spinoza (1632–1677) gilt als einer der bedeutendsten niederländischen Philosophen. Der Vertreter des Rationalismus, der aus einer jüdischen Familie stammte, ist einer der Mitbegründer des Pantheismus, der Einheit von Gott und Natur. Anders als Descartes vertrat Spinoza keine dualistische, sondern eine monistische Weltanschauung. Die Substanz sah er als Urgrund allen Seins an und entwickelte darauf seine Theorie. Spinoza gilt als Begründer der Bibelkritik.**

Baruch Spinoza kam in Amsterdam als Sohn einer strenggläubigen, jüdischen Kaufmannsfamilie auf die Welt. Als er sechs Jahre alt war, starb seine Mutter, was ihn dazu veranlasste, im Laufe seines Lebens viel über den Tod nachzudenken. Er besuchte die Talmud-Thora-Schule in der Gemeinde „Ets Haim", die jüdische Emigranten gegründet hatten, und wurde jüdisch-orthodox erzogen. Spinoza beschäftigte sich mit der jüdischen Philosophie des Mittelalters und interessierte sich besonders für die Kabbala, die mystische Tradition des Judentums. Im Alter von 26 Jahren übernahm er das Geschäft seines Vaters, beschäftigte sich aber weiterhin mit der Philosophie und fing bald an, an der Religion zu zweifeln. 1656 wurde er aus der Gemeinde ausgeschlossen und hatte seitdem den Ruf eines Atheisten. Zurückgezogen lebte er von seinen Einkünften als Optiker und verfasste nebenher philosophische Schriften. Einen Ruf der Universität Heidelberg, die ihm eine Professur anbot, lehnte Spinoza ab. Die Kirche bemühte sich, sein anonym erschienenes Werk *Tractatus Theologico-politicus* zu verbieten, und setzte das Verbot 1674 durch. 1677 verstarb Baruch Spinoza in Den Haag an den Folgen einer Lungentuberkulose.

## Die Substanz ist der Urgrund allen Seins

Während Descartes von einer Zweiteilung des Menschen in Körper und Geist ausging und somit eine dualistische Weltanschauung vertrat, befürwortete Spinoza eine monistische Sichtweise. Als einziges Ganzes sah er etwas, das er Substanz nannte. Die Substanz war für Spinoza der Urgrund allen Seins. Er sah die Substanz als Natur und als Gott an. Die Lehre der Einheit von Natur und Gott wird als Pantheismus bezeichnet und Spinoza gilt als einer

**Lutherbibel: Spinoza war Vorläufer der Bibelkritik**

der Mitbegründer. Substanz war für ihn der höchste Begriff, der keinem anderen zuzuordnen war, vergleichbar mit dem Begriff Logos, den der antike Philosoph Heraklit prägte. Die Substanz sah er als unendlich, unteilbar und zeitlos an. Spinoza vertrat die Ansicht, dass sie endliche und unendliche Erscheinungsformen annehmen kann. Dem Geist und Selbstbewusstsein Gottes sprach er eine unendliche Erscheinungsform zu, den Menschen, Tieren, Pflanzen, Gedanken und Gefühlen eine endliche Erscheinungsform, da sie sowohl zeitlich als auch räumlich begrenzt sind.

## Liebe entwickelt sich aus Lust

In seiner Ethik ging Spinoza von drei Urgefühlen aus. Das Streben nach Selbsterhaltung sah er als das wichtigste an, daraus entwickeln sich die Gefühle Lust und Unlust. Aus Lust könne Liebe entstehen und aus Unlust Hass. Wenn im Kampf der Gefühle die Lust siegt, hat der Mensch ein gutes Leben. Dafür muss er aktiv werden. Das Leben kann nur dann gut sein, wenn es der Selbsterhaltung dient. Dazu sind Erkenntnis, Wahrheit, Glück und Tugend notwendig. Die höchste Lust sah er in der geistigen Liebe zu Gott.

## Spinoza übte sich als Bibelkritiker

In der literarischen und historisch-kritischen Bibelforschung werden Autorenschaft, Datierung und literarische Struktur untersucht. Spinoza bemühte sich um ein sachliches Bibelstudium. Er schrieb vielen Büchern des Alten Testaments ein späteres Entstehungsdatum zu als die Tradition. Baruch Spinoza gilt als Vorläufer der Bibelkritik. ■

### Der Philosoph als Optiker

Baruch Spinoza beschäftigte sich neben der Philosophie auch mit den Naturwissenschaften und interessierte sich besonders für die neue Astronomie und auch für die Optik. Nachdem er aus der jüdischen Gemeinde ausgeschlossen worden war, verdiente er seinen Lebensunterhalt als Optiker. Er schliff und polierte Linsen für Brillen, Teleskope, Mikroskope und Ferngläser.

# Gottfried Wilhelm Leibniz

Gottfried Wilhelm Leibniz

**Gottfried Wilhelm Leibniz (1646–1716) war einer der einflussreichsten Philosophen und größten Mathematiker. Gleichzeitig war er Diplomat, Naturwissenschaftler, Bibliothekar, Historiker und Doktor des Kirchenrechts. Der Vertreter des Rationalismus zählt zu den Frühaufklärern, die den Grundstein für die Aufklärung legten. Das Universalgenie wurde durch seine Einteilung der Wahrheiten in Vernunft- und Tatsachenwahrheiten sowie durch seine Monadentheorie bekannt.**

Gottfried Wilhelm Leibniz kam in Leipzig als Sohn eines Professors für Moralphilosophie zur Welt. Seine Mutter war die Tochter eines Rechtswissenschaftlers. Schon früh interessierte er sich für juristische und philosophische Fragestellungen. Bereits im Alter von 20 Jahren promovierte er in Nürnberg zum Doktor der Rechte. Er stand im Dienste des Mainzer Erzbischofs Johann Philipp von Schönborn und war viel auf Reisen. 1691 wurde er Bibliothekar, später erster Präsident der neu gegründeten Akademie der Wissenschaften in Berlin. Obwohl er hochintelligent und vielseitig begabt war, litt Leibniz zeit seines Lebens unter Minderwertigkeitskomplexen.

## Leibniz teilte die Wahrheiten in zwei Klassen ein

Leibniz teilte Wahrheiten in zwei Gruppen ein, in Vernunft- und Tatsachenwahrheiten. Wenn jemand sagt: „In meinem Nachbarhaus wohnt ein glatzköpfiger Mann mit seiner kleinen Frau", so ist das eine Tatsachenwahrheit. Die Aussage kann wahr oder falsch sein. Um sie zu prüfen, müsste man im Nachbarhaus klingeln und feststellen, ob dort außer dem Paar noch andere Leute wohnen und ob die Attribute zutreffen.

Sagt jemand dagegen: „Meine Nachbarn sind eine unverheiratete Frau und ihr dicker Mann", so ist die Aussage der Klasse der Vernunftwahrheiten zuzuordnen: Sie ist falsch, da sie in sich widersprüchlich ist, und muss deshalb nicht geprüft werden.

Nach Leibniz gehören alle Wahrheiten zu einem dieser beiden logischen Typen: Entweder handelt es sich um Tatsachen, bei denen man nachprüfen kann, ob sie richtig oder falsch sind, oder man kann aufgrund der Aussage herausfinden, ob sie wahr oder falsch ist, ohne die Tatsachen zu prüfen.

## Leibniz entwickelte die Monadentheorie

Leibniz vertrat die Meinung, dass die Elementarbausteine der Materie nicht materieller Natur sind, sondern aus nichtmateriellen Kraftelementen bestehen. Er sah sie als kleine, räumlich lokalisierbare Bewusstseinspunkte, die er als Monaden bezeichnete. Sie sind nicht ausgedehnt und unteilbar und unterscheiden sich in ihrer Intensität. Es gibt Monaden, aus denen die unorganische Materie besteht, und Monaden, aus denen der menschliche Geist oder Gott entstanden ist. Monaden wurden von Gott geschaffen, um zusammen in einer Welt existieren zu können. Gott bestimmt ihre Funktionsharmonie. Mit den Monaden löst Leibniz verschiedene Probleme seiner Vordenker. Er löst das Problem der Wechselwirkung von Geist und Materie aus dem System Descartes'. Gleichzeitig löst er das Problem der Vereinzelung von Spinoza, der einzelne Lebewesen als zufällige Veränderungen der einzigen Substanz beschrieb.

**Leibniz-Haus in Hannover**

## Leibniz sprühte nur so vor Ideen

Gottfried Wilhelm Leibniz, der als großes Universalgenie des ausgehenden 17. und beginnenden 18. Jahrhunderts gilt, forschte und arbeitete auf vielen Gebieten. Über sich selbst sagte er: „Beim Erwachen hatte ich schon so viele Einfälle, dass der Tag nicht ausreichte, um sie niederzuschreiben." So hegte Leibniz Pläne für ein Unterseeboot, gab Ärzten den weisen Rat, regelmäßig bei ihren Patienten Fieber zu messen, und entwickelte ein Verfahren, um die Technik von Türschlössern zu verbessern. Er bewies, dass es das Unbewusste im Menschen gibt, und gründete eine Witwen- und Waisenkasse. Im Jahr 1673 entwarf er eine Rechenmaschine, eine Weiterentwicklung der Entwürfe von Blaise Pascal. Die Maschine beherrschte die vier Grundrechenarten und konnte die Quadratwurzel ziehen.

**Blaise Pascal**

Leibniz wird auch als „Philosoph für Philosophen" bezeichnet, weil seine Theorien für Laien zu komplex und zu technisch sind, um ganz verstanden zu werden. Andere Philosophen beeinflusste Leibniz maßgeblich.

# Aufklärung

Im 17. – 18. Jahrhundert entwickelte sich eine Epoche, deren erste Vertreter sich gegen die traditionellen Überzeugungen von Staat und Kirche stellten. Stattdessen sollte sich der Mensch mithilfe seiner Vernunft eigenes Wissen aneignen. Die Aufklärer forderten kritisches Hinterfragen, Zweifeln und Toleranz der Religionen. Sie glaubten daran, dass der Mensch erziehbar ist. Die Aufklärung ging zunächst vor allem von Frankreich, Holland und England aus, später auch von Deutschland.

**Vertreter der Aufklärung: *Lesung im Salon der Madame Geoffrin*, Gemälde von Anizet-Charles Lemonnier**

Unter Aufklärung versteht man einen geistigen und individuellen Emanzipationsprozess, bei dem die Menschen die traditionellen Denkweisen von Autoritäten kritisch hinterfragen. Statt Überzeugungen von Kirche und Staat unkritisch zu übernehmen, sollte sich der Mensch nach dem Philosophen Immanuel Kant „seines eigenen Verstandes bedienen".

Bereits in der Renaissance legten die Menschen langsam die christlich-mittelalterliche Lebenshaltung ab. Zusammen mit der Reformation bildete die Renaissance den Vorreiter für das nun folgende Zeitalter der Aufklärung. Die Ursprünge lagen in Frankreich, wo sich ein neuer Stand von Intellektuellen bildete, der radikal in politischen und freigeistig in religiösen Angelegenheiten war. Zu den wichtigsten Vertretern zählen Voltaire, Gegner der Kirche und Wegbereiter der Französischen Revolution, Jean-Jacques Rousseau, der für „Freiheit, Gleichheit, Brüderlichkeit" kämpfte, und Denis Diderot, der mit einer 35-seitigen Enzyklopädie sein Wissen der breiten Bevölkerung zugänglich machte.

**Denis Diderot**

In Frankreich schlugen die Vorkämpfer schärfere Töne an als in England, wo die Verhältnisse freiheitlicher und geordneter waren. Kirche und Staat übten dort weniger Druck aus und so entstanden nicht so revolutionäre Ideen wie in Frankreich. Zu den deutschen Vertretern gehören Johann Gottfried Herder, Immanuel Kant, Gotthold Ephraim Lessing, Moses Mendelssohn und Christian Thomasius.

Mit dem aufkommenden Liberalismus und den Menschen- und Bürgerrechten wurde der absolutistische Staat abgelöst. Durch Fortschritte in Buchdruck und Papierherstellung konnte sich auch das Bürgertum Bücher leisten, um sich Wissen anzueignen.

## Die Vernunft bringt Wahrheit ans Licht

Als einer der wichtigsten Grundsätze der Aufklärung gilt, dass die Vernunft in der Lage ist, die Wahrheit ans Licht zu bringen. Entsprechend war der Leitsatz der Aufklärung: „Hab Mut, dich deines eigenen Verstandes zu bedienen." Weisheit und Intellekt wurden nun Tugenden, kritisches Hinterfragen, Denken und Zweifeln insbesondere gegenüber der Religion und dem Absolutismus begrüßt. Die Überzeugung wuchs, dass der Mensch erziehbar ist. In der Aufklärung fanden sich sowohl Elemente des vorangegangenen Empirismus als auch des Rationalismus: Die Vertreter betonten, dass die Erkenntnis aus Sinneswahrnehmungen, wie sie vom Empirismus bekannt ist, sehr wichtig ist. Gleichzeitig wurde die im Verstand gegründete Denkfähigkeit des Rationalismus bedeutend.

Die Aufklärung gilt nicht als einzige Ursache für die Französische Revolution, doch hat sie diese entscheidend mitgeprägt. ■

### Charles de Secondat, Baron de Montesquieu

**Baron de Montesquieu**

Montesquieu (1689–1755), französischer Schriftsteller und Staatstheoretiker, wurde mit seinem Buch *Persische Briefe* berühmt, das als Schlüsseltext der Aufklärung gilt. Montesquieu, der aus einer adligen Familie stammte, studierte Jura und begann bald zu schreiben. In den *Persischen Briefen* schildern zwei fiktive Perser, die Frankreich bereisen, ihren Freunden zu Hause in Briefen die Verhältnisse in Frankreich – teilweise mit Spott und Missbilligung. Montesquieus wichtigstes Werk erschien 1748: die staatstheoretische Schrift *Vom Geist der Gesetze.* Er arbeitete 20 Jahre daran und legte darin die Grundlagen eines universellen Regimes fest. Er trennte zwischen Gesetzgebung (Legislative), Rechtsprechung (Judikative) und Staatsgewalt (Exekutive). Für Montesquieu waren Republik, Monarchie und Gewaltherrschaft die Haupttypen aller Staatsformen. Die katholische Kirche setzte das Buch 1751 auf den Index. Mit seinen Theorien beeinflusste Montesquieu maßgeblich die Aufklärung in Deutschland.

Voltaire

# Voltaire

**Voltaire (1694 – 1778), der mit bürgerlichem Namen François-Marie Arouet hieß, gilt als einer der bedeutendsten Vertreter der Philosophie der Aufklärung und als geistiger Wegbereiter der Französischen Revolution. In Frankreich wird das 18. Jahrhundert deshalb auch „das Jahrhundert Voltaires" genannt. Voltaire, der auch Schriftsteller und Theaterautor war, kam wegen seiner Kirchenkritik ins Gefängnis. Seine Meinung setzte er mit viel Witz und allgemeiner Verständlichkeit durch.**

Voltaire kam als Sohn eines wohlhabenden katholischen Notars auf die Welt. Im Jahr 1704 ging er auf das Jesuitenkolleg. Danach studierte er auf Wunsch seines Vaters Jura, brach aber bald ab, weil er sich mehr für das Schreiben interessierte. 1723 wurde er mit seinen ersten, kirchenkritischen Theaterstücken berühmt. 1727 – 29 hielt er sich in England auf, um einer Haftstrafe zu entgehen. 1734 – 44 lebte er in Lothringen, wo er viele seiner philosophischen Schriften verfasste. Nach dem Tod seiner Geliebten und geistigen Partnerin Émilie du Châtelet im Jahr 1749 ging er nach Potsdam. Dort traf er Friedrich II. von Preußen. Die letzten Jahre seines Lebens verbrachte er auf einem Gut in der Nähe des Genfer Sees. Voltaire, dem seine Schriften finanziellen Wohlstand brachten, zeigte nie den erhobenen Zeigefinger. Vielmehr vertrat er seine Ansichten mit Witz, Ironie und Sarkasmus.

## „Zermalmt die infame Kirche!"

Voltaire gilt als einer der bedeutendsten Kirchenkritiker des 18. Jahrhunderts. Er setzte sich für die Freiheit der Gedanken und gegen religiöse Bevormundung ein. Den Beginn der Weltgeschichte sah er nicht im Christentum. Stattdessen rief er dazu auf, andere Hochkulturen wie China und Ägypten zu würdigen. Er sagte, die Kirche könne nicht naturwissenschaftliche Forschungen behindern, und erinnerte an die Schicksale der Wissenschaftler Kopernikus, Galilei und Bruno. Bekannt wurde sein Ausspruch „Zermalmt die infame Kirche!" Wegen der Missbilligung der katholischen Kirche wurde er als Atheist be-

Nikolaus Kopernikus

schimpft und seine Schriften teilweise verboten. Voltaire, der bereits im Alter von zwölf Jahren einen ersten Spottvers gegen die Kirche geschrieben hatte, kam später wegen weiterer Spottverse ins Gefängnis.

Eine Satire gegen König Philipp II. brachte ihm elf Monate im berühmten Gefängnis der Bastille in Paris ein, das 1789, zu Beginn der Französischen Revolution, gestürmt wurde. Auch seine Theaterstücke *Ödipus* und *Henriada* nahm die Kirche nicht positiv auf. Er flüchtete nach England, um einer weiteren Gefängnisstrafe zu entgehen.

## Voltaire als Wegbereiter der Französischen Revolution

Voltaire setzte sich für soziale Gleichheit, den Gebrauch der Vernunft und das Recht auf freie Meinungsäußerung ein. Er wehrte sich gegen den starken Glauben an die Autorität. Er vertrat die Meinung, Ziele ohne große Gewaltanwendungen erreichen zu können, und war kein Revolutionär. Seine Anhänger jedoch meinten, ihre Rechte nur mit Gewalt durchsetzen zu können. So kam es im Jahr 1789 zur Französischen Revolution, als deren geistiger Vater Voltaire gilt. ■

### Émilie du Châtelet

**Émilie du Châtelet**

Mit der Naturforscherin und Mathematikerin Émilie du Châtelet (1706 – 1749) verband Voltaire über lange Zeit Liebe, Freundschaft und geistige Verbundenheit. Sie war Tochter eines Barons, der Émilie eine außergewöhnliche Bildung zukommen ließ. Im Alter von 18 Jahren heiratete sie Florent Claude du Châtelet, mit dem sie drei Kinder hatte. 1733 lernte sie Voltaire kennen. Er musste Paris verlassen und sie bot ihm ein altes Schloss in der Champagne als Zufluchtsstätte an. Bald reiste sie nach. Madame du Châtelet übersetzte Newtons Prinzipien, versah sie mit Kommentaren und machte viele Experimente zusammen mit Voltaire, dessen Interesse für Naturwissenschaften sie weckte. Sie kritisierte die Stellung der Frau: „Wenn ich König wäre ..., würde ich Frauen an allen Menschenrechten teilhaben lassen, insbesondere an den geistigen."

# Jean-Jacques Rousseau

Jean-Jacques Rousseau

**Der Genfer Philosoph, Pädagoge, Komponist und Schriftsteller Jean-Jacques Rousseau (1712–78) war einer der großen europäischen Denker des 18. Jahrhunderts. Wie auch Voltaire beeinflusste er maßgeblich die Französische Revolution. Er übte verschiedene Berufe aus, blieb aber beim Schreiben, nachdem er mit seinen ersten Werken erfolgreich war. In seinen Staatstheorien bezeichnet er den Menschen im Naturzustand als gut; in zivilisierten Gesellschaften sieht er Besitztum als Ursache für Neid, Missgunst und Konkurrenzdenken an.**

Jean-Jacques Rousseau kam als Sohn eines Uhrmachers in der damals freien Republik Genf auf die Welt. Seine Mutter starb wenige Tage nach der Geburt. Rousseau begann eine Lehre bei einem Notar und später bei einem Graveur. Er besuchte ein Priesterseminar, das er bald darauf abbrach, um Musiker zu werden. Schon in jungen Jahren zeigte sich, dass er sprunghaft war. Bis zuletzt behielt er dieses unstete Leben bei und wechselte in raschen Abständen Frauen, Berufe und Wohnorte. Rousseau arbeitete als Privatlehrer und dann wieder als Lakai. Er traf Denis Diderot, der ihn beauftragte, einige Artikel über Musik für seine Enzyklopädie zu schreiben. 1750 erschien Rousseaus Schrift *Abhandlung über die Wissenschaften und die Künste*. Nach dem großen Erfolg publizierte er weitere Werke. Von 1756 an lebte er bei Paris, wo er sich dem Schreiben widmete. Hier entstanden *Die neue Heloise*, ein Briefroman über die Liebe eines bürgerlichen Intellektuellen und einer Adligen, sowie seine staatstheoretische Schrift *Der Gesellschaftsvertrag*. Die katholische Kirche setzte das Buch auf den Index und in Genf verbrannte man es sogar.

## Rousseaus Menschenbild ist zwiespältig

Rousseau hielt die Menschen im Naturzustand für gut und frei. Er vertrat die Meinung, dass Privateigentum in zivilisierten Gesellschaften zu Neid und sozialem Ungleichgewicht führt und die Gesellschaft in Arm und Reich spaltet. Er war der Ansicht, dass sich die Menschen dann hassen, betrügen und belügen. Im Naturzustand herrscht Selbstliebe und Mitleid vor, die anderen Fähigkeiten muss der Mensch entwickeln. Wenn sich der im Naturzustand gute Mensch mit anderen Menschen zusammentut, kann aus der Selbstliebe böse Eigenliebe werden, weil jeder mit jedem konkurriert. Um gut handeln zu können, muss sich der Mensch seines Instinktes bedienen. Obwohl Rousseau die Menschen nur im Naturzustand als gut erachtete, sprach er sich deutlich gegen eine Rückkehr zum Naturzustand aus.

Rousseau beschrieb, wie der von Natur aus freie Mensch frei bleiben kann, wenn er von dem Naturzustand in eine Gesellschaft eintritt, und sprach über die Gerechtigkeit, die nur entstehen kann, wenn die Menschen sich freiwillig zusammentun und einen Gesellschaftsvertrag schließen. Dann wird der Mensch zum Teilhaber und entscheidet mit über die Gesetze des Staates. Rousseau kritisierte nicht nur die Gesellschaft, sondern die Vergesellschaftung und vertrat damit eine andere Meinung als Staatstheoretiker seiner Zeit.

**Szene aus *Emil oder über die Erziehung***

## Von Theorie und Praxis der Erziehung

In seinem pädagogischen Hauptwerk *Emil oder über die Erziehung* thematisierte Rousseau, dass ein Kind idealerweise ohne schädliche Einflüsse erzogen werden soll. Der kleine Emil wird von kulturellen Einflüssen abgeschottet, damit er sich unabhängig entfalten kann. Obwohl Rousseau betont, dass die Selbstständigkeit von Emil sehr wichtig ist, beschreibt er, dass die Erzieher das Kind so beeinflussen sollen, dass Emil mit ihrem Willen übereinstimmt. Die pädagogische Schrift steht allerdings im Gegensatz zu seinem eigenen Leben. 1745 heiratete er die Wäscherin Thérèse Lavasseur, mit der er fünf Kinder hatte. Kurze Zeit nach der Geburt kamen die Kinder ins Waisenhaus. Rousseau sagte, dass er selbst keine Zeit für die Erziehung habe und sich seiner Arbeit widmen müsse. Da diese schlecht bezahlt sei, müsste Thérèse arbeiten, die dann wiederum keine Zeit für die Kindererziehung habe. Außerdem würden Kinder viel Lärm machen und Geld kosten.

# Denis Diderot

**Denis Diderot**

Denis Diderot (1713–84) zählt zu den originellen Vertretern der Aufklärung. Der Philosoph, Satiriker, Dramatiker, Romancier und Kunstkritiker wurde vor allem durch das Verfassen der *Enzyklopädie* bekannt. Er gilt als einer der produktivsten und vielseitigsten Schriftsteller des 18. Jahrhunderts. Zu seinen Werken zählen Dramen, Satiren, philosophische Essays und Briefe. Mit der Kirche stand er – wie schon Rousseau und Voltaire vor ihm – auf Kriegsfuß. Sie setzte einen Teil seiner Werke auf den Index und sprach sich gegen die *Enzyklopädie* aus.

Denis Diderot kam als Sohn eines vermögenden Messerschmieds in der Champagne auf die Welt. Er besuchte die Schule der Jesuiten in Langres und ging später auf ein Collège in Paris. Nach seiner Ausbildung ergriff er lange keinen Beruf, sondern studierte weiter Mathematik, Naturwissenschaften, alte und moderne Sprachen. Er traf verschiedene Intellektuelle in Paris und begann bald, Bücher vom Englischen ins Französische zu übersetzen und später selbst zu schreiben. 1743 wollte er eine ungebildete Wäscheverkäuferin heiraten. Als er seinen Vater, wie es damals üblich war, um Erlaubnis für diese nicht standesgemäße Hochzeit bat, verbannte dieser seinen Sohn ins Kloster. Diderot konnte nach einigen Wochen fliehen und heiratete heimlich. Das Ehepaar bekam eine Tochter und zwei Söhne, die früh starben; erst 1753 kam eine Tochter auf die Welt, die überlebte. Diderot veröffentlichte im Laufe seines Lebens viele Schriften und hatte damit große Erfolge. In seiner freien Zeit verkehrte er mit berühmten Persönlichkeiten. 1784 starb er in Paris.

## Die Kirche stellte sich gegen Diderot

Durch seinen unfreiwilligen Aufenthalt im Kloster hatte Denis Diderot eine Abneigung gegen die Kirche entwickelt, die sich noch verstärkte, als seine Schwester während eines freiwilligen Aufenthalts in einem Kloster geisteskrank wurde. So ist es nicht verwunderlich, dass auch Diderot in seinen Werken Kirchenkritik äußerte. 1749, als er bereits an der *Enzyklopädie* schrieb, arbeitete er nebenher an dem religionskritischen *Brief über die Blinden*. Die ersten

## Die *Enzyklopädie*

**Jean d'Alembert**

1746 fragte der Pariser Verleger André François Le Breton, ob Diderot die englische Ausgabe der *Enzyklopädie, Chambers' Cyclopedia,* von 1728 ins Französische übersetzen könne. Damals bestand die Enzyklopädie aus zwei Bänden und nach kurzer Zeit löste sich Diderots Arbeit von der ursprünglichen Aufgabe los. Er erweiterte das Nachschlagewerk auf 35 Bände, in denen das gesamte Wissen der damaligen Zeit vereint war. Bis ins Jahr 1772 war das Herausgeben der *Enzyklopädie* Diderots Hauptaufgabe und -einnahmequelle. Das bislang größte Unternehmen in der Verlagsgeschichte zeigte die neue Einstellung der Aufklärung zum Wissen. Viele namhafte Autoren schrieben Abhandlungen, darunter der Mathematiker D'Alembert, aber auch Montesquieu und Voltaire. Das Ziel, die herrschende Denkweise zu ändern, erreichte die *Enzyklopädie* schon bald.

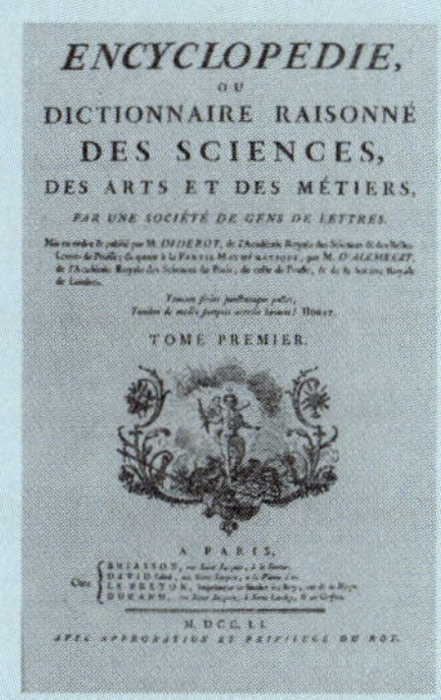

ENCYCLOPEDIE,
OU
DICTIONNAIRE RAISONNÉ
DES SCIENCES,
DES ARTS ET DES MÉTIERS,
PAR UNE SOCIÉTÉ DE GENS DE LETTRES.
TOME PREMIER.
A PARIS,
M. DCC. LI.

**Titelseite der *Enzyklopädie***

Bände der *Enzyklopädie* waren erfolgreich, doch wurden sie als unchristlich eingestuft und verboten. Weitere Bände konnten nur erscheinen, weil sich einflussreiche Zeitgenossen, die auf Diderots Seite standen, dafür engagierten, dass sie trotz Verbots erschienen. 1759 setzte sogar Papst Clemens XIII. die Bände auf den Index, doch die Regierung profitierte immer mehr von den Deviseneinnahmen der erfolgreichen Schriften und so konnte Diderot an weiteren Bänden arbeiten.

**Grabmal Clemens' XIII.**

Neben der *Enzyklopädie* verfasste er die erotische Schrift *Die indiskreten Kleinode*. Bald wurde Diderot auch als Kunstkritiker aktiv und schrieb naturwissenschaftliche Abhandlungen. Er verfasste verschiedene Theaterstücke und den kirchenkritischen Roman *Die Nonne*, sein meistgelesenes Werk. Viele Schriften ließ er aus Angst vor den Folgen unveröffentlicht. In diesen Büchern offenbarten sich Zweifel an der aufklärerischen Weltsicht, die er in der *Enzyklopädie* vertrat. ■

# Moral-philosophie

Einige Philosophen aus England und Schottland, die im 17. und 18. Jahrhundert lebten, machten es sich zur Aufgabe, die Menschen moralisch und sittlich zu bessern. Nach grausamen Kriegen, bei denen es viele Todesopfer gegeben hatte, strebten die Gelehrten nach einem friedvollen und humanen Miteinander und setzten sich für Freiheit und soziale Gerechtigkeit ein. Sie gingen von dem Grundsatz aus, dass alle Menschen gleich sind, und glaubten, dass Menschen von Natur aus Gutes tun.

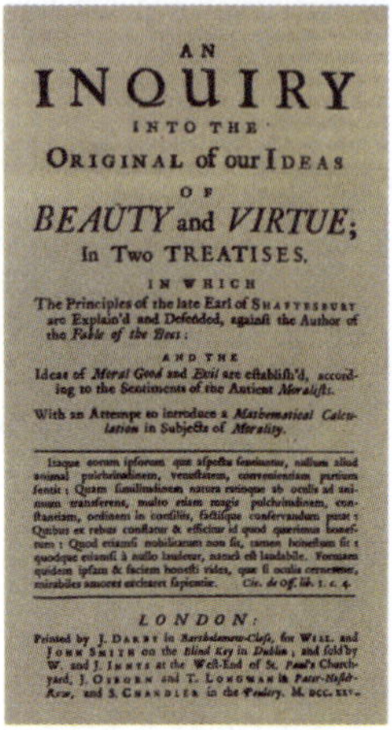
AN
INQUIRY
INTO THE
ORIGINAL of our IDEAS
OF
*BEAUTY* and *VIRTUE*;
In Two TREATISES.
IN WHICH
The Principles of the late Earl of SHAFTESBURY are Explain'd and Defended, against the Author of the *Fable of the Bees*:
AND THE
Ideas of *Moral Good* and *Evil* are establish'd, according to the Sentiments of the Antient *Moralists*.
With an Attempt to introduce a *Mathematical Calculation* in Subjects of *Morality*.

Itaque eorum ipsorum quae aspectu sentiuntur, nullum aliud animal pulchritudinem, venustatem, convenientiam partium sentit: Quam similitudinem natura ratioque ab oculis ad animum transferens, multo etiam magis pulchritudinem, constantiam, ordinem in consiliis, factisque conservandum putat: Quibus ex rebus conflatur & efficitur id quod quaerimus honestum: Quod etiamsi nobilitatum non sit, tamen honestum sit: quodque etiamsi a nullo laudetur, natura est laudabile. Formam quidem ipsam & faciem honesti vides, quae si oculis cerneretur, mirabiles amores excitaret sapientiae. *Cic. de Off. lib. 1. c. 4.*

*LONDON:*
Printed by J. DARBY in *Bartholomew-Close*, for WILL. and JOHN SMITH on the *Blind Key* in *Dublin*; and sold by W. and J. INNYS at the West-End of St. *Paul's* Church-yard, J. OSBORN and T. LONGMAN in *Pater-Noster-Row*, and S. CHANDLER in the *Poultry*. M.DCC.XXV.

**Titelbild von Hutchesons Werk**

Zu den Vertretern der Moralphilosophie gehören William Wollaston, Samuel Clarke, Joseph Butler und Francis Hutcheson. Anthony Shaftesbury gilt als Vorreiter der Moralphilosophie. Der schottische Philosoph Adam Smith beschäftigte sich ebenfalls mit der Moralphilosophie, doch bald trat das ökonomische Wirken des Begründers der Volkswirtschaftslehre in den Vordergrund.

## Das Gute ist den Menschen angeboren

William Wollaston (1659–1724) sah die wichtigste Aufgabe des Menschen im Erkennen und im Tun der Wahrheit. Die Wahrheit der Vernunft hilft dabei, das Richtige zu machen: Wenn die Menschen mithilfe ihrer Vernunft Tiere nicht als Maschinen, sondern als lebendige Wesen sehen, fügen sie ihnen kein Leid zu. Die aufrichtige und ehrliche Suche nach der Wahrheit macht aus uns einen moralischen Menschen und unterstützt uns dabei, persönliches Glück zu finden. Für Samuel Clarke (1675–1729) beginnt Moral mit dem Erkennen. Wenn der Mensch Sachverhalte richtig erkennt, bewertet er sie richtig und handelt entsprechend. Er sah den Menschen als vernünftiges Wesen an, das seine Mitmen-

**William Wollaston**

schen nicht schädigt oder ausnützt. Joseph Butler (1692–1752) kritisierte Hobbes, der den Menschen von Natur aus als Egoisten sah. Er war der Meinung, dass alle Menschen altruistisch (selbstlos) sind und durchaus in der Lage, zwischen Gut und Böse zu unterscheiden.

Francis Hutcheson (1694–1746) sprach von einem angeborenen Altruismus. Je besser sich die Menschen untereinander kennen würden, umso mehr Wohlwollen würde unter ihnen herrschen. Auch Verbrecher würden gute Taten ausführen. Gute Taten hätten immer einen Nutzen, der manchmal kürzer und manchmal länger wäre.

Der Nervenarzt Bernard Mandeville (1670–1733) kritisierte die Moralphilosophie. In seinem Hauptwerk *Die Bienenfabel* vertrat er die Ansicht, dass sich die Menschen von ihrem Egoismus leiten lassen und dass nicht die Tugend, sondern das Laster die Ursache für das Gemeinwohl sind. Wenn die Menschen konkurrieren und sich Luxus leisten, blüht die Wirtschaft auf. Neid, Wettkampf und Ehrgeiz sind notwendig, damit der Staat überleben kann. ■

## Anthony Shaftesbury

**Anthony Shaftesbury**

Der englische Philosoph, Schriftsteller und Politiker Anthony Ashley Cooper, 3. Earl of Shaftesbury (1671–1713), wurde in London geboren. Er ging auf das Winchester College, unternahm Auslandsreisen und kam in Kontakt mit Intellektuellen. Anthony Shaftesbury studierte klassische Autoren und wurde Mitglied im Parlament. Bei seiner ersten Parlamentsrede vertrat er den Standpunkt, dass auch Menschen, denen man Landesverrat vorwarf, Anspruch auf einen Rechtsanwalt haben sollten, und betonte, wie wichtig die Freiheit der Bürger ist. Er veröffentlichte verschiedene Schriften und wurde bald 3. Earl of Shaftesbury. Als es ihm gesundheitlich schlechter ging, zog er sich zurück und betätigte sich überwiegend literarisch. Shaftesbury stellte sich gegen die Thesen von Hobbes, dass der Mensch über einen natürlichen Egoismus verfügt. Er war der Ansicht, dass der Mensch als soziales Wesen über eine angeborene Sensibilität verfügt, die es ihm ermöglicht, zwischen Richtig und Falsch unterscheiden zu können. Altruistische und egoistische Menschen hielt er für unvollkommen. Bei einem reifen Menschen wären Altruismus und Egoismus ausgewogen und harmonisch. Moral hielt er für unabhängig von Theologie und der Willkür Gottes. Den Mensch bestand seiner Meinung nach aus einer Einheit von Trieben, Gemütsbewegungen und Leidenschaften, die sein Verstand besser oder schlechter kontrolliert. Neben dem Verstand spielte der Trieb eine wichtige Rolle, wenn die Menschen Handlungen ausführten. Mit seinen Theorien gilt Shaftesbury als Vordenker der Moralphilosophie.

Adam Smith

# Adam Smith

Der schottische Philosoph Adam Smith (1723 – 90) war ein Vertreter der Moralphilosophie. Im Laufe seines Wirkens beschäftigte er sich mehr und mehr mit der damals noch unbekannten Ökonomie und sein Wirken als Moralphilosoph trat in den Hintergrund. Adam Smith gilt als Begründer der klassischen Volkswirtschaftslehre. Er schrieb dem Staat verschiedene Aufgaben zu, darunter den Schutz des Privateigentums und die Bereitstellung von Bildungsmöglichkeiten, um auch dem „einfachen Volk" einen Aufstieg zu ermöglichen.

Adam Smith kam in Kirkcaldy, Schottland, als Sohn eines Zollbeamten auf die Welt. Von 1737 an studierte Smith in Glasgow, wo er Vorlesungen von Francis Hutcheson besuchte, die ihn bei seinem weiteren Denken beeinflussten. 1740 studierte er in Oxford Philosophie, im Jahr 1746 kehrte er in seine Heimatstadt zurück. 1747 bekam er das Angebot, öffentliche Vorlesungen in Edinburgh zu halten. Er dozierte über Philosophie, Jura, englische Literatur und Rhetorik und gewann bald viele Anhänger. 1750 wurde er Professor für Logik an der Universität Glasgow. 1752 bot man ihm eine Professur in Moralphilosophie an. 1759 erschien sein erstes großes Werk, *Theorie der ethischen Gefühle,* das sehr erfolgreich wurde.

1763 legte Adam Smith seine Professur nieder, um Tutor von Henry Scott, 3. Duke of Buccleuch, zu werden, den er auf seinen Reisen begleitete. Während dieser Zeit lernte er François Quesnay (1694–1774) und Anne Robert Jacques Turgot (1727–81) kennen, die beide auf dem Gebiet der Ökonomie arbeiteten. 1776 veröffentlichte er sein Werk *Der Wohlstand der Nationen* und hatte damit beachtlichen Erfolg. Smith ging zurück nach Kirkcaldy und widmete sich weiterhin dem Schreiben.

## Sein ökonomisches Wirken ist vielfältig

Obwohl Smith Moralphilosoph war, beschäftigte er sich bald mit der Ökonomie, die es damals noch nicht als Wissenschaft gab. In sein Wirken zog er die moralischen Überlegungen mit ein. Adam Smith diskutierte über das Prinzip des freien Marktes, über Arbeitsteilung, Außenhandel und die Rolle des Staates. Sympathie für Mitmenschen sah er als

Grundlage für moralisches Handeln und Triebfeder menschlicher Arbeit an. Smith war der Ansicht, dass sich das allgemeine, gesellschaftliche Glück vergrößert, wenn jedes Individuum im Rahmen seiner moralischen Gefühle sein persönliches Glück erhöht. Wenn sich das persönliche Glück vermehrt, wird gleichzeitig das allgemeine, gesellschaftliche Glück erhöht und so profitiert das Gemeinwohl vom Glück eines jeden Einzelnen.

**Der Marienkäfer – ein Glückssymbol**

Diese Ansichten fließen auch in Smiths Staatstheorien ein, wo er ebenfalls den Standpunkt vertritt, dass private Interessen gleichzeitig öffentliche Interessen erfüllen. Er betonte, dass natürliche Freiheit wichtig ist, und schrieb dem Staat vier Aufgaben zu: Organisation der Landes-verteidigung, Schutz, Errichtung und Unterhalt öffentlicher Anstalten sowie Durchsetzung des Privateigentums. Zur weiteren Aufgabe des Staates gehörte Smiths Ansicht nach die Bildung der Menschen. Auch Angehörigen des einfachen Volkes sollte der Staat Bildung zugänglich machen, damit sie die Chance haben, mit Fleiß aufzusteigen. Als zentrale Funktion des Staates sah Smith den Schutz des Privateigentums vor Übergriffen.

## Smiths Hauptwerk: *Der Wohlstand der Nationen*

1776 erschien Adam Smiths Schrift *Der Wohlstand der Nationen – Eine Untersuchung seiner Natur und seiner Ursachen,* bis heute eines der grundlegenden Werke der Volkswirtschaftslehre. Darin beschreibt er den Begriff der unsichtbaren Hand, nach dem das eigennützige Streben der Menschen zum Allgemeinwohl beiträgt. Die Schrift besteht aus fünf Büchern mit folgenden Themen:

- Wie die produktiven Kräfte der Arbeit verbessert werden können und wie sich der Ertrag auf die einzelnen Schichten verteilt
- Natur, Ansammlung und Einsatz von Kapital
- Wohlstand in den einzelnen Ländern
- Systeme der politischen Ökonomie
- Finanzen des Staates

Smith schrieb über das Zusammenwirken von Märkten, Geldwirtschaft, Außenhandel und Produktionsfaktoren. Er ging auf Arbeitsteilung am Beispiel einer Stecknadelproduktion in Südengland ein. Das Erscheinen des Buches, an dem er zwölf Jahre schrieb, gilt als Geburtsstunde der Nationalökonomie.

# Die Philosophie des 19. und 20. Jahrhunderts

Karl Marx

Auguste Comte

**Im 19. und 20. Jahrhundert entwickelten sich innerhalb kurzer Zeit viele, unterschiedliche Richtungen in der Philosophie. Der Utilitarismus wurde von Jeremy Bentham gegründet. Auguste Comte steht für den Positivismus. Für Deutschland begann ein goldenes Zeitalter der Philosophie, das viele bedeutende Denker hervorbrachte, darunter Immanuel Kant, Arthur Schopenhauer, Friedrich Nietzsche und Karl Marx. Aus der Existenzphilosophie des Dänen Sören Kierkegaard entwickelte sich in Frankreich der Existenzialismus.**

Der Utilitarismus vertritt die These, dass sich menschliches Handeln an dem sogenannten Maximum-Happiness-Principle ausrichten soll, damit ein größtmögliches Maß an Nutzen und somit an Glück entsteht. Von diesem Glück profitiert der Einzelne und das Glück des Allgemeinwohls ist eine Zusammenfassung des Glücks der Einzelnen. Jeremy Bentham und John Stuart Mill begründeten den Utilitarismus und setzten sich für Gleichberechtigung, Tierrechte und Bildung für alle ein.

Der französische Mathematiker und Philosoph Auguste Comte war ein Vertreter der philosophischen Richtung des Positivismus und gilt als Begründer der Soziologie. Zwischen 1780 und 1890 erlebte Deutschland eine philosophische Blütezeit, wie es sie seit den antiken Griechen nicht mehr gegeben hatte.

Am Anfang stand Immanuel Kant mit seinem Idealismus, einer der herausragenden Philosophen dieser Epoche, der Rationalismus und Empirismus vereinte. Sein Werk *Kritik der reinen Vernunft* markiert einen Wendepunkt in der Philosophiegeschichte und gilt als Beginn der modernen Philosophie. Auch Johann Gottlieb Fichte,

**Titelseite der *Kritik der reinen Vernunft***

Georg Hegel und Friedrich Schelling gelten als Vertreter des Idealismus. Karl Marx übernahm den groben Rahmen Hegels und ersetzte in seiner Philosophie die idealistischen Werte durch materialistische. Er schuf den dialektischen Materialismus. Friedrich Nietzsche kritisierte mit seiner Ethik die existierende Moral.

## Bei der Existenzphilosophie steht der Mensch im Zentrum

Sören Kierkegaard gilt als der erste Existenzphilosoph. Bei der Existenzphilosophie steht die menschliche Existenz im Mittelpunkt. In Frankreich entstand die verwandte Strömung des Existenzialismus, zu deren Vertreter Albert Camus und Jean-Paul Sartre gehören.

Max Horkheimer und Theodor Adorno gründeten die Frankfurter Schule, eine neomarxistische, dialektische Kritische Theorie, die sich ideologiekritisch mit gesellschaftlichen und historischen Bedingungen der Theoriebildung auseinandersetzt.

Das 19. und 20. Jahrhundert brachte auch einige berühmte Philosophinnen hervor, darunter die jüdische Publizistin Hannah Arendt, die vom Naziregime ausgebürgert wurde und in die USA emigrierte, die Existenzialistin und Schriftstellerin Simone de Beauvoir, die sich für die Gleichberechtigung von Frau und Mann einsetzte, und Edith Stein, die jüdische Philosophin, die im Konzentrationslager Auschwitz starb.

### Hermeneutik

Hermeneutik (hermeneuein, griechisch: erklären, interpretieren) ist eine Lehre von interpretativem Verstehen, Deuten und Auslegen. Die Theorie bedeutet, dass sich in Texten oder mündlichen Äußerungen auf den zweiten oder dritten Blick mehr Sinnschichten zeigen als am Anfang. Der ursprüngliche Gegenstand der Hermeneutik war der Inhalt der Bibel, die auf mögliche Interpretationen untersucht wurde. Im 19. Jahrhundert wurde die Hermeneutik zu einer philosophischen Disziplin. Im 20. Jahrhundert befasste sich Martin Heidegger mit der Hermeneutik, indem er die Theorien seines Lehrers Edmund Husserl fortführte. Dessen Schüler Hans-Georg Gadamer veröffentlichte im Jahr 1960 das Standardwerk zur Hermeneutik, *Wahrheit und Methode*. Nach Gadamer spielte es keine Rolle, ob Texte, Gespräche, Kunst- oder Bauwerke interpretiert werden. Interpreten sollten immer offen, vorurteilsfrei und bereit sein, sich im Gespräch oder im Reflektieren auf den Gegenstand einzulassen.

# Utilitarismus

Jeremy Bentham

**Der englische Philosoph und Jurist Jeremy Bentham (1748 – 1832) gilt zusammen mit dem englischen Philosophen und Ökonomen John Stuart Mill (1806 – 78) als Begründer des Utilitarismus. Die Utilitaristen führten fort, was sich schon bei den Moralphilosophen abzeichnete. Sie sprachen sich dafür aus, menschliches Handeln am Prinzip des Nutzens für die Gesellschaft und für jeden Einzelnen zu messen. Bentham und Mill gehörten zu den wenigen Männern ihrer Zeit, die sich für die Gleichberechtigung von Frau und Mann einsetzten.**

In der philosophischen Richtung des Utilitarismus soll die Maßgabe gelten: „Handle immer so, dass das größtmögliche Maß an Nutzen (beziehungsweise Glück) entsteht!“ Das allgemeine Glück ergibt sich aus der Zusammenfassung des Glücks einzelner Menschen. Bei diesem ethischen Konzept spielen die Folgen des Handelns eine wichtige Rolle. Sie sind dafür verantwortlich, wie viel oder wie wenig Glück nach einer ausgeführten Handlung einem einzelnen Menschen beziehungsweise der Allgemeinheit zukommt. Weil also die Konsequenzen eines jeden Vorgangs betrachtet werden, gilt die philosophische Richtung des Utilitarismus als konsequenzialistische Ethik.

Nicht moralische Motive sind für die Handlung ausschlaggebend, sondern das Ergebnis; die Menschen sollen nicht nach dem „Warum“ fragen, sondern vielmehr: „Was erreiche ich mit der Handlung?“ So kann jede einzelne Tat am Nutzen für den Einzelnen und die Gesellschaft gemessen werden. Eine gute Handlung führt zu mehr Lust und Wohlbefinden und macht den Menschen glücklich. Eine schlechte Handlung bedingt Schmerz und Leiden und macht unglücklich.

## Jeremy Bentham setzte sich für Frauen ein

Der Begründer des Utilitarismus, Jeremy Bentham, studierte in Oxford und arbeitete danach als Anwalt. Nach kurzer Zeit beschloss er, stattdessen lieber die Gesetze zu reformieren, und betätigte sich als freier Schriftsteller. Bentham schlug eine Gefängnisreform vor, für die er ein ideales Gefängnisgebäude, das Panoptikum, entwickelte. Zu seinen Lebzeiten fand das Panoptikum allerdings wenig Beachtung. Bentham setzte sich für die Entkriminalisierung der Homosexualität und für die Rechte von Frauen ein. Er befürwortete als einer der Ersten Rechte für Tiere und begründete sein Engagement damit, dass Tiere ein ähnliches Schmerzempfinden haben wie Menschen und dass die Vernunft nicht ausschlaggebend dafür sein kann, ob ein Wesen Schmerz empfindet oder nicht. Sonst müssten auch Neugeborene und geistig Behinderte wie Dinge behandelt werden. Bentham sprach sich zudem dafür aus, das Bildungswesen auch ärmeren Kreisen zu öffnen. Die Universität London, mit deren Gründung er assoziiert wird, war die erste englische Hochschule, die unabhängig von Konfession, Einkommen, Rasse oder Herkunft allen offen stand.

Der Anhänger von Bentham, John Stuart Mill, überarbeitete später den Utilitarismus und baute ihn weiter aus.

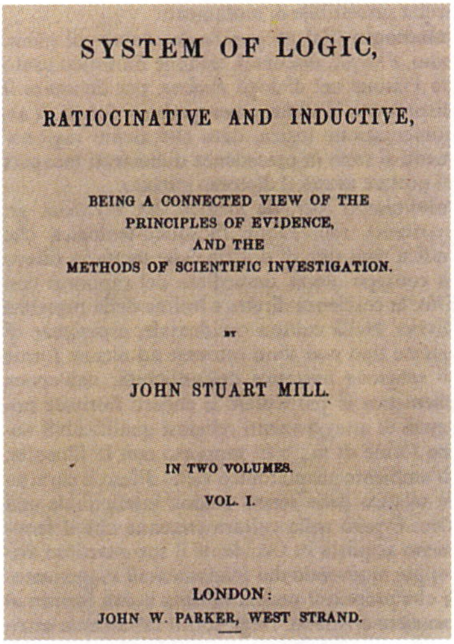
SYSTEM OF LOGIC,

RATIOCINATIVE AND INDUCTIVE,

BEING A CONNECTED VIEW OF THE
PRINCIPLES OF EVIDENCE,
AND THE
METHODS OF SCIENTIFIC INVESTIGATION.

BY

JOHN STUART MILL.

IN TWO VOLUMES.
VOL. I.

LONDON:
JOHN W. PARKER, WEST STRAND.

**Titelseite eines Werkes von Mill**

## John Stuart Mill

**John Stuart Mill**

John Stuart Mill war ein bedeutender Philosoph des 19. Jahrhunderts. Er kam als ältestes von neun Kindern zur Welt. Sein Vater war der Philosoph, Ökonom und Historiker James Mill. Bereits mit drei Jahren lehrte der Vater ihn Griechisch; später lernte John Stuart Mill Latein, Naturwissenschaften, Philosophie und Geschichte. Eine Schule oder Universität besuchte er nicht. Sein Vater erzog ihn im Sinne seines Freundes, des Philosophen Jeremy Bentham. Mill gründete die utilitaristische Gesellschaft, die sich für das Wahlrecht der Arbeiterklasse und für Redefreiheit einsetzte. Er heiratete die Philosophin Harriet Taylor und engagierte sich gemeinsam mit ihr für die Gleichberechtigung von Mann und Frau. In seiner Philosophie legte Mill großen Wert auf Freiheit. Jeder Mensch soll sich frei entfalten können und jeder soll tun können, was er will, solange er keinem anderen damit schadet. Aus diesem Grund sprach sich John Stuart Mill auch für den Suizid und die freie Liebe aus.

# Positivismus

**Positivisten lehnen jegliche Spekulationen ab. Für die Vertreter des Positivismus ist nur wirklich, was sie empirisch nachweisen können und was positiv gegeben ist. Geistwelten halten sie für Illusionen. Auguste Comte gilt als der Begründer des Positivismus. Mit seinen Nachfolgern wurde aus dem Positivismus ein humanistischer Religionsersatz, bei dem alles Transzendentale ausgeschlossen wurde. Weitere Vertreter sind Ernest Renan, Charles Darwin, Ernst Haeckel, Wilhelm Wundt und Emil Durkheim.**

**Ernest Renan**

Auguste Comte war der Vordenker des Positivismus. Seine Theorien gründen auf das Erfahren und Beobachten der Umwelt und auf wissenschaftlich nachweisbare Methoden. Für ihn war nur real, was er anhand empirischer Techniken nachweisen konnte. Er vertrat die Ansicht, dass auch die Gesellschaft mithilfe von naturwissenschaftlichen Methoden erforscht werden kann und dass auf diese Weise Entwicklungen vorausgesehen werden können. Wissen sah er als Macht an und der Mensch solle dieses Wissen ständig erweitern. Die Metaphysik (lat. *metaphysica*, von gr. *metá*: nach, über und *phýsis:* Natur, natürliche Beschaffenheit, also „was nach der Natur kommt") widersprach seinen Prämissen und er suchte nach einer neuen Ära in der Philosophie. Ernest Renan (1832–92) knüpfte an Comte an und setzte sich für empirische Wahrheiten statt metaphysischer Lehren ein. Zur Religion hatte Renan eine zwiespältige Meinung. Einerseits schätzte er sie, weil sie für das Zusammenleben der Menschen wichtig wäre und weil Jesus mit der Menschenliebe einen bleibenden Wert geschaffen hätte, andererseits jedoch missachtete er die Religion. Er warf ihr vor, das Vorankommen der Wissenschaften und des technischen Fortschritts zu hemmen und auf Dogmen zu basieren, die nicht bewiesen werden können.

**Emil Durkheim**

Emil Durkheim (1858–1917) begründete die Soziologie als eine eigenständige Wissenschaft, die

## Ernst Haeckel

Ernst Haeckel

Der Philosoph und Zoologe Ernst Heinrich Philipp August Haeckel (1834–1919) war ein Vertreter des Positivismus. Ernst Haeckel kam als Sohn eines Regierungsrates auf die Welt und studierte Medizin. Später beschäftigte er sich mit meeresbiologischen Studien und wurde Dozent für vergleichende Anatomie in Jena. Haeckel, der ein positives Welt- und Menschenbild hatte, wurde mit seinem Buch *Die Welträtsel* bekannt. Die Entstehung der Welt sah er materialistisch an – er glaubte nicht an einen göttlichen Schöpfer. Haeckel war der Ansicht, dass das Leben aus „Urschleim" entstanden ist und dass bei einer „Urzeugung" aus der toten Materie Leben wurde. Er ging davon aus, dass sich die Arten aus niedrigen Organismen heraus entwickelten und dass der Mensch von höheren Säugetieren und bestimmten Affenarten abstammt. Er wies darauf hin, dass sich der natürliche Egoismus des Menschen mit einem natürlichen Altruismus ergänzt und dass der Mensch von Natur aus über moralische Instinkte verfügt. Haeckel sprach sich gegen christliche Ethik aus und setzte sich dafür ein, Staat und Religion voneinander zu trennen.

mit empirischen Methoden erforscht werden kann. Er beschäftigte sich mit dem Miteinander der Menschen und den verschiedenen sozialen Formen. Durkheim vertrat die These, dass die Gesellschaft den einzelnen Menschen prägt und dass der Mensch durch eine frühe Sozialisation in das soziale Leben eingebunden wird.

### Darwin begründete das Gesetz der Selektion

Der Naturforscher Charles Darwin (1809–82) postulierte, dass sich starke Arten gegenüber schwächeren durchsetzen, und nannte dies „Gesetz der Selektion". Er ging davon aus, dass höhere Arten von niederen abstammen und dass die Art überlebt, die sich am besten an die äußeren Lebensumstände anpassen kann. Der Physiologe Wilhelm Wundt (1832–1920) stimmte Darwins Selektionsgesetz zu, vertrat aber die Meinung, dass die Entwicklung der Arten kein Zufall sei. Wundt arbeitete auch auf dem Gebiet der Seele, die seiner Ansicht nach das Selbstbewusstsein des Menschen formt und sich aus Gefühlen und Vorstellungen zusammensetzt. Das seelische Erleben sah er auf der Grundlage physiologischer Vorgänge des Körpers.

Im Laufe des 19. Jahrhunderts bildeten sich Meinungsverschiedenheiten zwischen dem als Religionsersatz postulierten Positivismus und dem erkenntnistheoretischen Positivismus.

# Auguste Comte

Auguste Comte

**Der Philosoph, Mathematiker und Religionskritiker Auguste Comte (1798 – 1857) gilt als erster Vertreter des Positivismus und Begründer der Soziologie. Comte lehnte alles Metaphysische ab und sah stattdessen im positivistischen Standpunkt den höchsten, den das menschliche Denken erreichen kann. Er entwarf ein Drei-Phasen-Gesetz, in dem er die Entwicklung des menschlichen Denkens darlegte, und klassifizierte die Wissenschaften. Comte blieb zeit seines Lebens auf finanzielle Zuwendungen von Gönnern angewiesen.**

Auguste Comte kam als Sohn eines Steuerbeamten in Montpellier auf die Welt. Er besuchte eine Eliteschule in Paris und studierte später Medizin. Sein Elternhaus war streng katholisch und monarchistisch geprägt. Später distanzierte er sich von der Familie und zog nach Paris. Dort arbeitete er als Privatlehrer und Sekretär des Industrie- und Sozialtheoretikers Henri de Saint-Simon (1760 – 1825), der ihn in intellektuelle Kreise einführte. 1822 begann er, seine Schriften zu veröffentlichen.

1826 erkrankte der als arrogant geltende Auguste Comte schwer und kam in eine psychiatrische Heilanstalt. Ein Jahr später unternahm er einen Selbstmordversuch. In seinem Haus hielt er Privatvorlesungen und war finanziell auf die Gunst von Freunden und Anhängern angewiesen. Als im Jahr 1846 Clotilde de Vaux, die er sehr verehrte, starb, veranlasste ihn das, eine „Religion der Menschlichkeit" zu gründen. Die Liebe zu seiner Angebeteten wurde nach ihrem Tod fast religiös und für Comte, der früher nur nachweisbare Tatsachen gelten ließ, begann ein neuer Lebensabschnitt. Comte gehörte zu den wenigen Gelehrten der damaligen Zeit, die sich für die Gleichberechtigung einsetzten; allerdings vertrat er dabei ein traditionelles Bild, bei dem sich der Mann im Lebenskampf und den Professio-

Henri de Saint-Simon

nen zu bewähren habe, die Frau dagegen aus dem häuslichen Kreis heraus moralisch auf die Gesellschaft einwirken müsse.

## Das Gesetz der drei Phasen

Als Vertreter des Positivismus hielt sich Comte an das gesellschaftlich Nützliche, das sicher Bestimmbare und an feststehende Tatsachen. Er lehnte alles Metaphysische ab und vertrat die Ansicht, dass Wissenschaft und Philosophie auf empirisch nachweisbare Erscheinungen begrenzt sein sollen.

### Die Soziologie als größte aller Wissenschaften

Forschungen auf dem Gebiet der Soziologie gab es schon vor Auguste Comte, doch er war derjenige, der dieser neuen Disziplin einen Namen gab. Aus der „sozialen Physik" wurde bald die Soziologie, zu der auch die behavioristische Psychologie und die Ethik gehörten. Die Soziologie war eine neue Wissenschaft, die weder Geisteswissenschaft noch Metaphysik war. Comte sah in der Soziologie die Königin aller Wissenschaften, die alle anderen Disziplinen einschloss und deren Forschungen und Entwicklungen in ein zusammenhängendes Ganzes einbinden würde. Seine Vision von der Soziologie als der größten aller Wissenschaften wurde nie verwirklicht.

In seinem Drei-Phasen-Gesetz legte er die Entwicklung des menschlichen Denkens dar. Comtes Ansicht nach durchläuft jedes Individuum, aber auch die Entwicklung jeder Wissenschaft, die folgenden drei Phasen:

- „kindliche" Religion oder fiktive Phase
- „jungenhafte" Metaphysik oder abstrakte Phase
- „männliche" Wissenschaft oder positive Phase

In der „kindlichen" Phase werde nach der inneren Natur von Dingen gefragt und an absolutes Wissen geglaubt, in der „jungenhaften" Phase würden abstrakte Begriffe und Wesenheiten gesucht und in der „männlichen" Phase würde der Mensch beobachten und sich seiner Vernunft bedienen, um Erscheinungen nach dem Prinzip der Ähnlichkeit und Aufeinanderfolge zu verbinden.

Aufbauend auf das Drei-Phasen-Gesetz teilte er auch die Wissenschaften in verschiedene Stufen ein. Er entwickelte eine systematische, hierarchische Klassifikation aller Wissenschaften nach der Reihenfolge: Mathematik, Astronomie, Physik, Chemie, Biologie und Soziologie.

Comtes Thesen waren zwar schon zu seinen Lebzeiten einflussreich, aber dennoch umstritten. Vor allem sein Wirken als Prophet einer neuen „Religion der Menschlichkeit" in seinem späteren Leben sahen Kritiker als Widerspruch zu seinen früheren Ansichten. ■

Friedrich Schelling

# Idealismus

**Die Vertreter des Idealismus lehnen die Behauptung ab, dass Inhalte von Erfahrungen auf Reize zurückzuführen sind, die von einer unabhängig vom Bewusstsein bestehenden Realität ausgehen. Sie sind der Ansicht, dass die Wirklichkeit mit der reinen Vernunft erkannt werden kann und dass vernünftiges Denken und Sein im Absoluten, in der Gottheit, begründet ist. Kant leistete mit seiner Transzendentalphilosophie die Vorarbeit für die neue Denkweise, die von den Philosophen Fichte, Hegel und Schelling entwickelt wurde.**

Die drei protestantischen Theologiestudenten Fichte, Hegel und Schelling bereiteten zusammen mit den Theorien Kants die Entwürfe des spekulativen Idealismus vor. Die idealistischen Philosophen waren der Ansicht, dass es irrationale Faktoren wie Gefühl und Glaube sind, die die Beziehung des Bewusstseins zur Wirklichkeit regeln.

Johann Gottlieb Fichte

Der deutsche Idealismus gilt als Höhepunkt der Philosophie der Moderne. Im subjektiven Idealismus wird die Wirklichkeit aufgrund von Ideen und Vorstellungskraft gebildet. Transzendentale (von lat. *transcendere*, „überschreiten") Erkenntnisformen ordnen erst unser Erkennen und sind Voraussetzung für objektives Erkennen überhaupt.

Den Begriff „Transzendenz" prägte Immanuel Kant, dessen Transzendentalphilosophie sich mit dem Erkennen von Dingen beschäftigt. Sein Hauptwerk, *Kritik der reinen Vernunft*, leitete eine Wende in der Philosophiegeschichte ein. In seiner Schrift kritisierte er den Glauben von Empirismus und Rationalismus an die Objektivität der Erkenntnisse.

## Es gibt viele Richtungen im Idealismus

Der philosophische Idealismus besteht aus vielen unterschiedlichen Strömungen. Der erkenntnistheoretische Idealismus wird auch ontologischer (Ontologie: Lehre vom Sein) Idealismus genannt. Die Vertreter sind der Ansicht, dass jede Form von Materie und

## Friedrich Schiller

**Friedrich Schiller**

Der Dichter und Dramatiker Friedrich Schiller (1759 – 1805) aus Marbach am Neckar bei Ludwigsburg gilt als Vertreter des ästhetischen Idealismus. Er propagierte in seinen Werken das Streben nach einer idealen Form. Schiller kam als Sohn eines Offiziers und Wundarztes auf die Welt. Er besuchte die Lateinschule, eine Militärakademie und absolvierte ein Rechts- und Medizinstudium. 1781 schrieb er das Theaterstück *Die Räuber*. Er arbeitete als Theaterdichter in Mannheim und reiste nach Weimar, wo er die Bekanntschaft mit verschiedenen Persönlichkeiten seiner Zeit machte. 1789 nahm er eine Professur in Jena an, 1791 erkrankte er schwer. Schiller befürwortete die Französische Revolution, sah jedoch mit Abscheu den hohen Preis der Massenhinrichtungen. Friedrich Schiller lebte in der Übergangszeit vom Absolutismus zum Bürgertum. Da es damals keine Möglichkeiten für die Bevölkerung gab, sich politisch zu äußern, erlangte die Literatur eine wichtige Rolle, um das bürgerliche Selbstbewusstsein zu steigern. Zu Schillers bekannten Werken zählen *Kabale und Liebe* (1783), *Maria Stuart* (1800), *Die Jungfrau von Orléans* (1801) und *Wilhelm Tell* (1804).

menschlicher Handlung nur ein Abbild von Ideen ist. Beim ethischen Idealismus strebt der Mensch nach altruistischen Idealen und nicht nach materiellen Gütern.

Den Idealismus in der Philosophiegeschichte gibt es schon sehr lange: Die Legung des Grundsteins wird Platon zugeschrieben, der bereits in der Antike eine Ideenlehre entwickelte. Im 19. und 20. Jahrhundert deutete sich mit dem deutschen Idealismus eine Wendung in der Philosophie an. Hegel und Schelling vertraten einen absoluten Idealismus. Damit wollten sie den subjektiven Idealismus mit seiner Subjekt-Objekt-Spaltung überwinden und die scharfen Grenzziehungen von Kant, auch bei Geist und Natur sowie Theorie und Praxis, abschaffen und den Dualismus aufheben.

Der dänische Philosoph Sören Kierkegaard, Wegbereiter der Existenzphilosophie, kritisierte den Idealismus und lehnte den objektiven Geltungsanspruch der Ideen ab. Karl Marx sprach sich ebenfalls gegen den Idealismus aus und kehrte ihn in einen Materialismus um. ■

# Immanuel Kant

Der Königsberger Immanuel Kant (1724 – 1804) gilt als einer der bedeutendsten Philosophen. Mit seinem Werk *Kritik der reinen Vernunft* markierte er einen Wendepunkt in der Philosophie und den Beginn einer neuen, modernen Ära. Kant beschäftigte sich mit der Erkenntnistheorie, der Ethik und der Ästhetik. Bekannt wurde sein Kategorischer Imperativ, der besagt, dass sich jeder vor seinem Handeln fragen soll, ob er wünscht, dass alle anderen auch so handeln. Kant beeinflusst die Philosophie bis heute.

**Immanuel Kant**

Immanuel Kant kam als viertes Kind eines Sattlermeisters zur Welt und wurde streng pietistisch erzogen. Er studierte Philosophie, Theologie, Mathematik und Naturwissenschaften. Von 1755 an arbeitete er als Hauslehrer und schrieb seine Dissertation mit dem Titel *Über das Feuer*. Nach seiner Habilitation bekam er in Königsberg eine Professur für Logik und Metaphysik angeboten. Von 1786 – 88 war er Rektor der Königsberger Universität, die heute nach ihm benannt ist.

## Denken, Wollen und Fühlen bestimmen den Menschen

Kant schrieb dem Menschen drei Seelenvermögen zu: das Denken, das Wollen und das Fühlen. Darauf basierte seine Philosophie: Auf das Denken baute er seine Erkenntnistheorie auf, die er in seinem Hauptwerk *Kritik der reinen Vernunft* diskutierte. Auf das Wollen baute er seine Ethik auf, über die er in der *Kritik der praktischen Vernunft* schrieb, und auf das Fühlen die Ästhetik, die er in seinem Werk *Kritik der Urteilskraft* erläuterte.

In seiner Erkenntnistheorie vertrat Kant die Meinung, dass bei jedem Erkenntnisprozess die Erfahrung, welche die Sinne vermitteln, und die Begriffe, die durch die Vernunft gegeben sind, mitspielen. Damit brachte er die gegensätzlichen Ansichten des Empirismus und des Rationalismus zusammen. Der Erkenntnisprozess besteht nach Kant aus der sinnlichen Erfahrung, den Anschauungsformen Raum und Zeit sowie den Begriffen als die reine Form des Denkens. Sowohl die Anschauungsformen als auch die Begriffe hat der Mensch a priori, das heißt, unabhängig von der Erfahrung. Unsere aus der Erfahrung stammenden Anschauungen von Dingen sind subjektiv, das heißt, sie sind bei jedem Menschen anders. Die transzendentalen („überschreitenden“) Erlebnisformen ordnen zunächst a priori unser Erkennen.

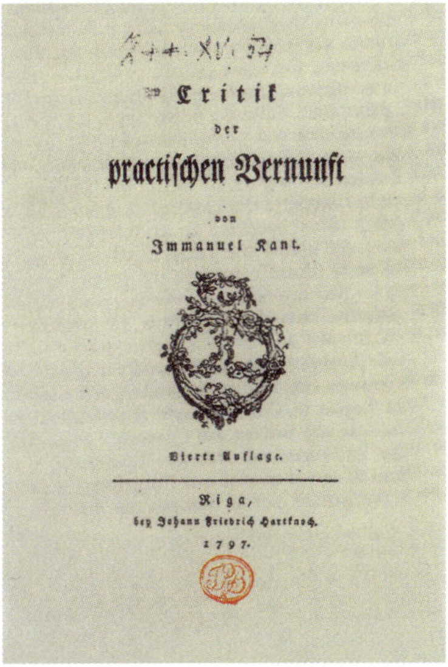
Critik der practischen Vernunft von Immanuel Kant.

Vierte Auflage.

Riga, bey Johann Friedrich Hartknoch. 1797.

**Titelseite der *Kritik der praktischen Vernunft***

In seiner Ethik vertrat Kant die Meinung, dass sich auch unser Handeln auf Dinge bezieht, die in der Erfahrung gegeben sind, dass aber auch die Vernunft eine Rolle spielt und dem Handeln Maxime (Grundsätze) gibt. Damit nicht Erfahrungen und Neigungen das moralische Handeln steuern, muss unser Wille apriorische Grundsätze haben, also Grundsätze, die vor aller Erfahrung liegen und unabhängig von subjektiven Neigungen sind. Diesen Willen nannte Kant den Kategorischen Imperativ: „Handle so, dass die Maxime deines Willens jederzeit zugleich als Prinzip der allgemeinen Gesetzgebung gelten könnte.“ Das heißt, dass man sich, bevor man etwa stiehlt oder betrügt, fragen sollte, ob man möchte, dass das auch alle anderen Menschen tun. Falls man das nicht wünscht, sollte man das Stehlen und Betrügen besser lassen und so, in Kants Worten, ein „wahrhaft moralischer Mensch“ werden.

In seiner Ästhetik beschrieb Kant, dass uns das Erkennen von Dingen mit Lust und Wohlgefallen ausfüllen kann. Die Gegenstände des Wohlgefallens sind ästhetisch, das heißt, sie beruhen auf Wahrnehmung.

Kant galt schon zu Lebzeiten als außergewöhnlicher Philosoph. Er beeinflusste viele Denker und ist bis heute der am meisten rezipierte Philosoph.

## War Kant ein Eigenbrötler?

Man sagt, die Königsberger konnten ihre Uhr danach stellen, wann der Philosoph seine Spaziergänge machte. Tatsächlich war ihm aufgrund seiner strengen, pietistischen Erziehung ein geregelter Tagesablauf wichtig. Dennoch war er kein steifer Mensch, der Geselligkeit ablehnte. Als Student spielte er Karten und Billard. Er traf sich gerne mit anderen, legte Wert auf ein gepflegtes Erscheinungsbild und gab sich in Unterhaltungen klug und belesen. Mittags lud er gerne Freunde ein. Als Kant über 40 war, zog er sich aus gesundheitlichen Gründen langsam aus der Gesellschaft zurück und widmete sich seinen Studien. Kant war nie verheiratet.

# Johann Gottlieb Fichte

Johann Gottlieb Fichte

**Der Philosoph und Erzieher Johann Gottlieb Fichte (1762 – 1814) ist neben Schelling, Kant und Hegel ein Mitbegründer und wichtiger Vertreter des deutschen Idealismus. Er befürwortet einen subjektiven Idealismus, bei dem die Wirklichkeit auf Ideen und Vorstellungskraft beruht. Fichte unterschied zwischen Ich und Nicht-Ich und vertrat die Ansicht, dass jeder Mensch danach streben sollte, innerlich frei von äußeren Einflüssen zu werden. Fichte wurde später wegen Gottlosigkeit und Verbreitung atheistischer Ideen angeklagt.**

Johann Gottlieb Fichte kam als Sohn eines Bandwebers bei Bischofswerda auf die Welt. Er studierte in Jena und war nach seinen Studien als Privatlehrer tätig. Später fand er eine Stelle als Hauslehrer in Zürich, wo es zu Meinungsverschiedenheiten kam, weil Fichte die Ansicht vertrat, dass vor den Kindern die Eltern erzogen werden müssten. Er zog nach Leipzig, wo er vergebens eine Stelle als Privatlehrer suchte. Nun plante er, eine „Zeitschrift für weibliche Bildung" herauszubringen, doch fand er für das damals brisante Thema keinen Verleger. 1790 beschäftigte er sich mit der Philosophie und las vor allem Kant. Als er Kant traf, unterstützte dieser ihn dabei, sein Werk *Versuch einer Kritik aller Offenbarung* zu veröffentlichen. Das Werk erschien anonym und wurde irrtümlicherweise für ein religionsphilosophisches Werk von Kant gehalten. Rasch wurde Fichte berühmt und folgte einem Ruf der Universität Jena. Dort warf man ihm wegen einer Streitschrift vor, atheistische Ideen und Gottlosigkeit zu verbreiten. Er musste zurücktreten. 1810 wurde er Dekan der philosophischen Fakultät der Berliner Universität.

## Idealismus ist die Philosophie für Tatendurstige

Fichte stimmte mit Kant in seiner kritischen Philosophie überein, lehnte jedoch eine Trennung zwischen theoretischer und praktischer Vernunft ab.

Für ihn zählten nur die beiden philosophischen Richtungen des Materialismus und des Idealismus. Beim Materialismus leitet man nach Fichte die Vorstellungen von den Dingen ab, beim Idealismus die Dinge von den Vorstellungen. Jeder Mensch könne seine Philosophie

Versuch
einer
Critik aller Offenbarung.
Königsberg 1792.
Im Verlag der Hartungschen Buchhandlung.

**Titelseite des *Versuchs einer Kritik aller Offenbarung***

frei wählen. Ein selbstständiger, tatendurstiger Mensch würde eher den Idealismus nehmen. Als Vertreter des subjektiven Idealismus formulierte Fichte Sätze wie: „In aller Wahrnehmung nimmst du lediglich deinen eigenen Zustand wahr."

Fichte prägte den Begriff des Nicht-Ich: Befindet sich der Mensch in einem vorbewussten Zustand, so setzt das Ich sein eigenes Sein. Das Ich ist seinem innersten Wesen nach Tätigkeit und setzt sich unbewusst, als Nicht-Ich, den Widerständen entgegen, die es daran hindern, tätig zu werden. Das Nicht-Ich ist hierbei eine dem Bewusstsein entzogene Schöpfung des Ich, erscheint deshalb als etwas Fremdes, über das nicht nach Belieben verfügt werden kann. So könne man sich beispielsweise nicht über Naturgesetze hinwegsetzen.

In seiner Ethik vertritt Fichte den Standpunkt, dass der Mensch sich innerlich frei von äußeren Einwirkungen machen, sich nicht von Dingen treiben lassen, sondern Hürden und Schranken überwinden soll. Da Schranken notwendig sind, um überhaupt handeln zu können, ist es nicht möglich, ein Ziel vollständig zu erreichen. Wir können uns ihm nur annähern. Doch diese ständige Vervollkommnung sei die Bestimmung des Menschen.

Fichtes Werk beeinflusste viele Denker nach ihm, darunter Schelling, Hegel und Marx. ■

## Hohe Bildung für einen Handwerkersohn

Johann Gottlieb Fichte stammte aus einfachen Verhältnissen. Eine weitergehende schulische Ausbildung sahen seine Eltern weder vor noch hatten sie das Geld dafür. Doch mit Glück, Zufall und Talent fand der junge Johann einen Gönner. Als der Gutsherr Freiherr Haubold von Miltitz die Familie besuchte, sagte er, dass er bedauerlicherweise die Predigt am Sonntag verpasst habe. Johann Fichte, der bei der Predigt anwesend war, versprach dem Gutsherrn, sie für ihn zu wiederholen, und imitierte den Pfarrer in einer Art und Weise, die den Besucher beeindruckte. Daraufhin finanzierte Freiherr Haubold von Miltitz Fichte eine Ausbildung an der Fürstenschule Schulpforta. Als der Gutsherr starb und ein Stipendium abgelehnt wurde, kam Fichte in finanzielle Bedrängnis.

# Georg Wilhelm Friedrich Hegel

**Georg Wilhelm Friedrich Hegel**

Neben Kant ist Georg Wilhelm Friedrich Hegel (1770 – 1831) einer der wichtigen Philosophen der deutschen Aufklärung, die menschliches Handeln an der Vernunft orientieren. Als Vertreter des absoluten Idealismus wollte er die Subjekt-Objekt-Spaltung des subjektiven Idealismus überwinden. Mit seiner darauf gründenden Dialektik entwickelte er die Methode von Fichte weiter. Sein bekanntestes Werk, *Phänomenologie des Geistes*, erschien 1807.

Georg Wilhelm Friedrich Hegel wurde in Stuttgart als Sohn eines Beamten geboren. 1788 begann er ein Studium der Philosophie und Theologie in Tübingen. Dort traf er Friedrich Wilhelm Joseph Schelling (1775 – 1854) und Friedrich Hölderlin (1770 – 1843), mit denen er sich anfreundete. Nach dem Studium arbeitete er als Hauslehrer, um sich nebenher mit der Philosophie beschäftigen zu können. Er wurde Privatlehrer in Bern und in Frankfurt. 1800 ging er nach Jena, wo er als Privatdozent arbeitete und zusammen mit Schelling das *Kritische Journal der Philosophie* herausgab. 1807 erschien das Hauptwerk Hegels, die *Phänomenologie des Geistes*. In diesem komplexen Buch entwickelt er eine Wissenschaft von Erscheinungsweisen des Geistes, von der Wahrnehmung, dem Bewusstsein, dem Selbstbewusstsein, der Vernunft und der Offenbarung bis zum absoluten Wissen des Weltgeistes. 1816 nahm er einen Ruf der Universität Heidelberg an, 1818 ging er an die Universität Berlin, wo sich seine Vorlesungen größter Beliebtheit erfreuten. Aus seinen Anhängern wurde nach seinem Tod die Schule der Hegelianer, zu denen auch Karl Marx gehörte. Im Jahr 1831 starb Hegel an Cholera.

## Hegel hilft, den goldenen Mittelweg zu finden

Von Hegel wurde in erster Linie seine Dialektik bekannt. Die Dialektik als Methode, die besagt, dass These und Antithese zusammen eine Synthese bilden, gab es schon bei Johann Gottlieb Fichte. Hegel überarbeitete sie und entwarf die Dialektik neu, die helfen soll, einen goldenen Mittelweg zu finden. Er sah in der Synthese keine bloße Überwindung von These und Antithese, sondern ihre Aufhebung. Aufheben gebrauchte er im dreifachen Wortsinn: Aufheben als „Beseitigen“, als „Bewahren“ und als „Emporheben“. Somit ist Hegels Dialektik eine Weiterentwicklung und Komplettierung eines bekannten Grundsatzes. Mit seiner Theorie entwickelte sich die ursprüngliche Bedeutung von Dialektik als Kunst der Gesprächsführung in eine neue Richtung. Die Zeit der Aufklärung, in der Hegel wirkte, zielte auf reine Vernunft und reine Wahrheit als Maß alles Wirklichen ab. Hegel dagegen sah, dass sich Vernunft, Wahrheit und Selbstbewusstsein in dem dialektischen Dreischritt realisieren können. Wenn wir beispielsweise einen Menschen beurteilen, fallen wir dabei häufig von einem ins andere Extrem, schätzen ihn mal sehr negativ und dann sehr positiv ein. Am Ende haben wir uns für einen goldenen Mittelweg entschieden, der aber mehr ist als ein Kompromiss zwischen den ursprünglichen Urteilen. These und Antithese wurden „aufgehoben“, die Synthese entstand. Die hegelsche Dialektik kann man auch als Anstrengung des denkenden Subjekts, über sich selbst hinauszugehen, bezeichnen.

Encyclopädie
der
philosophischen
Wissenschaften
im Grundrisse.

Zum Gebrauch seiner Vorlesungen
von
Dr. Georg Wilhelm Friedrich Hegel,
ordentl. Professor der Philosophie an der K. Friedr. Wilh. Universität in Berlin.

Dritte Ausgabe.

Heidelberg.
Verwaltung des Oßwald'schen Verlags.
(C. F. Winter.)
1830.

**Titelseite aus Hegels Werk**

Das Werk Hegels beeinflusste die Existenzphilosophie, die Sören Kierkegaard im 19. Jahrhundert begründete, sowie den französischen Existenzialismus. Karl Marx entwickelte aus Hegels Theorien den Marxismus.

## Vom Hostienstreit und einer kleinen Maus

Als Protestant lehnte Georg Wilhelm Friedrich Hegel das katholische Abendmahl ab. In einer seiner Vorlesungen machte er einst die spitze Bemerkung,

**Tabernakel**

dass ein gläubiger Katholik das Kothäufchen einer Maus anbeten müsse, wenn sie im Tabernakel von einer Hostie geknabbert habe. Die katholische Kirche zeigte sich verärgert über Hegels Äußerung und beschwerte sich an höherer Stelle. Die Studenten zeigten sich zwar solidarisch mit Hegel, doch er musste öffentlich Stellung zu seiner Äußerung nehmen.

Arthur Schopenhauer

# Arthur Schopenhauer

Der Philosoph Arthur Schopenhauer (1788 – 1860) baute seine Lehren auf der Philosophie von Immanuel Kant auf und vertrat in seiner Erkenntnistheorie die Position des Idealismus. Er befürwortete den subjektiven Idealismus. Schopenhauers Vorstellungen vom Leben waren pessimistisch geprägt. Er sah das Leben als ein ewig währendes Leiden an und empfahl Kunst oder Musik, um den Schmerz zu überwinden. Von Frauen hatte er keine gute Meinung.

Arthur Schopenhauer kam in Danzig als Sohn eines wohlhabenden Kaufmanns und einer Schriftstellerin zur Welt. Die Familie zog nach Hamburg, wo Schopenhauer auf Wunsch des Vaters den Kaufmannsberuf erlernte. Als sein Vater starb, erbte er ein kleines Vermögen, das ihm half, finanziell unabhängig zu sein. Er studierte in Göttingen Medizin, wechselte aber bald in die Philosophie. 1819 erschien sein Hauptwerk *Die Welt als Wille und Vorstellung*. 1890 begann er, an der Berliner Universität zu lehren und hielt seine Vorlesungen zur gleichen Zeit wie sein Rivale Hegel. So kamen nur wenige Studenten zu ihm und er begann bald, die Universitätsphilosophie zu verachten. Arthur Schopenhauer zog nach Frankfurt, um vor der Choleraepidemie in Berlin zu flüchten und verfasste noch mehrere Schriften. Im Jahr 1860 starb er an einer Lungenentzündung.

## Die Erscheinungswelt existiert nur als Vorstellung

Schopenhauer teilte mit George Berkeley die Ansicht, dass eine von der Wahrnehmung unabhängige Außenwelt nicht existiert. Er griff naturwissenschaftliche Forschungsergebnisse der damaligen Zeit auf, um daraus seine Physiologie der Wahrnehmung zu entwickeln. Er vertrat

Notenblatt eines Madrigals

## Schopenhauer äußerte sich *Über die Weiber*

Von Frauen hatte der große Philosoph keine gute Meinung und äußerte sich oft abfällig über sie. Eine Ursache dieser Einstellung war möglicherweise seine dominante und eitle Mutter. In seinem Werk *Über die Weiber* und in anderen Schriften schrieb er herablassend über Frauen: „Das niedrig gewachsene, schmalschultrige, breithüftige und kurzbeinige Geschlecht, das schöne nennen konnte nur der vom Geschlechtstrieb umnebelte männliche Intellekt." „Mit mehr Fug, als das schöne, könnte man das weibliche Geschlecht das unästhetische nennen. Weder für Musik, noch Poesie, noch bildende Künste haben sie wirklich und wahrhaftig Sinn und Empfänglichkeit ..." Auch vom Heiraten hielt Schopenhauer nichts: „Heiraten heißt, mit verbundenen Augen in einen Sack greifen und hoffen, dass man einen Aal aus einem Haufen Schlangen herausfinde."

die Meinung, dass die Erscheinungswelt nur als Vorstellung existiert, dass es also die Erscheinungswelt nur so gibt, wie sie wahrgenommen wird und wie sie im menschlichen Bewusstsein verankert ist. Er stimmte Kant nicht zu, der das „Ding an sich" jenseits aller Erfahrung liegen sah und der Meinung war, dass es deshalb nicht erkannt werden könne.

## Das Leben ist geprägt von Leiden

Schopenhauer, der sich mit dem Buddhismus beschäftigt hatte, sah das Leben als ewig währendes Leiden an. Als Ursache nannte er den Willen, der dem Menschen nicht bewusst ist. Dieser Wille wäre dafür verantwortlich, dass die Menschen einander begehren, essen und trinken, handeln und denken. Der Mensch würde ständig vom Willen geleitet werden, der nach Erfüllung dränge. Wird der Wille erfüllt, empfinden wir Langeweile, wird er nicht erfüllt, überkommt uns Schmerz. Schmerz und Langeweile sah Schopenhauer als grundlegende Gemütszustände im Leben des Menschen an: „Jede Lebensgeschichte ist eine Leidensgeschichte."

Auf dieser Einstellung gründet auch der schopenhauersche Pessimismus. Er sah die Welt als Erzeugnis des blinden Willens als durchweg schlecht an. Die Welt sei ein Jammertal, voller Leiden und alles Glück sei Illusion. Der höchste Ausdruck des Willens sei der nicht dauerhaft zu befriedigende Geschlechtstrieb des Menschen. Mithilfe der Kunst, vor allem der Musik, aber auch der Moral und der Askese könne der Mensch dieses leid- und schmerzvolle Dasein überwinden.

Schopenhauer erreichte mit seinen Werken eine breite Leserschicht. Er wurde von Richard Wagner, Albert Einstein, Thomas Mann, Kurt Tucholsky und Hermann Hesse geschätzt.

# Friedrich Wilhelm Joseph Schelling

Friedrich Wilhelm Joseph Schelling (1775 – 1854) ist ein Vertreter der philosophischen Richtung des Idealismus. Er entwickelte die Gedanken Fichtes weiter, die aus Kant hervorgegangen waren. Aus dem subjektiven Idealismus Fichtes baute Schelling einen objektiven Idealismus auf. Seine Lehre gliedert sich in zwei Schaffensphasen, in eine erste, naturphilosophische Phase und eine zweite, religionsphilosophische. Bekannt wurde Schelling mit seiner Identitätsmetaphysik.

**Friedrich Schelling**

Schelling kam in Leonberg bei Stuttgart als Sohn eines schwäbischen Pfarrers auf die Welt. Sein Elternhaus war stark pietistisch geprägt. Er ging in das Tübinger Stift, wo er Hölderlin und Hegel traf. Die Französische Revolution und die Zeit der Aufklärung prägten das Denken Schellings nachhaltig. Er las mit großem Interesse Kant und Fichte, stellte sich aber später gegen Fichtes Theorien. An der Leipziger Universität studierte er Mathematik, Medizin und Naturwissenschaften, die Grundlage für seine später folgende Naturphilosophie. 1797 erschienen seine *Ideen zu einer Philosophie der Natur.* 1798 wurde er von Goethe als Professor nach Jena gerufen, später lehrte er an den Universitäten Würzburg, München und Erlangen. Er starb in Bad Ragaz in der Schweiz.

## Schellings Lehre gliedert sich in zwei Perioden

Schellings Philosophie gliedert sich in zwei Abschnitte. In der ersten Periode, auch als pantheistische oder naturphilosophische Phase bezeichnet, knüpfte er an die Gedanken Fichtes an und sah die Philosophie als Vernunftwissenschaft. In der zweiten, theistischen oder religionsphilosophischen Periode berief er sich auf Kant und sah die Philosophie als eine positive Wissenschaft an, die über die bloße Vernunfterkenntnis hinausgeht. In der ersten Periode diskutierte Schelling den Kampf der Naturkräfte bis zum Durchbruch des bewussten Geistes im Menschen. In seiner zweiten Periode beschrieb er das Herrschen Gottes im Willen eines jeden Einzelnen und in der Weltgeschichte.

Schelling wurde vor allem mit seiner Identitätsmetaphysik bekannt. Dabei knüpfte er an Fichtes Theorien des subjektiven Idealismus an, bei dem das Ich das Nicht-Ich, die Welt, hervorbringt. Er entwickelte daraus einen objektiven Idealismus, bei dem er den Grund allen Seins im metaphysischen Urgrund der Natur sah. Subjekt und Objekt, Geist und Natur sind aus ein und demselben Weltgrund hervorgegangen. Dieser Urgrund, die ursprüngliche identische Einheit allen Seins, hat sich in Geist und Natur gespalten. Besonders die Natur ist von dieser Entzweiung geprägt, indem jede Erscheinung einen materiellen und ideellen Faktor (Form) aufweist. Materie setzt sich aus verschiedenen Kräften zusammen, positiven und negativen, und überall in der Natur herrscht Polarität. Die Natur ist ein Organismus, bei dem verschiedene Kräfte zusammen wirken. Diese Kräfte sind miteinander verwandt. Sie sind aus einem einheitlichen Weltgrund hervorgegangen, der absoluten Indifferenz oder Identität, in die alles zurückstrebt.

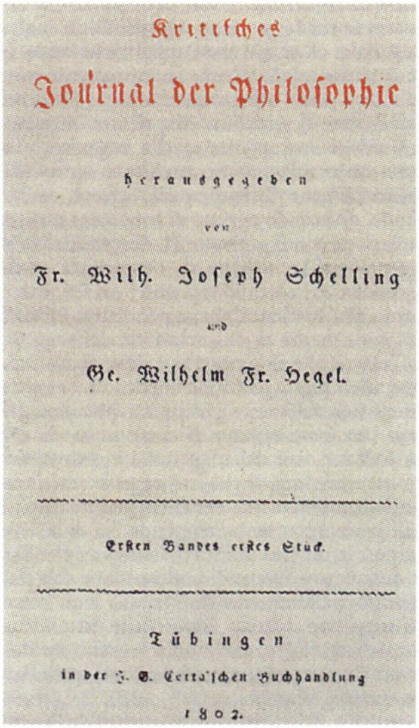
Kritisches
Journal der Philosophie
herausgegeben
von
Fr. Wilh. Joseph Schelling
und
Ge. Wilhelm Fr. Hegel.
Ersten Bandes erstes Stück.
Tübingen
in der J. G. Cotta'schen Buchhandlung
1802.

**Seite aus der ersten Auflage des *Kritischen Journals der Philosophie***

## Pietismus

Unter Pietismus (piété, französisch: Frömmigkeit) versteht man eine Reformbewegung im deutschen Protestantismus. Pietismus entstand in der Zeit nach der Aufklärung und bedeutet eine persönliche, gefühlsbetonte Frömmigkeit. Die subjektive Seite des Glaubens wird betont, gleichzeitig gibt es im Pietismus einen starken missionarischen und sozialen Anspruch. Oft finden in pietistischen Kreisen Bibelstudien und gemeinsame Gebete zu Hause statt. Die Anhänger des Pietismus vertreten in der Regel eine konservative Theologie. Innerhalb des Pietismus gibt es unterschiedliche Strömungen, wie den lutherischen Pietismus oder den Neupietismus. Der Pietismus beeinflusste die deutsche Literatur in der Aufklärung. Pietisten sollten ihr Innerstes genau beobachten und etwaige Erweckungserlebnisse ihren Glaubensgenossen berichten. Durch die Selbstbeobachtung wurde auch das Seelenleben literarischer Helden wichtig. Bereits in der Aufklärung wurde der Pietismus kritisiert und den Vertretern Intoleranz vorgeworfen. Bis heute gibt es Kritik an pietistischen Lehrinhalten und der Frömmigkeitspraxis der Mitglieder.

# Johann Gottfried Herder

**Johann Gottfried Herder**

Johann Gottfried Herder (1744 – 1803), Dichter, Theologe, Geschichts- und Kulturphilosoph, zählte zusammen mit Wieland, Goethe und Schiller zum Viergestirn von Weimar. Herder, der ein Schüler Kants war, bildete bei seinem Denken keine Einheitlichkeit heraus. Er wurde zwar als „edler Geist" gewürdigt, seine wahren Talente wurden aber zu Lebzeiten verkannt. Herder war ein Vertreter der Französischen Revolution und setzte sich für freiheitliches, individuelles Gedankengut ein.

Johann Gottfried Herder kam in Mohrungen, Ostpreußen, als Sohn eines Lehrers und Kantors auf die Welt. Seine Erziehung war streng pietistisch. Auf Wunsch seiner Eltern sollte er Theologie studieren. Sein Zuhause war nicht ärmlich, aber bescheiden. Dennoch legten die Eltern Wert auf eine hinreichende Bildung ihres Sohnes und schickten ihn auf die Stadtschule. Dort traf er einen Diakon, der ihm erlaubte, seine Bibliothek zu nutzen. 1762 ging Herder nach Königsberg, um Medizin zu studieren. Er wechselte jedoch bald in die Theologie und freundete sich mit dem Buchhändler Johann Jakob Kanter an, der an einem seiner ersten Werke, *Gesang an Cyrus*, Gefallen fand und mit dessen Unterstützung er eine Stelle als Hilfslehrer fand, die es ihm ermöglichte, nebenher seine Studien zu betreiben.

## Herder war ein Schüler von Immanuel Kant

Herder durfte die Vorlesungen von Immanuel Kant in den Fächern Logik, Metaphysik, physische Geografie und Moral kostenlos besuchen. An Kant schätzte er vor allem seine humanitäre Einstellung. Später kritisierte er Kant und versuchte, seine Erkenntnistheorie und Ästhetik zu widerlegen.

Nach seinem Studium ging Herder als Prediger und Lehrer in die Domschule nach Riga. In den Jahren 1766/67 veröffentlichte er erste Werke wie *Über die neue deutsche Literatur.* Mit diesem Werk, in dem er besonders die Ästhetik hervorhob, wurde Johann Gottfried Herder schnell berühmt. 1769 verließ er Riga, um zu einer Seereise aufzubrechen. Nach einem Schiffbruch bei Frankreich lernte er in Paris Denis Diderot (1712–84) kennen. Über Holland kam Herder zurück nach Hamburg, wo er Kontakt mit den Dichtern Gotthold Ephraim Lessing (1729–81) und Matthias Claudius (1740–1815) knüpfte.

**Gotthold Ephraim Lessing**

In Straßburg traf er Johann Wolfgang von Goethe (1749–1832), von dem er sich wichtige Anregungen holte. Zu dieser Zeit entstand sein preisgekröntes Werk *Abhandlung über den Ursprung der Sprache.*

## Er verwarf sich mit der Kirche

Herder las psychologische und religionskritische Werke und betonte die Wichtigkeit der Sprache. 1776 vermittelte Goethe ihm eine Stelle als Generalsuperintendent und späteren Vizepräsident in Weimar. Dort löst der freigeistliche Theologe Widerstand bei den Vertretern der katholischen Kirche aus. 1784–96 entstanden seine beiden Hauptwerke, *Ideen zur Philosophie der Geschichte der Menschheit* und *Briefe zur Beförderung der Humanität.*

**Johann Wolfgang von Goethe**

Herder hatte es sich zur Aufgabe gemacht, die Geschichte im inneren Zusammenhang mit dem psychologischen und biologischen Geschehen als neue Lebensgröße zu begreifen. Neben Freiheit und Individualität spielte die persönliche Entwicklung in seinem Denken eine wichtige Rolle. Da seine Theorien sehr vielseitig waren, brachte Herder viele verschiedene methodische Ansätze hervor. Herder, der ein freiheitsliebender Mensch war, begrüßte den Ausbruch der Französischen Revolution.

### Herder war Mitglied bei den Illuminaten

Herder gehörte den bayerischen Illuminaten an. Bei den Illuminaten (illuminati, lateinisch: die Erleuchteten) handelt es sich um eine Geheimgesellschaft, in der auch Goethe Mitglied war. Die Illuminaten wollten durch Aufklärung und Verbesserung der Sitten überflüssig machen, dass Menschen über Menschen herrschen, und stellten sich gegen die katholische Kirche. Viele Mythen und Verschwörungstheorien rankten um die Illuminaten. Herder äußerte sich nicht zu seiner Mitgliedschaft bei den Illuminaten, bekannte sich aber in einem Schreiben an andere Freimaurer zu seiner Zugehörigkeit zu den Freimaurern.

# Materialismus

**Es gibt drei Formen von Materialismus, den erkenntnistheoretischen, den historischen oder ökonomischen, der von Karl Marx begründet wurde, und den ethischen Materialismus. Beim historischen Materialismus entsteht durch soziale Beziehungen ein Klassenkampf. Das Proletariat steht dem Bürgertum gegenüber. Nach Marx kann nur eine Revolution den Klassenkampf beenden und schließlich eine kommunistische Gesellschaft entstehen lassen.**

Unter dem erkenntnistheoretischen Materialismus versteht man eine philosophische Strömung, bei der die gesamte Wirklichkeit, also Gedanken, Ideen und Vorgänge, auf die Materie zurückgeht. Die Vertreter des erkenntnistheoretischen Materialismus erklären die Welt ohne geistige oder immaterielle Dinge und Wesen, zu denen etwa Gott oder die Seele gehören, weil deren Existenz mit wissenschaftlichen Methoden nicht überprüft werden kann. Der historische oder ökonomische Materialismus geht auf Karl Marx zurück und hat mit dem erkenntnistheoretischen Berührungspunkte. Nach dem historischen Materialismus ist die menschliche Geschichte durch ökonomische Interessen geprägt. Die Gesellschaft unterliegt Klassenkämpfen und Interessenskonflikten und entwickelt sich daraus weiter. Ethischer Materialismus ist eine Einstellung, bei der die Menschen überwiegend nach materiellem Besitz und Wohlstand streben.

Manifest
der
Kommunistischen Partei.
Veröffentlicht im Februar 1848.
Proletarier aller Länder vereinigt euch.
London.

**Seite aus dem *Manifest der Kommunistischen Partei***

## Revolution gegen Klassenkampf

Bereits in der griechischen Naturphilosophie legten die antiken Denker den Grundstein für den Materialismus. Dazu gehören Thales, Parmenides, Epikur und Demokrit, die versuchten, die damals mythische Welterklärung durch eine natürliche zu ersetzen. Die bekanntesten materialistischen Philosophen sind Karl Marx und Friedrich Engels (1820–95).

Eine Kernaussage im historischen Materialismus besagt, dass der Mensch bei der gesellschaftlichen und gemeinschaftlichen Produktion mit anderen Menschen

**Arbeiter stellen Fernschreiber her**

in Kontakt kommt und so zum gesellschaftlichen Wesen wird. Er unterhält mit Menschen aus seiner Umgebung bestimmte Beziehungen, die gesellschaftlicher Natur sind und den Menschen selbst wieder beeinflussen. Marx diskutierte den Klassenkampf, der durch die sozialen Beziehungen zwischen den Klassen entsteht. Die Produktivkräfte entfremden sich immer mehr von den Produktionsverhältnissen und dem Produkt. In einer revolutionären Phase des Klassenkampfs sollen die unteren Klassen versuchen, die Produktionsverhältnisse zu ihren Gunsten zu verändern, die Produktionsmittel also zu vergesellschaften. Auf diese Weise bilden sich neue Produktionsverhältnisse, und der Klassenkampf fängt von vorne an. Marx unterschied beim Klassenkampf die Stammes- oder Urgesellschaft, die Sklavenhaltergesellschaft, die feudale Gesellschaft und die kapitalistische Gesellschaft. Der Klassenkampf kann nach Marx nur mit einer Revolution beendet werden, bei der das Proletariat an die Macht kommt und sich eine klassenlose Gesellschaft herausbildet. Wenn der Kapitalismus überwunden ist, können sich der Sozialismus und schließlich der klassenlose Kommunismus bilden.

## Die kapitalistische Gesellschaft

Ein hoher technischer Entwicklungsstand und Arbeitsteilung charakterisieren nach Marx eine kapitalistische und bürgerliche Gesellschaft. Es gibt unterschiedliche soziale Klassen, die deutlich voneinander getrennt sind. Industrie und Handel brachten die Klasse des Bürgertums (Bourgeoisie) hervor. Durch Märkte, Manufakturen und Industrialisierung kam es zu einem sprunghaften Anstieg in der Produktion. Während das Bürgertum einen Aufschwung erlebte, litt das Proletariat, das über keine eigenen Produktionsmittel verfügte, zunehmend unter den Umständen. Die Angehörigen dieser Klasse waren materiell benachteiligt und häufig arm oder krank. Marx differenzierte zwischen einem kommerziellen und einem industriellen Kapitalismus. Als Kritiker der kapitalistischen Gesellschaft beschrieb Marx, dass eine Zentralisation von Kapital stattfindet, und dass großen Kapitaleinheiten und Produktionsmitteln in Privathand eine ständig wachsende Anzahl an Proletariern gegenübersteht. Zwischen Bürgertum und Proletariat entwickeln sich Konflikte. Deshalb muss das Proletariat das Bürgertum stürzen. Nach dem Sturz kann sich eine klassenlose Gesellschaft bilden, der Kommunismus. Hier sind Produktionsmittel wie Boden, Fabriken und Maschinen im Gemeinschaftsbesitz.

# Karl Heinrich Marx

**Der Philosoph und Journalist Karl Heinrich Marx (1818 – 83), Vertreter des nach ihm benannten Marxismus, wurde als Kritiker der bürgerlichen Gesellschaft und der klassischen politischen Ökonomie bekannt. Der einflussreiche Theoretiker des Kommunismus, den eine enge Freundschaft mit Friedrich Engels (1820 – 95) verband, bemühte sich zeit seines Lebens um eine wissenschaftliche Kritik am Kapitalismus. 1867 erschien sein bekanntestes Werk, *Das Kapital. Kritik der politischen Ökonomie.***

**Karl Marx**

Marx kam als Sohn des Rechtsanwalts Heinrich Marx und dessen Frau Henrietta in Trier auf die Welt. Er studierte Jura in Bonn, wechselte aber bald nach Berlin, wo er Philosophie und Geschichte studierte. In dieser Zeit kam er erstmals mit Jung- oder Linkshegelianern in Kontakt, die sein späteres Denken beeinflussen sollten. 1842 wurde er Redakteur der linksgerichteten *Rheinischen Zeitung für Politik, Handel und Gewerbe* und bald darauf Chefredakteur. Unter seiner Feder vertrat die Kölner Zeitung einen radikal oppositionellen Standpunkt. Das Pressewesen unterlag damals einer Zensur und 1843 wurde das Erscheinen der Zeitung verboten. Im selben Jahr heiratete Marx seine Jugendliebe, die Adlige Jenny von Westfalen.

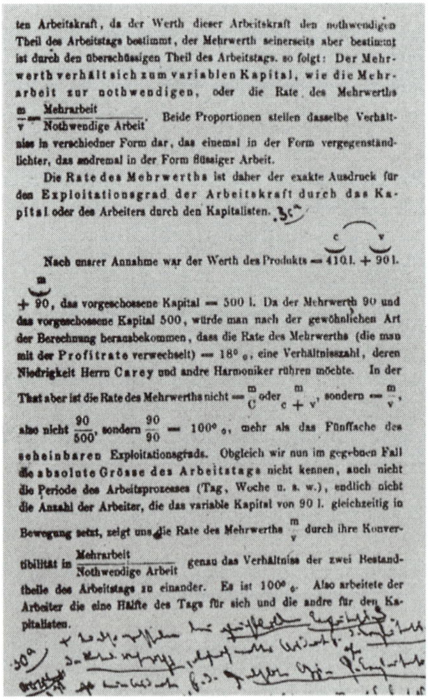

ten Arbeitskraft, da der Werth dieser Arbeitskraft den nothwendigen Theil des Arbeitstags bestimmt, der Mehrwerth seinerseits aber bestimmt ist durch den überschüssigen Theil des Arbeitstags, so folgt: Der Mehrwerth verhält sich zum variablen Kapital, wie die Mehrarbeit zur nothwendigen, oder die Rate des Mehrwerths $\frac{m}{v} = \frac{\text{Mehrarbeit}}{\text{Nothwendige Arbeit}}$. Beide Proportionen stellen dasselbe Verhältniss in verschiedner Form dar, das einemal in der Form vergegenständlichter, das andremal in der Form flüssiger Arbeit.

Die Rate des Mehrwerths ist daher der exakte Ausdruck für den Exploitationsgrad der Arbeitskraft durch das Kapital oder des Arbeiters durch den Kapitalisten.

Nach unsrer Annahme war der Werth des Produkts $= \underbrace{410\,l.}_{c} + \underbrace{90\,l.}_{v} + \underbrace{90}_{m}$, das vorgeschossene Kapital = 500 l. Da der Mehrwerth 90 und das vorgeschossene Kapital 500, würde man nach der gewöhnlichen Art der Berechnung herausbekommen, dass die Rate des Mehrwerths (die man mit der Profitrate verwechselt) = 18 %, eine Verhältnisszahl, deren Niedrigkeit Herrn Carey und andre Harmoniker rühren möchte. In der That aber ist die Rate des Mehrwerths nicht $= \frac{m}{C}$ oder $\frac{m}{c+v}$, sondern $= \frac{m}{v}$, also nicht $\frac{90}{500}$, sondern $\frac{90}{90} = 100\,\%$, mehr als das Fünffache des scheinbaren Exploitationsgrads. Obgleich wir nun im gegebnen Fall die absolute Grösse des Arbeitstags nicht kennen, auch nicht die Periode des Arbeitsprozesses (Tag, Woche u. s. w.), endlich nicht die Anzahl der Arbeiter, die das variable Kapital von 90 l. gleichzeitig in Bewegung setzt, zeigt uns die Rate des Mehrwerths $\frac{m}{v}$ durch ihre Konvertibilität in $\frac{\text{Mehrarbeit}}{\text{Nothwendige Arbeit}}$ genau das Verhältniss der zwei Bestandtheile des Arbeitstags zu einander. Es ist 100 %. Also arbeitete der Arbeiter die eine Hälfte des Tags für sich und die andre für den Kapitalisten.

**Seite aus *Das Kapital***

## Marx und Engels – eine lebenslange Freundschaft

Friedrich Engels

Gemeinsam mit seinem Mitstreiter Karl Marx entwickelte Friedrich Engels eine revolutionäre soziale Gesellschaftstheorie, die heute unter dem Begriff Marxismus bekannt ist. Marx lernte Engels während seiner Zeit in Paris kennen und freundete sich mit ihm an. Der Sohn eines Textilfabrikanten unterstützte die Familie Marx finanziell und verfasste mehrere Bücher mit Karl Marx.
1845 erschien als erstes gemeinsames Werk die Streitschrift *Die heilige Familie*. 1846 gründeten Marx und Engels in Brüssel das Kommunistische Korrespondenz-Komitee mit dem Ziel, revolutionäre Kommunisten und Arbeiter zusammenzuschließen. 1848 veröffentlichten Marx und Engels zusammen *Das Kommunistische Manifest*. Marx und Engels wurden Mitglied im sozialistischen Bund der Gerechten, aus dem sie 1850 wieder ausgeschlossen wurden, weil sie eine eigene Zentralbehörde gründeten. Besonders während seiner Zeit im Londoner Exil, als Marx mit seiner Familie unter erbärmlichen Umständen lebte, profitierte er von den Finanzspritzen seines Freundes Engels.

## *Das Kommunistische Manifest*

Marx ließ sich in Paris nieder und brachte die *Deutsch-Französischen Jahrbücher* heraus. Er lernte Friedrich Engels kennen, mit dem er sich anfreundete. Marx arbeitete als Redakteur bei dem Wochenblatt *Vorwärts*, das unter seinem Einfluss einen sozialistischen Anstrich bekam. 1845 zog er nach Brüssel. 1848 veröffentlichte er *Das Kommunistische Manifest*. Wegen seiner politischen Einstellung wurde Marx verhaftet und musste Belgien verlassen. Er ging ins Exil nach London, arbeitete als Journalist und lebte in ärmlichen Verhältnissen. 1867 schließlich erschien der erste Band seines Hauptwerks *Das Kapital. Kritik der politischen Ökonomie*.

In diesem Buch kritisierte er die Produktionsweise im Kapitalismus mit den Klassengesellschaften. Das Privateigentum an Produktionsmitteln vermehrt sich nach Marx im Kapitalismus durch Lohnarbeit. Der daraus entstehende Reichtum kommt den Arbeitern aber kaum zugute. Marx spricht sich gegen die politische Herrschaft aus, die die Abhängigkeit des Proletariats vom Privateigentum durch Recht und Ordnung absichert. Der zweite Band des *Kapitals* lautet *Der Zirkulationsprozess des Kapitals*, der dritte *Der Gesamtprozess der kapitalistischen Produktion*.

Marx setzte sich für die Bildung einer revolutionären sozialistischen Partei ein. Wilhelm Liebknecht (1826–1900) gründete 1869 in Verbindung mit Marx die *Sozialdemokratische Arbeiterpartei*.

# Friedrich Wilhelm Nietzsche

Friedrich Nietzsche

Der Philosoph Friedrich Wilhelm Nietzsche (1844 – 1900) gehört zu den bedeutendsten Philosophen. *Also sprach Zarathustra* ist sein bekanntestes Werk. Nietzsche war schon in seiner Jugend von Krankheit gezeichnet. In seinen späten Jahren litt er unter Größenwahn und verbrachte den Rest seines Lebens in psychiatrischen Anstalten. Besonders in seinen späteren Schriften sprach er sich gegen Antisemitismus aus, dennoch bezog sich der Nationalsozialismus bruchstückhaft auf Nietzsches Werke.

Friedrich Nietzsche kam in Röcken bei Lützen als Sohn eines Pfarrers und dessen Frau Franziska auf die Welt. Bereits im Alter von zehn Jahren komponierte und dichtete er. Nietzsche besuchte das Internat Schulpforta, bildete sich in seiner Freizeit weiter und begann, sich von der kleinbürgerlichen und christlichen Welt seiner Familie zu distanzieren. 1864 studierte er klassische Philologie und Theologie in Bonn und interessierte sich für die Theorien der Junghegelianer. 1865 wechselte er nach Leipzig und wandte sich verstärkt der Philosophie zu. Statt für Hegel interessierte er sich nun für Schopenhauer.

1868 machte Nietzsche in Leipzig Bekanntschaft mit dem deutschen Komponisten Richard Wagner (1813–83) und dessen zukünftiger Frau Cosima, die er beide anfangs sehr schätzte.

Nach der Veröffentlichung von *Menschliches, Allzumenschliches* im Jahr 1878 distanzierte er sich von Wagner. 1869 wurde Nietzsche Professor für klassische Philologie in Basel. 1872 veröffentlichte er *Die Geburt der Tragödie aus dem Geiste der Musik*. In den Jahren ab 1879 litt er zunehmend unter seinen Krankheiten. Er führte ein unstetes Leben, verbrachte die Sommer in der Schweiz, die Winter in Italien oder Südfrankreich. Zwischen den Jahren 1883 und 1885 publizierte er *Also sprach Zarathustra*. In den Jahren um 1888 waren seine Briefe und Schriften von der Krankheit gezeichnet. Er erlitt 1889 einen Zusammenbruch und verbrachte den Rest seines Lebens in psychiatrischen Kliniken. Nietzsche starb 1900 in Weimar.

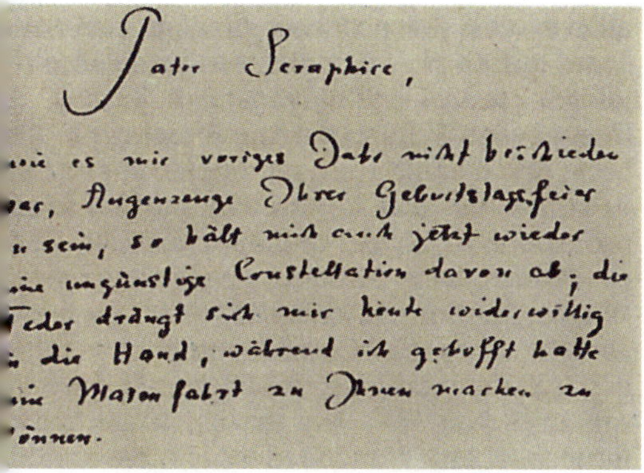
Pater Seraphice,
wie es mir voriges Jahr nicht beschieden war, Augenzeuge Ihrer Geburtstagsfeier zu sein, so hält mich auch jetzt wieder eine ungünstige Constellation davon ab; die Feder drängt sich mir heute widerwillig in die Hand, während ich gehofft hatte die Maienfahrt zu Ihnen machen zu können.

**Brief an Wagner vom 31.5.1870**

## Nietzsche und der Nationalsozialismus

Sowohl der deutsche Nationalsozialismus als auch der italienische Faschismus bezogen sich teilweise auf Nietzsches Werk. Sie griffen Schlagwörter wie „Übermensch", „Wille zur Macht" oder „Herrenmoral" heraus, um ihre Ideen zu rechtfertigen. Zwar äußerte sich der Philosoph glorifizierend über Stärke und Krieg, jedoch in einem metaphorischen, übertragenen Sinn. Besonders in seinen späteren Werken sprach er ablehnend über Antisemitismus und Nationalsozialismus. Allerdings finden sich in *Genealogie der Moral* auch Gedanken zum Judentum, wobei er die Juden als Volk des „Hasses und der Rache" bezeichnete und Klischees über Juden gebrauchte. Doch schrieb er auch den Engländern Oberflächlichkeit und den Deutschen Freude am Widerspruch nationaler Politik zu. Demnach galt Nietzsche nach 1945 als Nazi-Philosoph. In den Ostblockstaaten wurde er fast nie rezipiert.

## Das traurige Ende eines großen Denkers

Schon in seiner Jugend litt Nietzsche immer wieder unter Krankheiten. Migräne, Magenprobleme, Depressionen und Selbstzweifel begleiteten sein Leben. Deshalb musste er 1879 sein Lehramt niederlegen und von einer kleinen Rente und einigen Gönnern leben. Er wurde immer schwermütiger.

In seinen Briefen und Schriften von 1888 waren bereits Anzeichen eines beginnenden Größenwahns zu erkennen. Die Reaktionen auf seine Werke bewertete er deutlich über. Als er 1889 sah, wie ein Pferd gequält wurde, war das der Anfang vom Ende des einflussreichen Philosophen. Er erlitt einen geistigen Zusammenbruch. Nietzsche kam ins Irrenhaus nach Basel und lebte dort in geistiger Umnachtung. Angeblich soll er von diesem Zeitpunkt an keinen vernünftigen Satz mehr gesprochen haben. Er wurde in die psychiatrische Universitätsklinik Jena verlegt, wo die Ärzte mehrere vergebliche Heilungsversuche unternahmen.

Seine Schwester kontrollierte sein Werk und dessen Herausgabe. Nach dem Tod der Mutter ließ sie ihn in die Villa Silberblick nach Weimar verlegen. Dort stellte sie ihn bisweilen aus wie ein Schauobjekt. Nietzsche erlitt mehrere Schlaganfälle. 1900 starb er an den Folgen einer Lungenentzündung.

# Die Philosophie Nietzsches

**Das Werk Nietzsches kann keiner bestimmten Richtung zugeordnet werden. Es besteht aus vier Epochen. Zentraler Bestandteil von Nietzsches Schaffen ist seine Moralkritik. Mit den Vorwürfen, die Entwicklung von Kultur und Wissenschaft behindert zu haben, stellte er sich gegen das Christentum und führte als Gegenbegriff „Apollinisch" und „Dionysisch" ein. Sein Peitschenzitat in *Zarathustra* legte den Schluss nahe, dass er von Frauen keine sehr hohe Meinung hatte.**

Nietzsche hatte klassische Philologie studiert, beschäftigte sich aber schon bald mehr mit der Philosophie, in die er künstlerische, wissenschaftliche und weltanschauliche Sichtweisen brachte. Sein Werk kann in vier zeitlich aufeinanderfolgende Epochen eingeteilt werden:

1. Die Wagnerianisch-Schopenhauerische Zeit (1872–76), die geprägt war von den Einflüssen Wagners und Schopenhauers.
2. Die freigeistige Zeit (1876–82), in der er sich von äußeren Einflüssen löste und überwiegend Aphorismen, philosophische Gedankensplitter, schrieb.
3. Die zentrale Schaffensphase (1882–86), in der er *Also sprach Zarathustra* veröffentlichte. Das Buch handelt von einem Mann, der zehn Jahre zurückgezogen als Einsiedler lebte und nun die anderen an seiner Weisheit teilhaben lassen möchte. Er predigt auf dem Marktplatz von Übermenschen, erfährt aber nur Spott und Hohn. Von diesem Zeitpunkt an meidet er wieder die Menschen.
4. Das Spätwerk (1886–88), in dem er unter anderem *Jenseits von Gut und Böse* publizierte.

**Richard Wagner**

**Arthur Schopenhauer**

## Nietzsche kritisierte die Moral

Friedrich Nietzsche kritisierte Moral, Bildungsbürger, Christentum und Wissenschaften. Er warf Wissenschaft und Philosophie vor, allgemeine Moralvorstellungen ohne kritisches Hinterfragen übernommen zu haben. Zu seiner Moralkritik gehören:

Herren- und Sklavenmoral: Herrenmoral ist die Einstellung der Herrschenden, die auf „Sklaven" herabblicken; Sklavenmoral ist die Haltung von Kranken, Hässlichen und Armen, die sich für gut halten, weil die „Herren" sie für böse halten.

Ressentiment: Damit meinte Nietzsche das Grundgefühl der „Sklaven", die sich, geprägt von Missgunst und Neid, eine Vorstellungswelt schaffen, in der sie die Herrschenden sind.

Amor fati, „Liebe zum Schicksal": Darunter verstand Nietzsche höchste Lebensbejahung.

Nietzsche kritisierte das humanistische Ideal, bei dem der Mensch über dem Tierreich steht. Das Ziel des Mensch-Seins sah er in der Aufgabe, einen Typus hervorzubringen, der noch höher entwickelt ist als der Mensch selbst: den „Übermenschen". Dieser soll aus dem einzelnen Menschen hervorgehen und keine neue Gattung sein.

## Er stellte sich gegen das Christentum

Nietzsches Ansicht nach behinderte das Christentum die Entwicklung von Kultur und Wissenschaft. Berühmt ist seine Aussage „Gott ist tot". Als Gegenentwurf zum Christentum führte er die Begriffe „Apollinisch" und „Dionysisch" ein. Darunter verstand er zwei gegensätzliche Prinzipien der Ästhetik. Apollinisch war für ihn der schöne Schein, das Helle und Erhabene, dionysisch Rausch und Enthemmung. Nietzsche wollte damit den Menschen auffordern, auf die „Stimme des Leibes" zu hören: Statt ein moralisch behütetes, wissenschaftliches und religiöses Leben zu verbringen, sollte er mit Risiko, Instinkten und Ekstase leben. ■

### Nietzsche und die Frauen

In seiner mittleren Schaffensperiode äußerte sich Nietzsche positiv über die Frauen, in seinem späteren Werk indifferent. Bekannt wurde sein Zitat aus *Zarathustra:* „Du gehst zu Frauen? Vergiss die Peitsche nicht!" Weitere Zitate wie „Der Mann fürchte sich vor dem Weibe, wenn es hasst: Denn der Mann ist im Grunde der Seele nur böse, das Weib aber ist dort schlecht" oder „Und gehorchen muss das Weib und eine Tiefe finden zu seiner Oberfläche. Oberfläche ist des Weibes Gemüth ... das Weib ahnt seine Kraft, aber begreift sie nicht" legen den Schluss nahe, dass er dem weiblichen Geschlecht nicht sehr wohl gesinnt war. Eine Ursache lag möglicherweise darin, dass Nietzsche in einem Frauenhaushalt aufwuchs. 1878 versuchte er, eine junge und vermögende Frau zu finden, doch sein Bemühen scheiterte. 1882 lernte er Lou Andreas-Salomé kennen, mit der er sich auch über philosophische Themen austauschte. Er verliebte sich in sie, aber sie lehnte seinen Heiratsantrag ab.

# Phänomenologie

**Unter Phänomenologie versteht man in der Philosophie, dass man sich bei Betrachtungen auf das reduzieren sollte, was dem Bewusstsein unmittelbar erscheint. Der Begründer der Phänomenologie, Edmund Husserl, setzte sich dafür ein, die Philosophie wissenschaftlicher zu machen und unabhängiger von anderen Einzelwissenschaften wie Mathematik oder Logik. Husserl gründete die Freiburger phänomenologische Gesellschaft und beeinflusste viele Denker nach ihm.**

Die Philosophie geriet im Laufe des 19. Jahrhunderts zunehmend in Abhängigkeit von Einzelwissenschaften, die sich in die Beziehung zwischen Philosophie und Tatsachen stellten. Einige Denker setzten sich deshalb dafür ein, einen direkten Zugang der Philosophie zu den wissenschaftlichen Tatsachen zu erlangen. Dieses Bemühen zeigte sich in der Lebensphilosophie und in der geisteswissenschaftlichen Philosophie. Dabei wurde nicht der Verlust des wissenschaftlichen Anspruchs der Philosophie, wohl aber eine Minderung der Exaktheit in Kauf genommen. Edmund Husserl gelang es schließlich, die Philosophie neu zu begründen. Dabei orientierte er sich an Tatsachen, ging gleichzeitig streng wissenschaftlich vor und löste sich von einer Bevormundung der Einzelwissenschaften, insbesondere von der Mathematik, die lange Zeit einen großen Einfluss auf die Philosophie hatte. Diese Theorie nannte er Phänomenologie (griechisch, phainomenon: Sichtbares, Erscheinung, logos: Rede, Lehre).

**Edmund Husserl**

Husserl ging davon aus, dass die gegenständliche Welt ausschließlich im menschlichen Bewusstsein existiert und nicht die wirkliche Welt ist. Bei der gegenständlichen Welt erkannte er zwei Typen von Gegenständen: die tatsächlichen Gegenstände, also Dinge der Außenwelt, und die wesenhaften Gegenstände. Darunter verstand er das Wesen eines Gegenstandes, das hinter der wahrnehmbaren Welt liegt. Die Phänomenologie beschäftigt sich mit den Wesen der Tatsachen, dem „reinen Bewusstsein“, und soll die Bewusstseinsformen finden, die nichts Gegenständliches mehr umfasst.

## Edmund Husserl

Emmanuel Levinas

Der Philosoph und Mathematiker Edmund Husserl (1859 – 1938) ist Begründer der Phänomenologie. Seine Theorien, mit denen er die Philosophie als strenge Wissenschaft etablieren wollte, hatten Einfluss auf viele Denker. Husserl kam als Sohn eines jüdischen Tuchhändlers auf die Welt. Er studierte Astronomie, Mathematik, Physik und Philosophie und habilitierte *Über den Begriff der Zahl*. Er arbeitete als Privatdozent und gründete die Freiburger phänomenologische Gesellschaft. Die Philosophin Edith Stein (1891 – 1942) war seine Assistentin. Während des Nationalsozialismus wurde Husserl für kurze Zeit beurlaubt, 1937 vertrieben Nationalsozialisten Husserl und seine Frau aus ihrer Wohnung in Freiburg. Seine wichtigen philosophischen Aufzeichnungen konnte Husserl nur mit größter Mühe und mithilfe eines belgischen Franziskanerpaters retten. Husserl starb 1938 in Freiburg. Husserl beeinflusste besonders die Philosophen Maurice Merleau-Ponty, Jean-Paul Sartre, Martin Heidegger und Emmanuel Levinas sowie den Soziologen Alfred Schütz.

## Die Philosophie sollte wissenschaftlicher werden

Bei seinem Ziel, die Philosophie wieder „wissenschaftlicher“ zu machen, vertrat Husserl die Ansicht, dass nur eine phänomenologische Philosophie den Kriterien einer strengen Wissenschaft genügen kann. Im Gegensatz zu einer naturalistischen oder experimentellen Philosophie, die auf Vorurteilen und Existenzannahmen beruht, würde nur die phänomenologische sich an erkennbaren Tatsachen orientieren. Husserl erklärte die Phänomenologie folgendermaßen: „Phänomenologie bezeichnet eine ... in der Philosophie zum Durchbruch gekommene, neuartige deskriptive Methode und eine aus ihr hervorgegangene apriorische Wissenschaft, welche dazu bestimmt ist, das prinzipielle Organon für eine streng wissenschaftliche Philosophie zu liefern und in konsequenter Auswirkung eine methodische Reform aller Wissenschaften zu ermöglichen.“

Zu den drei wesentlichen Aspekten von Husserls Phänomenologie gehört die Deskription als Methode, die Apriorität der Phänomenologie und somit der wissenschaftliche Anspruch, sowie das Fundament für alle anderen Wissenschaften.

# Edith Stein

Edith Stein

Edith Stein (1891 – 1942) gehört neben Hannah Arendt (1906 – 75), Rosa Luxemburg (1871 – 1919) und Simone Weil (1909 – 43) zu den bedeutendsten jüdischen Philosophinnen des 20. Jahrhunderts. Die Vertreterin der Phänomenologie, die bei Edmund Husserl studierte, entwickelte die Methode der Einfühlung, um sich mit den Mitmenschen zu verständigen. Ihr Vorbild war die Mystikerin Teresa von Ávila (1515–82). Stein kam im Konzentrationslager Auschwitz ums Leben.

Edith Stein wurde als jüngstes Kind einer großen jüdisch-orthodoxen Familie in Breslau geboren. Sie besuchte das Gymnasium, unterbrach die Schulzeit im Alter von 14 Jahren für einige Zeit und begann, ihre Religion zu hinterfragen. Sie bekannte sich zum Atheismus. Nach der Schule studierte sie an verschiedenen Universitäten Philosophie, Geschichte und Psychologie. 1916 promovierte Edith Stein mit dem Titel *Zum Problem der Einfühlung* bei Edmund Husserl. Ihre Promotion wurde mit einer Auszeichnung benotet, trotzdem wurde sie wegen ihres weibli-

### Theresa von Ávila

Die spanische Mystikerin und Karmelitin war für die katholische Kirche eine Heilige. Theresa kam im Alter von 16 Jahren in das Kloster der Augustinerinnen in Ávila, lebte später bei ihrem Vater und Onkel und beschäftigte sich mit den Lehren des heiligen Hieronymus (347 – 420 n. Chr.) 1536 trat sie dem Orden der Karmelitinnen bei. Sie wurde so schwer krank, dass sie für tot gehalten und sogar schon begraben werden sollte. 1554 hatte sie ein mystisches Erlebnis und begegnet dem „leidenden Christus". Sie war von diesem Ereignis tief berührt und wollte sich danach ganz Gott hinwenden. Nach vielen Widerständen durfte sie schließlich ein eigenes Kloster gründen. 1622 wurde sie heiliggesprochen.

chen Geschlechts nicht zur Habilitation zugelassen.

Nachdem sich Edith Stein mit dem Leben der heiligen Theresa von Ávila beschäftigt hatte, konvertierte sie zum Katholizismus und ließ sich 1922 taufen. Sie wurde Lehrerin an einer Mädchenschule der Dominikanerinnen und später beim katholischen Institut für wissenschaftliche Pädagogik in Münster. 1933 trat sie in den Kölner Orden der Karmeliter ein.

## Die Rettung vor den Nationalsozialisten missglückte

Als 1933 die Nationalsozialisten an die Macht kamen, musste sie ihre Stelle in Münster aufgeben. Ein Brief, den sie Papst Pius XI. (1857–1939) schickte, und in dem sie ihn bat, sich für die Juden einzusetzen, blieb ohne Reaktion. 1938 ging sie in die Niederlande zu einem Karmeliterkloster, das Edith und ihre Schwester Rosa aus unbekannten Gründen formell nicht aufnahm. Als die Deutschen Holland überfielen, wurden sie von der Gestapo verhaftet. Am 7. August 1942 wurden die Schwestern ins Vernichtungslager Auschwitz deportiert. Beide starben nur zwei Tage später in der Gaskammer. Edith Stein wurde im Jahr 1987 von Papst Johannes Paul II. (1920–2005) selig und 1998 heiliggesprochen.

**Papst Johannes Paul II.**

**Pius XI.**

## Edith Stein entwickelte eine Theorie zur Einfühlung

Wie auch Husserl war Stein eine Vertreterin der Phänomenologie. Auf dieser Basis entwickelte sie eine Theorie der Einfühlung. Sie stellte Fragen, wie ein Mensch das Erleben eines anderen Bewusstseins wahrnehmen kann und wie er Gefühle wie Schmerz oder Freude bei einem anderen nachvollziehen kann. Als Grundlage für ihre Theorie sah Stein den menschlichen Körper, der Erscheinungen (Phänomene) wahrnimmt. Mithilfe des Körpers kann der Mensch hören, sehen und fühlen. Die seelische Einfühlung bezeichnete sie als eine besondere Erkenntnisform und vertrat die Ansicht, dass Empfindungen eines anderen verstanden, aber nicht in jedem Fall akzeptiert werden können. Die Erlebnis- und Gedankenwelten eines anderen können die Menschen nachvollziehen und sie können sich in die Lage des anderen hineinversetzen. Doch die Erfahrungen und Wertvorstellungen der einfühlenden Person bleiben immer subjektiv.

# Bertrand Russell

**Der walisische Philosoph, Schriftsteller und Mathematiker Bertrand Russell (1872 – 1970) wurde vor allem wegen seiner anarchistisch-pazifistischen Grundhaltung bekannt. Er gehört zu den meistgelesenen Philosophen des 20. Jahrhunderts. Russell knüpfte an Auguste Comte (1798 – 1857), den ersten Vertreter des Positivismus, an, und gründete den Neopositivismus. Für sein Buch *Ehe und Moral,* in dem er sich für eine bessere Sexualerziehung und sexuelle Freiheiten auch in der Ehe einsetzte, bekam er 1950 den Nobelpreis für Literatur.**

**Bertrand Russell**

Bertrand Russell kam in Wales auf die Welt. Nach dem frühen Tod seiner Eltern zog ihn sein Großvater auf, der Politiker und ehemalige Premierminister Lord John Russell (1792 – 1878). Russell erhielt Privatunterricht und lernte schon früh die Philosophie der Antike kennen. In Cambridge begann er ein Studium der Philosophie und Mathematik. Nach dem Abschluss war er als Diplomat in Paris tätig und zog später nach Berlin, wo er Studien über die deutsche Sozialdemokratie betrieb. 1903 erschien Russells *Prinzipien der Mathematik*, das er gemeinsam mit dem englischen Philosophen und Mathematiker Alfred North Whitehead (1861 – 1947) geschrieben hatte.

**Alfred Whitehead**

1910 nahm er eine Stelle am berühmten Trinity College in Cambridge an. 1918 musste er die Arbeit wegen seines Engagements in der pazifistischen Bewegung Großbritanniens und seines Aufrufs zur Kriegsdienstverweigerung wieder aufgeben und kam für ein halbes Jahr ins Gefängnis.

Russell hatte Gastprofessuren in allen Teilen der Welt. In Moskau traf er Lenin (1870 – 1924), 1938 ging er in die Vereinigten Staaten, um an den Universitäten von Chicago, New York und Los Angeles zu unterrichten. Er hatte auch eine Professur der renommierten Harvard University in Aussicht, doch diese wurde ihm wegen seiner atheistischen Ansichten verweigert. Bertrand Russell, der über 50 Bücher geschrieben hat, erhielt 1950 den Nobelpreis für Literatur. Er starb 1970 in Wales.

## Nobelpreis der Literatur für Russells *Ehe und Moral*

1950 erhielt Russell für sein Buch *Ehe und Moral* „als eine Anerkennung für seine vielseitige und bedeutungsvolle Verfasserschaft, worin er als Vorkämpfer der Humanität und Gedankenfreiheit hervortritt", den Nobelpreis für Literatur. In *Ehe und Moral* schrieb er über eheliche und außereheliche sexuelle Beziehungen. Er setzte sich für eine ausführliche und fachlich kompetente Sexualerziehung der Jugend ein und diskutierte den vorehelichen Geschlechtsverkehr. Russell forderte die Freiheit beider Partner, sexuelle Beziehungen auch außerhalb der Ehe einzugehen, sowie das Recht zur Scheidung, wenn das Paar kinderlos ist und die Trennung im gegenseitigen Einvernehmen stattfindet. Russell glaubte fest an die soziale Funktion einer Ehe und wollte sie mit seinen Vorschlägen stärken. Er war ein Gegner von sexueller Ausbeutung, Ignoranz und Heuchelei. Bald empörten sich konservative Gruppen an seinen Schriften und beschimpften ihn.

## Russell forderte eine wissenschaftliche Philosophie

Bertrand Russell gilt als Begründer der philosophischen Richtung des Neopositivismus. Auguste Comte hatte den Positivismus gegründet und von der Philosophie gefordert, dass sie sich an Tatsachen, insbesondere an Fakten aus den Naturwissenschaften, orientieren soll. Anders als Immanuel Kant war Comte nicht der Ansicht, dass allein die Suche nach allgemeinen Prinzipien, die nur aus der Vernunft abgeleitet werden, die Philosophie weiterentwickeln würde. Russell forderte eine wissenschaftliche Philosophie, die frei von Metaphysik ist. Er war der Ansicht, dass wir von den Dingen in unserer Welt nur Kenntnisse haben, wenn wir sie über unsere Sinne aufnehmen. Wenn diese mit dem Denkprozess verknüpft würden, würden sie ein Grundgerüst liefern, mit dem die Menschen die Welt erklären könnten. Russell unternahm mehrere Versuche, die Gesamtstruktur der Mathematik auf logische Prinzipien zurückzuführen, auf einen *logischen Atomismus*. Die Mathematik sollte in ihre kleinsten Bausteine, die selbst nicht mehr teilbar waren, zergliedert werden, in sogenannte Axiome.

**Karikatur von Bertrand Russell**

Russell war ein großer Pazifist und Friedensaktivist, der sich immer wieder für anarchistische Ideale einsetzte.

# Analytische Philosophie

Ludwig Wittgenstein

**Die Analytische Philosophie, eine wichtige Strömung im 20. Jahrhundert, wurde in England gegründet. Gottlob Frege und Ludwig Wittgenstein schufen die Basis für die Analytische Philosophie, Bertrand Russell und George Edward Moore bauten darauf auf. Die Analytische Philosophie bezieht sich fast ausschließlich auf die Sprachphilosophie. Begriffe, Aussagen, Wahrheit, künstliche Sprachen und Metasprachen sind Themen, die in der Analytischen Sprachphilosophie behandelt werden.**

In der Analytischen Philosophie ist die Sprachphilosophie am wichtigsten. Ziel der Analytischen Philosophie ist es, Kriterien zu entwickeln, um über die Wahrheit reden zu können, die Bedeutung von Begriffen und Aussagen festzusetzen, Modellsprachen und Metasprachen zu entwickeln. Die Zuwendung zur Sprache innerhalb der Philosophie wird auch als *linguistic turn*, als Wendung zur Sprachanalyse bezeichnet.

Frege, der zu den Begründern der Analytischen Philosophie zählt, schrieb in seinem Werk über die Sprache als Mittel und Medium von Gedanken. Missverständnisse und Verwirrungen, die mit den Gedanken einhergehen, begründete Frege mit den strukturell bedingten Unklarheiten der Sprache. Viel Zeit seines Lebens verbrachte er damit, eine Idealsprache zu entwickeln, die mithilfe von Logik und Arithmetik Missverständnisse zwischen Dialogpartnern vermeidet. Ludwig Wittgenstein baute mit seinem Werk *Tractatus Logico-Philosophicus* darauf auf. Diese Methode, die mit logischen und mathematischen Mitteln zu einer bereinigten formalen Sprache führen will, wird auch als Philosophie der idealen Sprache bezeichnet. Bertrand Russell und Rudolf Carnap (1891–1970) sind Vertreter dieser Richtung.

## Weniger Logik anstelle einer künstlichen Sprache

Andere Philosophen vertraten eine andere Strömung der Analytischen

Sprachphilosophie. Für sie war die Logik ein zu enges Mittel, um menschliche Sprache zu beurteilen. Zu den Vertretern dieser Richtung gehören Wittgenstein in seinen späteren Werken, der englische Philosoph John Langshaw Austin (1911–60) und der amerikanische Philosoph John Rogers Searle (geb. 1932). Anstatt eine künstliche Sprache zu schaffen, um Unklarheiten in der Sprache zu beseitigen, analysierten sie die Alltagssprache in ihrer unterschiedlichen Funktion: als Umgangssprache und als Gebrauchssprache. Diese Kriterien wollten die Forscher in die Sprache der Philosophie einbringen, um sie verständlicher zu machen. ■

## Gottlob Frege

**Gottlob Frege**

Der Mathematiker und Philosoph Gottlob Frege (1848–1925) war einer der Begründer der Analytischen Philosophie. Frege, der mit seiner formalen Sprache und den formalen Beweisen eine Grundlage für die Informatik schuf, beeinflusste mit seiner Sprachphilosophie Bertrand Russell und Ludwig Wittgenstein. Frege kam als Sohn eines Mathematikers auf die Welt. Er besuchte das Gymnasium in Wismar und studierte in Jena und Göttingen. 1874 habilitierte er mit dem Titel *Rechnungsmethoden,* die sich auf eine Erweiterung des Größenbegriffs gründen. Frege erkrankte an einer Depression und war Gegner der demokratischen Bewegung und der katholischen Kirche. In der Mathematik begann nach seinen Forschungen eine neue Epoche in der Geschichte der Logik. In der Sprachphilosophie unterschied Frege zwischen Sinn und Bedeutung sprachlicher Zeichen. Er unterschied drei Arten von sprachlichen Ausdrücken: Eigennamen, Sätze und Begriffsausdrücke. Unter Eigennamen verstand er Ausdrücke, die sich auf einen Gegenstand beziehen, wie „die Sonne" oder „der höchste Baum der Welt". Ein Satz war für ihn ein ausgedrückter Gedanke, der als objektiver Inhalt zu verstehen war, und als Begriffsausdruck bezeichnete er Sätze, bei denen der Eigenname weggelassen wird. Wenn man in dem Satz „Der Mars ist ein Planet" den Namen „Mars" weglässt, entsteht nach Frege der Begriffsausdruck „... ist ein Planet". Ein Begriffsausdruck ist ungesättigt und muss vervollständigt werden. „Die Venus ist ein Planet" ist richtig, „Berlin ist ein Planet" dagegen falsch.

# Ludwig Wittgenstein

Ludwig Wittgenstein

**Ludwig Wittgenstein (1889–1951) war einer der bedeutendsten österreichischen Philosophen des 20. Jahrhunderts. Der Begründer der Analytischen Sprachphilosophie hatte ein Ingenieurstudium absolviert und Luftfahrtexperimente durchgeführt. In der Philosophie forschte er auf den Gebieten der Logik, der Sprache und des Bewusstseins. Seine bekanntesten Werke sind die *Logisch-philosophischen Abhandlungen* und die *Philosophischen Untersuchungen*.**

Ludwig Wittgenstein kam in Wien als Sohn des bekannten, erfolgreichen und vermögenden Stahl-Industriellen Karl Wittgenstein und seiner Frau Leopoldine, einer Pianistin, auf die Welt. Er war das jüngste von acht Kindern und wurde katholisch erzogen, obwohl seine Großeltern dem jüdischen Glauben angehörten.

Die Geschwister waren alle musisch begabt und intelligent, doch von empfindsamer seelischer Natur. Ludwig litt zeitweise unter depressiven Verstimmungen und drei seiner Brüder begingen Selbstmord. Ludwig Wittgenstein erhielt Privatunterricht und begann 1906 an der Technischen Hochschule Berlin sein Ingenieurstudium. Schon während seines Studiums führte er Luftfahrtexperimente durch und entwickelte Flugpropeller.

1910 wechselte er ins Trinity College nach Cambridge, um die Vorlesungen von Bertrand Russell (1872–1970) zu besuchen. Russell und Wittgenstein freundeten sich an. Im Jahr 1912 begann er, sein erstes philosophisches Werk zu schreiben, die *Logisch-philosophischen Abhandlungen (Tractatus)*. Ein Jahr später zog er nach Norwegen, wo er an einem Projekt forschte, das Logik und Sprache verbinden sollte.

Cambridge

Nach dem Ende des Ersten Weltkriegs wandte er sich von der Philosophie ab, verschenkte sein Vermögen und führte ein einfaches Leben. Später arbeitete er als Volksschullehrer und Gärtner. 1929 ging er wieder nach Cambridge und reichte seinen *Tractatus* als Doktorarbeit bei Russell und George Edward Moore ein. Er wurde Professor für Philosophie, arbeitete während des Zweiten Weltkriegs als Pfleger und schrieb an seinem Hauptwerk, den *Philosophischen Untersuchungen*. 1948 erkrankte Wittgenstein an Krebs. Er starb 1951 in Cambridge.

## Die Sprache besteht aus Satzelementen

Im *Tractatus* vertrat Wittgenstein die Ansicht, dass die Sprache aus Sätzen und deren Elementen (Wörter, Begriffe und Namen) besteht. Sätze sind Bilder der Wirklichkeit, Denken ist ein Abbild davon. Satzelemente haben eine logische Form. Eine Satzstruktur spiegelt die Struktur der Wirklichkeit wider. Diese Ordnung ist vorgegeben (a priori).

In seinen *Philosophischen Untersuchungen* sprach er sich dafür aus, dass das wirkliche Leben des Menschen die Basis für sprachphilosophische Untersuchungen liefern müsste. Das Wissen, das ein Mensch hat, hat er über die Sprache erworben. Bei den vielen unterschiedlichen Sprachen gibt es keine Einheitlichkeit, vielmehr haben alle Sprachen einen unterschiedlichen Charakter. Wittgenstein war der Ansicht, dass ein bestimmtes Wort seine Bedeutung nicht dadurch erhält, dass es einem Gegenstand seinen Namen gibt, sondern durch den täglichen Gebrauch des Wortes in einer Gemeinschaft, die dieselbe Sprache spricht.

### George Edward Moore

**George Edward Moore**

Der englische Philosoph George Edward Moore (1873–1958) wurde in London geboren und hatte vor allem auf die Philosophie der englischsprachigen Länder großen Einfluss. Er studierte in Cambridge und war mit Russell, Wittgenstein und Frege einer der Gründer der Analytischen Philosophie. Moore arbeitete methodisch sorgfältig und war Verfechter des *common sense*, des gesunden Menschenverstands. Er schrieb auf, was ein *common sense* seiner Meinung nach mit Sicherheit weiß, etwa, dass der Mensch einen Körper hat und in der Vergangenheit geboren wurde. Moore schätzte den Realismus und Empirismus und war ein Gegner von Idealismus und Skeptizismus. Moore sprach sich vehement dagegen aus, dass die Welt eine Schöpfung des Geistes sei. Zu seinen bekannten Schriften zählen *Die Widerlegung des Idealismus* und *Eine Verteidigung des Common Sense*.

# Existenzphilosophie

Bei der Existenzphilosophie, die von Sören Kierkegaard (1813 – 55) gegründet wurde, steht die Existenz des Menschen im Mittelpunkt. Es gibt verschiedene Richtungen in der Existenzphilosophie, die alle gemeinsam die Erhellung des Existierens vor dem eher spekulativen Idealismus und dem wissenschaftsgeprägten Positivismus in den Vordergrund stellen. Angst, Liebe, Sorge, Freiheit und Sexualität sind Begriffe, die in der Existenzphilosophie diskutiert werden. Der französische Existenzialismus ist von der Existenzphilosophie zu unterscheiden.

**Mimikwürfel: Angst, Liebe, Sorge**

In der Existenzphilosophie (Existenz = Vorhandensein) steht der Mensch im Zentrum des Denkens. „Existenz" verstehen die Vertreter der Existenzphilosophie als die Besonderheit des Menschen vor allem anderen Seienden. „Das Wesen des Daseins ist seine Existenz", lautet ein Kernsatz zur Existenzphilosophie. Der Däne Kierkegaard gilt als erster Existenzphilosoph. Anders als die Philosophie zuvor führt die Existenzphilosophie keine vorgegebene Richtung weiter, sondern ist eine neue Strömung. Ihre Ursprünge gehen zurück auf Phänomenologie, Lebensphilosophie und Ontologie.

Für die Existenzphilosophie dreht sich alles um die Existenz des Subjekts, sie hat sich freigemacht von einem deutschen Idealismus oder einer verabsolutierenden Wissenschaft. Der Mensch und die genaue Betrachtung des Menschen im Menschen sind Gegenstand der Existenzphilosophie. Mit dem Menschen sind Emotionen und Gefühle vorhanden, wie zum Beispiel Angst, Liebe und Sorge, die einen Menschen definieren und ihn zu einem freien, verantwortlichen Individuum machen. Damit bewegt sich der Mensch außerhalb des philosophischen Rahmens von Ordnung, Logos, Mythos, Glauben, Vernunft und Wissen und betritt Neuland. Aspekte, über die bisher in der Philosophie nur wenig geschrieben wurde, finden in der Existenzphilosophie Beachtung. Dazu gehören neben Angst, Liebe und Sorge auch Freiheit und Sexualität.

## Gabriel Marcel

Der französische Philosoph Gabriel Marcel (1889–1973) ist ein Vertreter des christlichen Existenzialismus. Marcel wurde in Paris als Sohn nicht praktizierender jüdischer Eltern geboren. Nach seinem Philosophiestudium arbeitete er als Lektor und Theaterkritiker und hatte mehrere Professuren. 1929 konvertierte er zum Katholizismus. Marcel las die Werke des französischen Philosophen Henri Bergson (1859–1951), einem Wegbereiter des Existenzialismus, die ihn in seinem Denken beeinflussten. *Haben und Sein* (1935), *Geheimnis des Seins* (1951) und *Der Mensch als Problem* (1955) sind seine wichtigsten Bücher. In seinen Schriften stellte er sich gegen das neuzeitliche Denken und sprach sich dafür aus, sich dem Mysterium des Seins zu öffnen. Im Gegensatz zu dem Existenzialisten Jean-Paul Sartre lehnte Marcel den atheistisch-radikalen Freiheitsbegriff ab. Für ihn war Freiheit nicht autonom. Vielmehr vertrat er die Meinung, dass die Freiheit eines jeden durch Hoffnung, „schöpferische Treue" und vor allem Liebe gefüllt werden müsse. Als Lebensziel sah Marcel eine enge Verbundenheit mit Gott an.

**Gabriel Marcel bei seiner Rede anlässlich der Verleihung des Friedenspreises des Deutschen Buchhandels, 1964**

## Kierkegaard begründete die Existenzphilosophie

Zu den Vertretern der Existenzphilosophie gehören Sören Aabye Kierkegaard, Martin Heidegger und Karl Jaspers. Kierkegaard kritisierte vor allem die deutsche Philosophie als lebensfremd. Er brachte Begriffe wie Angst, Tod, Verzweiflung und Liebe in sein Denken. Martin Heidegger stellte die Frage nach dem Sinn des Seins auf und Karl Jaspers brachte Zwischenmenschliches, insbesondere die Liebe, in die Philosophie.

Albert Camus, Jean-Paul Sartre und Simone de Beauvoir sind Vertreter des französischen Existenzialismus, der sich von der Existenzphilosophie unterscheidet. Albert Camus (1913–60) zählt zu den französischen Moralisten. Jean-Paul Sartre vertrat die Ansicht, dass der Mensch durch seine Geburt in eine Existenz „geworfen" wird und aktiv versuchen muss, seinem Leben einen Sinn zu geben. Simone de Beauvoir schrieb existenzialistische Romane und setzte sich für die Gleichberechtigung ein.

# Sören Aabye Kierkegaard

Der dänische Philosoph und Theologe Sören Aabye Kierkegaard (1813 – 55) gilt als erster Existenzphilosoph und beeinflusste viele Denker nach ihm. Er vertrat die Ansicht, dass es kein Gedankensystem gibt, das die einzigartige Erfahrung des Einzelnen erklären kann, und betonte die persönlichen und subjektiven Aspekte des menschlichen Lebens. Entscheidungen zu treffen, sah er als eine der wichtigsten Aktivitäten an. In seinem Buch *Entweder – Oder* beschreibt er den Widerstreit eines Ästheten und eines Moralisten.

**Sören Kierkegaard**

Kierkegaard kam in Kopenhagen als Sohn eines religiösen und wohlhabenden Wollwarenhändlers auf die Welt. Von 1830–40 studierte er auf Wunsch seines Vaters an der Kopenhagener Universität Philosophie und protestantische Theologie. Im Jahr 1835 erkrankte er an Depressionen, unter denen schon sein früh verstorbener Vater gelitten hatte und die ihn in eine tiefe Krise stürzten. Nach dem Tod seines Vaters erbte er genug, um finanziell unabhängig zu sein. 1840 verlobte er sich mit Regine Olsen, löste die Verlobung aber wieder auf, weil er sich noch nicht reif für die Ehe fühlte und fürchtete, dass sie ihn daran hindern könnte, sein philosophisches Schaffen fortzusetzen. Er dachte den Rest seines Lebens darüber nach, ob er die richtige Entscheidung gefällt hatte. Sein Schwanken inspirierte ihn zu dem Buch *Entweder – Oder*. Kierkegaard reiste nach Berlin, um die Vorlesungen von Friedrich Schelling anzuhören, der ihn anfangs beeinflusste. Später distanzierte er sich von ihm und wandte sich Erscheinungen des Lebens wie Glaube, Angst, Liebe und Moral zu. Er begann, die Kirche zu kritisieren, und führte ein einsames Leben. Im Alter von nur 42 Jahren brach er auf der Straße zusammen und starb kurze Zeit später.

## Hegels Philosophie war ihm zu abstrakt

Kierkegaard vertrat die Ansicht, dass kein Gedankensystem die einzigartige Erfahrung des Einzelnen erklären kann und dass jeder Mensch hofft, den Sinn des

## *Entweder – Oder*

1843 erschien Kierkegaards Buch *Entweder – Oder*. Darin beschreibt er in einer „Dialektik des Lebens" die unversöhnlichen Gegensätze, die es dem Menschen unmöglich machen, das Absolute zu erkennen. Sein Werk enthält Tagebuchaufzeichnungen, Aphorismen, Aufsätze und Briefe zweier gegensätzlicher Weltanschauungen. Diese werden von der Person A, dem Ästheten, und Person B, dem Moralisten, vertreten. Beide sind auf der Suche nach der Wahrheit, können diese jedoch nicht für sich beanspruchen. B scheitert, weil Moralvorstellungen nicht allgemeingültig sind. Erstmals in der europäischen Geistesgeschichte wird in diesem Buch der Begriff „Existenz" philosophisch analysiert und als einzig wirkliche und lebendige Lebensform dargestellt. Mit dem Werk sagt Kierkegaard aus, dass eine Einheit aus Sinnlichkeit und Moral nicht möglich ist und dass sie nur in einer nicht-philosophischen Perspektive zusammenkommen können, die er in der Religion sah. *Entweder – Oder* ist keine trockene Schulphilosophie, sondern hohe Literatur mit ausgefeilter Psychologie. Mit dem Buch wurde Kierkegaard über Nacht berühmt.

Lebens zu finden, indem er seine eigene Existenz untersucht. Zu Kierkegaards Zeit dominierte die Philosophie Hegels, die Kierkegaard als zu abstrakt und wirklichkeitsfremd kritisierte. Ein Philosoph musste nach Kierkegaard ein „existierender Dichter" sein, der nicht nur die Theorie lehrt, sondern über sein eigenes Leben nachdenkt. Er entwickelte eine „Dialektik des Lebens", die er in seinem Werk *Entweder – Oder* praktisch und verständlich beschrieb. Dem Individuum selbst räumte er eine besondere Stellung ein und betonte die Bedeutung der persönlichen, subjektiven Aspekte des Lebens. Eine der wichtigsten menschlichen Aktivitäten sah er darin, Entscheidungen zu treffen. Dabei müsste der Mensch aktiv sein, er selbst sein und sein Leben in die Hand nehmen.

In seinen Lehren spielte die Angst des Menschen eine wichtige Rolle. Das Leben eines jeden Menschen sei geprägt von Verzweiflung, Angst und Tod. Vernunft hilft dem Menschen dabei nicht weiter. Wenn der Mensch Angst hat, stellt er sein Leben in Frage, der Mensch verliert dadurch die Beziehung zu seiner Umwelt und vereinsamt schließlich.

**Diffamierende Karikatur Kierkegaards der dänischen Zeitschrift *Corsaren***

# Karl Jaspers

Karl Jaspers (1883 – 1969) ist einer der bekanntesten Vertreter der deutschen Existenzphilosophie. Jaspers unterschied zwischen den beiden Begriffen „Dasein" und „Existenz". Zu Letzterem gelangt der Mensch, wenn er bewusst über sein Dasein nachdenkt. Eine weitere wichtige Bedeutung in Jaspers Philosophie haben die sogenannten Grenzsituationen. Jaspers war mit einer Jüdin verheiratet und war zur Zeit des Nationalsozialismus ständig bedroht. Er musste in den Ruhestand gehen, weil er sich nicht von seiner Frau trennte.

**Karl Jaspers**

Karl Jaspers kam als Sohn eines Bankdirektors zur Welt. Sein Elternhaus war liberal-konservativ. Er studierte in Heidelberg und München zunächst Jura, wechselte aber bald in die Medizin. Nach seiner Approbation arbeitete er einige Zeit als Volontärsassistent in der Psychatrischen Universitätsklinik Heidelberg. 1919 nahm er an einem Arbeitskreis über die *psychologischen Theorien Freuds und verwandter Anschauungen* teil. Jaspers forderte eine wissenschaftliche Begründung der Psychotherapie und setzte sich in seinen Werken mit Sigmund Freuds Psychoanalyse auseinander. Er habilitierte mit der Schrift *Lehrbuch der Allgemeinen Psychopathologie*. Jaspers veröffentlichte über 30 Bücher. Mit Hannah Arendt, deren Lehrer er war, verband ihn eine lebenslange Freundschaft und ein reger Briefwechsel.

## Existenz und Grenzsituationen prägten seine Philosophie

Als Existenzphilosoph bezog Jaspers den Begriff „Existenz" nur auf den Menschen, der die Fähigkeit hat, sich zu sich selbst zu verhalten. Er unterschied zwischen „Existenz" und „Dasein". „Dasein" bedeutete für ihn, dass es einen Menschen auf der Welt gibt. Zur „Existenz" gelangt er, indem er bewusst über sein Dasein nachdenkt. Jeder Mensch begibt sich auf die Suche nach dem Allgemeinen und Ewigen und entwickelt sein Selbst, während er seinem Leben einen Sinn gibt.

Unter einer Grenzsituation, dem zweiten wichtigen Begriff, verstand er Situationen, denen der Mensch nicht entgehen kann, wie Leiden, Tod, Schuld oder Zufall. Manche dieser Grenzsituationen kann der Mensch durch Nachdenken und Handeln meistern, andere bedeuten unüberwindbare Schranken.

## Er blieb während der NS-Zeit seiner Frau treu

Im Jahr 1907 traf Jaspers Gertrud Mayer, die Tochter einer orthodoxen jüdischen Kaufmannsfamilie. 1919 heiratete er sie. Gertrud konnte die Zeit des Nationalsozialismus nur dank der Ehe mit Jaspers überleben. 1933 leitete die NSDAP Maßnahmen zur Gleichschaltung der Universitäten ein. Jaspers war davon trotz seiner Ehe mit einer Jüdin zunächst nicht betroffen, musste aber 1937 in den Ruhestand gehen, weil er sich nicht von seiner Frau trennte. Er war ständig von den Nationalsozialisten bedroht, die ihn am 14. April 1945 in ein KZ deportieren wollten. Jaspers hatte Zyankali besorgt, um sich und seiner Frau ein solches Ende zu ersparen, doch am 30. April 1945 wurde Heidelberg befreit. Jaspers nahm nach der Wahl des ehemaligen NSDAP-Mitglieds Kurt Georg Kiesinger (1904 – 88) zum Bundeskanzler die Schweizer Staatsbürgerschaft an.

### Sigmund Freud

**Sigmund Freud**

Sigmund Freud (1856–1939), Begründer der Psychoanalyse, wurde als Sohn jüdischer Eltern in Freiberg (Mähren) geboren und studierte Medizin. Mit der Tiefenpsychologie entwickelte er eine neue Richtung der Psychologie. Er unterschied zwischen bewussten und unbewussten Bereichen im Leben eines jeden Menschen und ging davon aus, dass bewusstes Verhalten von unbewussten Inhalten beeinflusst wird. Freud kam zu der Erkenntnis, dass insbesondere Störungen der Sexualität seelische Krankheiten verursachen können. In seiner dynamischen Persönlichkeitstheorie machte er Triebe für Handlungen verantwortlich. Die Instanz, in der Triebe lokalisiert sind, nannte er Es. Durch Kontakt mit der Umgebung bildet sich die zweite Instanz, das Ich, heraus, ein Vermittler zwischen Wünschen des Es und Anforderungen der Umwelt. Das Über-Ich ist eine Kontrollinstanz, die das Es und das Ich überwacht. Er beschrieb orale, anale und phallische Phasen, die eine Rolle bei der Entwicklung der Persönlichkeit spielen. Freud wandte die Methode des Freien Assoziierens an und deutete damit Träume, die seiner Ansicht nach Botschaften des Unbewussten waren. Bis heute wird Freud kontrovers diskutiert. Er war dennoch einer der einflussreichsten Denker im 20. Jahrhundert.

# Martin Heidegger

Der deutsche Philosoph Martin Heidegger (1889–1976) war ein führender Vertreter der Existenzphilosophie. Der ehemalige Student von Edmund Husserl und Geliebte von Hannah Arendt beeinflusste vor allem mit seinem Hauptwerk *Sein und Zeit* Existenzialisten wie Jean-Paul Sartre. Seine Mitgliedschaft in der NSDAP schadete seinem Ansehen. Dennoch prägte Martin Heidegger die Philosophie des 20. Jahrhunderts maßgeblich mit.

**Martin Heidegger**

Martin Heidegger wurde in Meßkirch geboren. Er stammte aus einfachen Familienverhältnissen. Die katholische Kirche ermöglichte ihm, in Freiburg Theologie, später auch Mathematik, Naturwissenschaften und Philosophie zu studieren. Als Assistent von Edmund Husserl wurde Heidegger Anhänger der Phänomenologie. 1927 erschien sein Hauptwerk *Sein und Zeit*, das an Husserls Phänomenologie anknüpfte und die Frage nach dem Sinn vom Sein beantworten sollte. *Sein und Zeit* hatte großen Einfluss auf Existenzialisten wie Jean-Paul Sartre.

Der Begriff des Seins, des „Seienden, das wir selbst sind", stand bei seiner Lehre im Mittelpunkt und bezeichnete dieses Seiende als Dasein. Durch das Dasein kann der Mensch zur Existenz gelangen, indem er sein Leben bewusst und persönlich gestaltet. Wenn jemand seine Existenz verfehlt und nur vor sich hin lebt, kann es passieren, dass ihn eine Angst des „In-die-Welt-Geworfenseins" und Scheiterns beschleicht. Zum Dasein gehört auch das Miteinander mit anderen Menschen. Der Tod bildet hier jedoch eine

Grenze und so ist alles Sein nur ein Sein bis zum Tode hin.

## Heidegger und der Nationalsozialismus

Heideggers Einstellung zum Nationalsozialismus ist bis heute nicht endgültig geklärt. Seine Rektoratsrede 1933 war nationalsozialistisch gefärbt. Er war der erste nationalsozialistische Rektor an der Universität Freiburg. Zwar untersagte er Bücherverbrennungen, doch unternahm er nichts gegen die antisemitischen Ressentiments an der Universität. Er nahm jüdische Kollegen in Schutz und ging mit anderen auf Distanz. 1934 legte er sein Amt nieder. Als *Sein und Zeit* neu aufgelegt wurde, fehlte die Widmung an den Juden Edmund Husserl.

Mit seiner damals 19-jährigen Studentin jüdischer Herkunft, Hannah Arendt, verband den Familienvater Heidegger eine leidenschaftliche Beziehung. Heidegger vernichtete alle Briefe von Arendt, während seine Briefe in ihrem Nachlass gefunden wurden. Seine Mitgliedschaft bei der NSDAP belastete das Verhältnis zu Hannah Arendt und sie distanzierte sich von ihm.

### Heidegger und Jaspers – keine Freunde fürs Leben

Schon als junge Akademiker standen sich Martin Heidegger und Karl Jaspers nahe. Beide hatten sich vom Neukantismus gelöst und stellten die Existenz in den Mittelpunkt. Sie lernten sich 1929 kennen, hatten regen Briefwechsel und besuchten sich gegenseitig. Heidegger würdigte Jaspers *Psychologie der Weltanschauungen* in einer großen Rezension. Mit der Zeit stellte sich heraus, dass sie unterschiedliche Positionen vertraten. Deshalb hatten sie weniger fachliche Diskussionen, blieben aber dennoch verbunden. Nach der nationalsozialistisch gefärbten Rektoratsrede Heideggers 1933 brach der Kontakt zwischen Jaspers, der mit einer Jüdin verheiratet war, und Heidegger ab. Heidegger gestand Jaspers später, dass er sich deswegen schäme, aber Jaspers war nicht mehr zu der früheren Vertrautheit bereit. Das belegt der Briefwechsel zwischen Jaspers und Hannah Arendt: „Kann man als unreine Seele – d. h. als Seele, die ihre Unreinheit nicht spürt und nicht ständig daraus herausdrängt, sondern gedankenlos im Schmutz fortlebt – kann man in Unaufrichtigkeit das Reinste sehen?", fragte er seine ehemalige Schülerin, die antwortete: „Was Sie Unreinheit nennen, würde ich Charakterlosigkeit nennen." Nach dem Ende des Krieges wurde Jaspers zu einer Stellungnahme Heideggers während der NS-Zeit aufgefordert. Jaspers sprach sich für ein befristetes Lehrverbot aus, das danach noch einmal geprüft werden sollte. Heidegger durfte vorübergehend nicht mehr lehren, aber weiter publizieren. 1950 bekam er wieder Lehrerlaubnis. Der Briefwechsel von Jaspers und Heidegger wurde spärlich fortgesetzt, die frühere Freundschaft kam nicht mehr zustande.

# Hannah Arendt

**Die jüdische Philosophin und Publizistin Hannah Arendt (1906–75) war als Journalistin tätig und lehrte an verschiedenen Hochschulen. Während des Naziregimes emigrierte die Schülerin Martin Heideggers in die USA und erhielt 1951 die amerikanische Staatsbürgerschaft. Arendt stellte sich konsequent gegen den Nationalsozialismus und betrieb wissenschaftliche Forschungen über die Ursachen des Holocausts. Obwohl sie politisch aktiv war, stand sie der Frauenbewegung zurückhaltend gegenüber.**

**Hannah Arendt**

Hannah Arendt kam in Linden, einem heutigen Stadtteil Hannovers, als Tochter kirchenunabhängiger, jüdischer Eltern auf die Welt. Ihr Vater starb früh, die Mutter, die der Sozialdemokratie nahestand, bewegte sich in intellektuellen Kreisen und ließ Hannah eine entsprechende Bildung zukommen. Schon mit jungen Jahren las Arendt Werke von Immanuel Kant, Karl Jaspers und Sören Kierkegaard. 1924 begann sie ein Studium der Philosophie in Marburg, wo sie Vorlesungen von Martin Heidegger besuchte. Nachdem sich zwischen Heidegger und Arendt eine Affäre entwickelt hatte, wechselte sie in die Freiburger Universität. Sie promovierte 1928 bei Jaspers über den Liebesbegriff bei Augustinus. 1929 heiratete sie den Philosophen Günther Anders (früher Stern, 1902–92) und arbeitete als Journalistin bei der Frankfurter Zeitung. Nach ihrer Emigration in New York war sie für ein deutsch-jüdisches Magazin tätig. Viele Jahre war sie staatenlos. Erst 1951 erhielt sie die amerikanische Staatsbürgerschaft. Arendt schrieb für die Zeitschrift *The New Yorker* und hatte Professuren an verschiedenen Universitäten. Sie starb 1975 in

New York. Arendt bezeichnete sich selbst nicht als Philosophin, sondern beschrieb ihre Publikationen unter dem Stichwort „Politische Theorie".

## Arendt stellte sich gegen den Nationalsozialismus

Hannah Arendt engagierte sich für jüdische Mitbürger. Sie war für eine zionistische Organisation tätig und bot ihre Wohnung Flüchtlingen als Zwischenstation an. Das begründete sie später mit den Worten: „Wenn man als Jude angegriffen wird, muss man sich als Jude verteidigen." Schon früh vertrat sie die Ansicht, dass das NS-Regime zu bekämpfen war, und kritisierte andere Intellektuelle, die sich zu schnell unterordneten und in Bezug auf den Nationalsozialismus versagten. Als Heidegger 1933 Mitglied in der NSDAP wurde, brach sie den Kontakt ab.

Sie emigrierte nach Frankreich, wo sie wieder für Flüchtlingsorganisationen tätig war. 1937 wurde ihre Ehe geschieden. Im Mai 1940 kam Arendt in ein Internierungslager, 1941 emigrierte sie nach New York. Ihre Gedanken zum Nationalsozialismus brachte sie in dem Essay *Besuch in Deutschland. Die Nachwirkungen des Naziregimes* zum Ausdruck. Zudem schrieb sie nach Ende des Zweiten Weltkriegs ein umfassendes Werk über die Ursprünge und Merkmale des Nationalsozialismus.

**Martin Heidegger**

### Sie stand der Emanzipation zurückhaltend gegenüber

1932 schrieb Arendt eine Kritik über Alice Rühle-Gerstels (1894–1943) Werk *Das Frauenproblem in der Gegenwart*. Zwar stellte sie fest, dass Frauen in der Gesellschaft gering geschätzt wurden, und sie kritisierte ihre Pflichten, doch sie stellte auch eindeutig dar, dass Ehe und Arbeitsleben die Emanzipation einschränkten. Sie hielt die Frauenbewegung für fragwürdig, weil sie klassenübergreifend war. In einem Interview sagte sie, dass Frauen ihre weiblichen Qualitäten verlieren würden, wenn sie Befehle erteilten.

## Sie rief zur politischen Aktivität auf

In ihren Schriften setzte sie sich mit dem Totalitarismus auseinander. Arendt war der Ansicht, dass die Menschen durch den Gebrauch der Massenmedien immer weniger in der Lage waren, eigene Urteile zu fällen und sich an den Normen der Vernunft zu orientieren. Dadurch entstehen Manipulation und Gleichschaltung. Weil soziale Unterschiede dadurch immer mehr verschwimmen, kommen andere Unterschiede zum Vorschein und Juden, Homosexuelle oder Farbige werden diskriminiert oder verfolgt. Sie sprach sich gegen eine Orientierung an materiellen Werten aus und riet den Mitmenschen stattdessen, sich aktiv am politischen Gemeinwesen zu beteiligen. Nach Arendt bestand ein aktives Leben aus Arbeit, Herstellen und Handeln.

# Existenzialismus

**Der Existenzialismus ist mit der Existenzphilosophie verwandt. Kierkegaard gilt als Wegbereiter für beide Richtungen. Anders als die Existenzphilosophie entwickelte sich der Existenzialismus fast ausschließlich in Frankreich. Vertreter des Existenzialismus sind die auch schriftstellerisch tätigen Philosophen Jean-Paul Sartre, Albert Camus und Simone de Beauvoir. Wie bei der Existenzphilosophie steht die menschliche Existenz im Mittelpunkt. Ein weiterer wichtiger Begriff in dieser Strömung ist die Freiheit.**

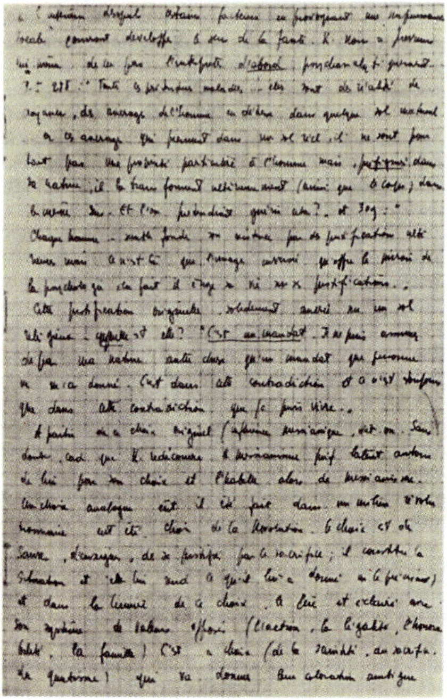

**Manuskript aus *Das Sein und das Nichts***

Die philosophische Richtung des Existenzialismus entwickelte sich im 20. Jahrhundert in Frankreich und war überwiegend ein Teil der allgemeinen Literatur. Wissenschaft, Logik und Analyse fanden weniger Beachtung, stattdessen drehte sich alles um den Menschen und dessen Existenz. Fragen nach dem Sein, der Welt und dem Allgemeinen behandelten die Existenzialisten nachrangig.

Sartre schrieb: „Existieren, das ist dasein, ganz einfach; die Existierenden erscheinen, lassen sich antreffen, aber man kann sie nicht ableiten." „Wenn die Existenz dem Wesen vorausgeht, das heißt, wenn die Tatsache, dass wir existieren, uns nicht von der Notwendigkeit entlastet, uns unser Wesen erst durch unser Handeln zu schaffen, dann sind wir damit, solange wir leben, zur Freiheit verurteilt."

In der Philosophie wird die Ansicht vertreten, dass der Mensch durch seine Bestimmung als biologisches, Vernunft- und göttliches Wesen schon vor seiner Existenz eine Bedeutung hat. Existenzialisten kritisieren dies und vertreten die Meinung, dass es keine Sinnbestimmung vor der Existenz geben kann und dass jede Wesensbestimmung einen Aspekt enthält, der der Existenz nachrangig gebildet wird. Sartre formulierte das folgendermaßen: „... dass der Mensch zuerst existiert, sich begegnet, in der Welt auftaucht und sich danach definiert."

Existenzialisten diskutieren in ihren Abhandlungen Themen, die unmittelbar mit der menschlichen Existenz verknüpft sind, wie Freiheit, Liebe, Handeln oder Verantwortung. Dabei ist jedes Individuum anders und die Theorie entwickelt sich vom Einzelnen heraus. Freiheit und Selbstbestimmung sind zentrale Begriffe im Existenzialismus. Bei der Befreiung können sich Erfahrungen wie Angst, Ekel, Sorge, Langeweile bis hin zum Tod zeigen.

## Die Freiheit ist ein wichtiges Gut

Der zentrale Begriff in Sartres Werk ist die Freiheit. Freiheit sieht er aber nicht als Vorrecht, sondern er vertritt die Ansicht, dass der Mensch zur Freiheit verurteilt ist. Diese Freiheit ist für viele Menschen unerträglich und sie laufen vor ihr davon.

Sartres Lebensgefährtin, Simone de Beauvoir, wurde mit ihrem Werk *Das andere Geschlecht* berühmt und setzte sich für die Gleichberechtigung zwischen Mann und Frau ein. Albert Camus, ein Freund von Sartre, prägte den Ausdruck „absurd" für einen Menschen, dessen Leben ohne Bedeutung ist, der aber gleichzeitig einen Sinn einfordert.

Neben der Philosophie gab es existenzialistische Strömungen in der Literatur, Theologie und Pädagogik.

### Henri Bergson

**Henri Bergson**

Der französische Philosoph und Nobelpreisträger für Literatur Henri Bergson (1859–1941) gilt als Vorläufer des Existenzialismus. Bergson entstammte einer jüdischen Familie. Nach seinem Studium arbeitete er als Gymnasialprofessor für Philosophie. 1889 schrieb er seine Dissertation mit dem Titel *Zeit und Freiheit*. 1900 erschien sein Essay *Das Lachen*, in dem er unter anderem über schöpferische Tätigkeiten schrieb und zum Vorboten vieler Künstler und Schriftsteller wurde. Bergson hatte an verschiedenen Universitäten Lehrstühle inne. 1907 publizierte er sein Hauptwerk *Die schöpferische Entwicklung*, in dem er sich kritisch zur Evolutionstheorie äußerte und das mit ein Grund dafür war, dass er 1927 mit dem Nobelpreis für Literatur ausgezeichnet wurde. Bei der Verleihung war Bergson von seinen rheumatischen Schmerzen gezeichnet. Er zog sich mehr und mehr zurück. In seiner Philosophie spielte der Begriff „élan vital" eine wichtige Rolle. Darunter verstand Bergson eine Kraft, die der Mensch nicht rational, sondern intuitiv erkennt und die in allen schöpferischen Darstellungsformen zum Ausdruck kommt.

# Jean-Paul Sartre

Jean-Paul Sartre (1905–80), Philosoph und Schriftsteller aus Frankreich, gilt als einer der Hauptvertreter des Existenzialismus. Der bedeutende Intellektuelle des 20. Jahrhunderts und Lebensgefährte von Simone de Beauvoir publizierte viele Werke, lehnte aber den ihm zuerkannten Nobelpreis für Literatur ab. In seiner Philosophie stellte er den Freiheitsbegriff in den Mittelpunkt. Nach Sartre hat jeder die Möglichkeit, seinen Lebensentwurf frei zu gestalten.

**Jean-Paul Sartre**

Jean-Paul Sartre kam in Paris als Sohn eines Marineoffiziers auf die Welt. Der Vater starb früh und Sartre wurde von seiner Mutter und seinem Großvater, einem Gymnasialprofessor, aufgezogen. Eine Linsentrübung im rechten Auge, unter der er schon in seiner Kindheit litt, führte dazu, dass sein Auge langsam erblindete. Nach dem Besuch des Gymnasiums in Paris studierte er an der Elitehochschule École Normale Supérieure für ein späteres Lehramt. 1923 veröffentlichte er erstmals Romankapitel und eine Novelle in Zeitschriften. Bei einem Vorbereitungskurs für das Amt des Gymnasialprofessors traf Sartre seine spätere Lebensgefährtin Simone de Beauvoir. Sartre unterrichtete in Le Havre Philosophie und hatte bald bei seinen Kollegen den Ruf, arrogant zu sein. Seine Schüler schätzten den interessanten Unterricht. 1934 erkrankte er an Depressionen, die teilweise mit Wahn- und Panikattacken einhergingen. Sartre experimentierte außerdem mit der Droge Meskalin. Davon bekam er eine Drogenpsychose und musste für zwei Wochen in die Psychiatrie. Sartre begann zunehmend, sich politisch zu engagieren, und ging mit de Beauvoir zu antifaschistischen Kundgebungen. Er veröffentlichte Romane, Abhandlungen und Essays. Zu seinen wichtigsten Werken zählen *Das Ekel* (1938) und *Das Sein und das Nichts* (1934). 1964 wurde Sartre der Nobelpreis für Literatur zuerkannt, doch er lehnte ihn ab. Obwohl er ab 1973 fast nichts mehr sehen konnte, blieb er politisch aktiv, gab Interviews und besuchte den RAF-Häftling Andreas Bader in Stammheim. Als er 1980 in Paris starb, kamen 50.000 Menschen zu seiner Beerdigung.

## Jeder kann das Beste aus seinem Leben machen

Freiheit war für Sartre ein wichtiger Begriff. Er vertrat die Ansicht, dass jeder

Mensch durch den Zufall seiner Geburt in seine Existenz geworfen wird und dabei versuchen muss, das Beste aus seinem Leben zu machen, indem er es aktiv und bewusst gestaltet und einen subjektiven Sinn findet. Die Welt, in die der Mensch geworfen wird, nannte er das An-sich. Jeder Mensch hat die Chance, aus diesem An-sich ein Für-sich zu machen, indem er aus den vielen Möglichkeiten, die das Leben ihm bietet, diejenigen aussucht, die am besten zu seinem persönlichen Lebensentwurf passen, und diejenigen verwirft, die nicht passen. Weil jeder Mensch sein Leben selbst in die Hand nehmen und gestalten kann, ist er frei und er kann gar nicht anders, als diese Freiheit zu nutzen.

In seinen frühen Hypothesen lehnte Sartre die Existenz äußerer Zwänge vollständig ab. Gesellschaftliche Vorgaben und Normen sind für Sartre lediglich Konstrukte, denen der Mensch aus Bequemlichkeit folgt, um keine Verantwortung für das eigene Leben übernehmen zu müssen. „Die Hölle, das sind die Augen der anderen", so wird er zitiert. Zwar relativierte er diese extreme Position im Laufe seines Lebens, vor allem angesichts der Erfahrung von Krieg und Holocaust. Allerdings blieb er dabei, dass der Mensch, unabhängig von seiner Umgebung, voll und ganz verantwortlich ist. „Es gibt in Wirklichkeit nur die Tat" und nicht potenzielle Möglichkeiten. ■

## Albert Camus

**Albert Camus**

Der französische Philosoph und Schriftsteller Albert Camus (1913–60) gehört neben Jean-Paul Sartre und Simone de Beauvoir zu den wichtigsten Vertretern des Existenzialismus. Camus wurde in Algerien geboren und wuchs in Armut auf. Wegen seiner großen Begabung wurde es ihm ermöglicht, an der Universität von Algier Philosophie zu studieren. Während des Zweiten Weltkriegs engagierte er sich in einer Widerstandsgruppe. Camus war mit Sartre kurze Zeit befreundet, sie zerstritten sich aber nach dem Erscheinen von Albert Camus' *Der Mensch in der Revolte*. Sartre warf Camus vor, die Ziele der Linken verraten zu haben. Albert Camus kam 1960 bei einem Autounfall ums Leben. Um seinen Tod kreisten viele Spekulationen. In seiner Philosophie stellte Camus das Absurde und Sinnlose in den Mittelpunkt. Er erachtete das Dasein als sinnlos, weil es im Gegensatz zur Welt, die das menschliche Leben überdauert, zeitlich begrenzt ist. Weitere Theorien schrieb er über die Revolte. Er vertrat die Ansicht, dass jede Revolution zu Mord führen würde, und forderte, dass die Menschen erst wissen müssen, wie und warum sie töten sollen, bevor sie revoltieren.

# Simone de Beauvoir

**Die französische Schriftstellerin Simone de Beauvoir (1908–1986) gilt als Vorreiterin der neuen Frauenbewegung. Mit ihrem Lebensgefährten Jean-Paul Sartre engagierte sich die linke Intellektuelle gegen den Krieg. Berühmt wurde sie mit ihrem Buch *Das andere Geschlecht*. Darin beschreibt sie, warum die Unterdrückung der Frau gesellschaftlich bedingt ist. De Beauvoir war der Freiheitsbegriff, den sie in ihren Schriften vertrat, auch in ihrem eigenen Leben wichtig und dementsprechend gestaltete sich ihre Beziehung zu Sartre.**

**Simone de Beauvoir**

Simone de Beauvoir kam in Paris in einem wohlbehüteten, streng katholischen Elternhaus auf die Welt. Schon früh fühlte sie sich von den Zwängen eingeschränkt und die *Tochter aus gutem Hause* (Autobiografie von de Beauvoir, erschienen 1985) rebellierte gegen das Bürgertum. Sie studierte Literatur und Mathematik an der École Normale Supérieure und Philosophie an der Sorbonne.

Nach ihrem Studium unterrichtete sie und schrieb nebenher Romane und philosophische Werke. 1949 erschien *Das andere Geschlecht*, mit dem sie schnell berühmt wurde. Gemeinsam mit Sartre war sie viel auf Reisen und engagierte sich gegen den Krieg in Vietnam und Algerien. Sie schrieb für eine linke Zeitschrift und setzte sich für Straffreiheit bei Abtreibungen ein. Simone de Beauvoir starb 1986 in Paris.

## Man wird zur Frau gemacht

Die Wegbereiterin der neuen Frauenbewegung wies in ihrem Buch *Das andere Geschlecht* auf die Diskriminierung der Frau hin. Im ersten Teil beschreibt de Beauvoir, wie die Unterdrückung historisch gewachsen ist. Diese begann ihrer Ansicht nach bereits in der Bronzezeit, als Frauen zu „schwach" waren, um mit Werkzeug umzugehen. So wurde das Kümmern um Haus und Kinder zur wichtigsten Aufgabe. Im zweiten Teil geht sie auf verschiedene Lebensphasen bei Frauen ein: die erste Menstruation, die Entjungferung, die Heirat, die späteren Wechseljahre. Sie zeigt auf, dass Kränkungen und negative Erlebnisse in sensiblen Phasen weitreichende Folgen wie Psychosen oder Frigidität haben können. Die Unterdrückung der Frau hat nach de Beauvoir gesellschaftliche Ursachen, „denn als Frau

## De Beauvoir und Sartre – das intellektuelle Paar des 20. Jahrhunderts

Sartre und de Beauvoir

Simone de Beauvoir und Jean-Paul Sartre lernten sich in den 20er-Jahren des vergangenen Jahrhunderts kennen. Als beide im Schuljahr 1937/38 nach Paris versetzt wurden, mietete sich jeder ein Zimmer in einem kleinen Hotel. Heiraten, wie es damals üblich war, wollten sie nicht. Simone de Beauvoir, die die traditionelle Frauenrolle kritisch hinterfragte, lebte emanzipiert und wollte deshalb weder Ehefrau noch Mutter werden. Sartre und de Beauvoir schlossen einen Pakt, um nach ihren eigenen Worten „die Vorteile des Lebens zu zweit und keine seiner Unannehmlichkeiten" zu genießen: Beide lehnten die Monogamie ab. Sie waren offen für neue Erfahrungen und ließen sich gegenseitig sexuelle Freiheiten. Die Voraussetzung für diesen Pakt war, dass sie sich nie belogen und sich immer die Wahrheit sagten. Vor allem von Sartre sind zahlreiche Affären bekannt; er kehrte jedoch immer zu Simone de Beauvoir zurück. Als Sartre krank wurde, pflegte sie ihn bis zu seinem Tod im Jahr 1980. Über die letzten gemeinsamen Jahre schrieb sie das Buch *Die Zeremonie des Abschieds*.

wird man nicht geboren, zur Frau wird man gemacht".

Im existenzialistischen Sinne heißt das für Simone de Beauvoir, dass sich der Mann als das Absolute, Essenzielle, als das Subjekt sieht, während der Frau nur noch die Rolle des anderen, des Objekts, bleibt. Deshalb wird eine Frau immer in der Abhängigkeit von einem Mann definiert und hat mit starken Widerständen zu kämpfen. Weiblichkeit geht nach de Beauvoir immer mit Passivität einher, was dem natürlichen Wunsch nach Freiheit und Aktivität widerspricht.

Simone de Beauvoir wurde nicht nur von konservativen Lagern kritisiert, sondern auch von den Linken und Feministinnen. Letztere warfen ihr die „Entmystifizierung" der Mutterschaft vor. Trotz kontroverser Diskussionen beeinflusste die Philosophin den Feminismus maßgeblich und war Wegbereiterin für die Geschlechterforschung in der Philosophie.

# Frankfurter Schule

Theodor Adorno

**Unter dem Begriff Frankfurter Schule versteht man die Kritische Theorie des Frankfurter Instituts für Sozialforschung (IfS). Das Institut wurde 1923 von Theodor W. Adorno (1903 – 69) und Max Horkheimer (1895 – 1973) gegründet. Die Frankfurter Schule hat es sich zum Ziel gesetzt, die Bedingungen der Theoriebildung zu untersuchen und die Verhältnisse in der Gesellschaft zu analysieren. Nach dem Zweiten Weltkrieg diskutierten die Vertreter über die Ursachen des Holocausts und überlegten, wie ein ähnliches Ereignis in Zukunft verhindert werden könnte.**

Die Frankfurter Schule entwickelte sich aus dem IfS, das zur Frankfurter Goethe-Universität gehört. Die neomarxistische Kritische Theorie der Frankfurter Schule setzte sich mit gesellschaftlichen und historischen Voraussetzungen für die Theoriebildung auseinander und hatte den Anspruch, kritisch gesellschaftliche Verhältnisse zu analysieren und zu ändern.

Die Frankfurter Schule hat ihren Namen von dem Text *Traditionelle und kritische Theorie*, den Horkheimer 1937 schrieb. Als die Nationalsozialisten an die Macht kamen, zog das Institut erst nach Paris und dann in die USA. Nach dem Zweiten Weltkrieg standen die Fragen, wie ein weiterer Holocaust verhindert werden könnte, was die Ursachen waren und welche Rolle die Vernunft dabei spielte, im Zentrum der Kritischen Theorie.

## Die Frankfurter Schule kombiniert Theorie und Praxis

Die Gründer der Frankfurter Schule, Horkheimer und Adorno, waren Philosophen und Soziologen, doch sie hatten den Anspruch, interdisziplinär zu arbeiten und zu forschen. Sie verbanden Theorie mit Praxis, theoretische Kritik mit empirischen Studien. Sie kritisierten den Kapitalismus und waren der Ansicht, dass sich in den Programmen kommunistischer Parteien nur noch Bruchteile der ursprünglichen Ideen von Karl Marx wiederfanden. Sie lasen die Werke aktueller Wissenschaftler, wie die Soziologie Max Webers (1864 – 1920) und die Psychoanalyse Sigmund Freuds (1856 – 1939), um sie in ihre Arbeit einzubeziehen.

Die Vertreter der Kritischen Theorie wollten die Grenzen der vorangegangenen philosophischen Richtungen wie

Max Weber

Materialismus und Positivismus überwinden. Für die Studentenbewegung der 1968er-Jahre hatte die Frankfurter Schule eine große Bedeutung.

Theodor W. Adorno ging während der Zeit des Nationalsozialismus in die USA. In den 50er- und 60er-Jahren des 20. Jahrhunderts war er Professor in Frankfurt. Horkheimer, der jüdischer Abstammung war, emigrierte während der NS-Zeit in die USA und half beim Wiederaufbau des Instituts nach Kriegsende. Er führte Studien über den Zusammenhang zwischen Kapitalismus und Faschismus durch.

Weitere Mitarbeiter des Instituts waren der Philosoph und Psychoanalytiker Erich Fromm, der durch sein Buch *Die Kunst des Liebens* bekannt wurde, der deutsch-amerikanische Soziologe und Philosoph Herbert Marcuse und der Sozialphilosoph Jürgen Habermas. ■

Erich Fromm

## Walter Benjamin

Der deutsche Philosoph und Schriftsteller Walter Benjamin (1892 – 1940) gehörte der Frankfurter Schule an. Benjamin wurde in Berlin als Sohn eines jüdischen Kunsthändlers geboren. Er studierte Philosophie, Germanistik und Kunstgeschichte und war als Schriftsteller tätig. 1923/24 lernte er Theodor W. Adorno kennen. Er begann, sich für den Kommunismus zu interessieren, und publizierte autobiografische Titel wie *Berliner Chronik und Berliner Kindheit um Neunzehnhundert.* Als die Nationalsozialisten an die Macht kamen, ging er nach Paris ins Exil, wo Hannah Arendt ihn unterstützte. Er kam in ein Sammellager, flüchtete nach Lourdes und Marseille und wollte weiter nach Spanien reisen. Benjamin sah offensichtlich keine Rettung mehr und beging auf seiner Flucht Suizid, um sich nicht den Nationalsozialisten auszuliefern. Er nahm sich in der Nacht vom 26. auf den 27. September 1940 mit Morphium das Leben, nachdem er einen Abschiedsbrief an Adorno diktiert hatte. Sein Buch *Pariser Passagen,* an dem er viele Jahre arbeitete und das als Hauptwerk gedacht war, konnte er nicht mehr vollenden.

# Sozialphilosophie

Die Sozial- oder Gesellschaftsphilosophie beschäftigt sich mit sozialen Phänomenen, die entstehen, wenn Menschen auf andere Menschen treffen. Erwartungen, Wahrnehmungen, Handeln und Kommunikation spielen dabei eine entscheidende Rolle. Der Sinn einer Gesellschaft wird hinterfragt, die Strukturen des Zusammenlebens erläutert. Ein wesentlicher Bestandteil der Sozialphilosophie ist die Sozialethik, die zur praktischen Philosophie gehört. Die Subdisziplin politische Philosophie beschäftigt sich mit politischen Gemeinschaften.

**Symbolische Darstellung von Begegnung**

Die Sozialphilosophie bezieht sich auf soziale Phänomene, die auftreten, wenn Menschen mit anderen Menschen Beziehungen eingehen. Die Vertreter der Frankfurter Schule sahen jede sozial beeinflusste Wahrnehmung oder Tatsache als Gegenstand der Sozialphilosophie an. Weitere Strömungen der Philosophie beschreiben die Sozialphilosophie anders und sehen im Einfluss der Beziehung zu anderen Menschen auf eine Tatsache noch kein soziales Phänomen. Sie sprechen erst von sozialen Phänomenen, wenn die Beziehung eines Menschen zu einem anderen sozial konstituierend und bestimmend ist. Das ist der Fall, wenn die Beziehung in einer Gemeinschaft stattfindet, wie in einer familiären, ökonomischen oder politischen. Diese Gemeinschaften können Familien, Vereine, Unternehmen, Institutionen etc. sein.

## Die Sozialphilosophie stellt Fragen über das Zusammenleben

Die Sozialphilosophie hat es sich zum Ziel gesetzt, folgende Fragen zu beantworten:

Brauchen Menschen einen Gesellschaftsvertrag?
Was ist das Wesen einer Gesellschaft?
Wie funktioniert eine Gesellschaft?
Braucht der Mensch die Gemeinschaft?
Wie kann das Zusammenleben geregelt werden?

Über viele dieser Fragen dachte bereits Platon nach. Thomas Hobbes diskutierte in seinen Werken über den Kampf der Menschen untereinander und Karl Marx rief die Menschen zum Klassenkampf auf. Sozialphilosophische Fragen wurden demzufolge schon lange erörtert, doch erst im 19. Jahrhundert, nach der bürgerlichen Revolution und der Entwicklung neuer Staatsformen, wurde der Begriff „Sozialphilosophie" verwendet.

Jürgen Habermas gehört zu den Philosophen, die sich maßgeblich mit der Sozialphilosophie beschäftigen. Als Max Horkheimer von der Frankfurter Schule 1973 starb, wurde Habermas Repräsentant der Kritischen Theorie. Um seine Lehren von der Theorie Horkheimers und Adornos abzugrenzen, spricht mach auch von Älterer Kritischer Theorie und Jüngerer Kritischer Theorie.

**Max Horkheimer**

## Die Ethik ist ein wichtiger Bestandteil der Sozialphilosophie

Ein wichtiger Bestandteil der Sozialphilosophie ist die Ethik. Im Gegensatz zur theoretischen Philosophie beschäftigt sich die Ethik mit dem menschlichen Handeln. In der Sozialphilosophie ist von Sozialethik die Rede. Sozialethik stellt die Frage, welches Handeln innerhalb sozialer Gemeinschaften ethisch gerechtfertigt ist. Der Soziologe Amitai Etzioni entwickelte in der Sozialphilosophie Ideen zum Kommunitarismus und forschte über das Zusammenleben der Menschen in Gemeinschaften.

### Amitai Etzioni

Der amerikanische Soziologe Amitai Etzioni wurde 1929 in Köln mit den Namen Werner Falk geboren. Er wurde bekannt durch seine Arbeiten zum Kommunitarismus, einer kapitalismus- und liberalismuskritischen Strömung, die um 1980 in den USA begründet wurde. Etzioni wanderte 1936 mit seinen Eltern nach Palästina ein. 1950 traf er den österreichisch-israelischen Religionsphilosophen Martin Buber, der ihn in seinem weiteren Schaffen beeinflusste.
Etzioni studierte Soziologie in Kalifornien und arbeitete als Soziologe an der Universität Columbia in New York. Der Gegner des Vietnamkriegs war als Berater des US-Präsidenten Jimmy Carter (geb. 1924) tätig. In seinem Hauptwerk *Active Society* analysierte er politische und gesellschaftliche Prozesse. Er sprach sich dafür aus, dass sich die Gesellschaft durch engagiertes Handeln von unten her selbst regulieren soll.

# Jürgen Habermas

**Der deutsche Philosoph Jürgen Habermas (geb. 1929) forscht hauptsächlich im Bereich der Sozialphilosophie. Er gehört zur zweiten Generation der Kritischen Theorie der Frankfurter Schule. Sein Werk kreist im Schwerpunkt um die Frage, wie sich eine radikal demokratische Gesellschaft, die mit freiem Denken einhergeht, auf Dauer begründen lässt. Habermas gilt als einer der einflussreichsten, international anerkannten Philosophen Deutschlands.**

Der Sozialphilosoph Jürgen Habermas wurde in Düsseldorf geboren. Sein Vater, Ernst Habermas, leitete die Geschäftsstelle der Industrie- und Handelskammer in Köln. Habermas studierte in Göttingen, Zürich und Bonn. 1954 promovierte er über *Das Absolute und die Geschichte*. 1961 habilitierte Habermas in Marburg mit dem Titel *Strukturwandel der Öffentlichkeit. Untersuchungen zu einer Kategorie der bürgerlichen Gesellschaft*.

Bis 1964 lehrte er in Heidelberg, anschließend ging er zur Goethe-Universität nach Frankfurt, wo er Professor für Soziologie und Philosophie war. 1971 zog Habermas nach Starnberg, um zusammen mit dem Physiker und Philosophen Carl Friedrich von Weizsäcker (geb. 1912) das Max-Planck-Institut zu leiten. 1981 publizierte er sein Hauptwerk *Theorie des kommunikativen Handelns*. 1983 lehrte er wieder Philosophie in Frankfurt bis zu seiner Emeritierung im Jahr 1994. Habermas wurde mit vielen Preisen ausgezeichnet, darunter dem Sigmund-Freud-Preis, dem Theodor-W.-Adorno-Preis und dem Friedenspreis des Deutschen Buchhandels.

## Habermas gehört zur zweiten Generation der Kritischen Theorie

1963 löste Jürgen Habermas Max Horkheimer als Leiter der Frankfurter Schule ab und gehört somit zu den Vertretern der zweiten Generation der Kritischen Theorie. In den 1970er-Jahren verlor die Theorie langsam ihre Wirkung und bekam durch Habermas wieder neuen Aufwind. Habermas führte den gesellschaftskritischen Ansatz von Horkheimer, Adorno, Marcuse und Bloch weiter fort, setzte jedoch andere Schwerpunkte. Auch Habermas hatte die Zeit des Zweiten

## Theorie des kommunikativen Handelns

1981 erschien das Hauptwerk von Habermas. Darin stellt er die Entwicklung einer Ethik in modernen Gesellschaften dar. Das Buch besteht aus den beiden Bänden *Handlungsrationalität und gesellschaftliche Rationalisierung* sowie *Zur Kritik der funktionalistischen Vernunft.* Habermas sieht die normgebenden Ursprünge von Gesellschaften in der Sprache. Ohne Sprache ist keine Kommunikation und Interaktion möglich. Kommunikation ermöglicht, dass Menschen andere Menschen dazu bringen, ihre Interessen zu vertreten. Dies führt dazu, dass sich bestimmte Interessen auf Kosten anderer durchsetzen und eigentliche Wahrheiten überlagern. Habermas bezweifelt, dass jeder Mensch zur Vernunft begabt ist, und sieht die Kommunikation zwischen Menschen, besonders die Sprache, als wichtige Quelle der Vernunft an. Kommunikation kann nach Habermas aber nur funktionieren, wenn der Prozess der Kommunikation vernunftmäßig organisiert ist: Sprechende dürften dann keine Wirkungen mehr mit ihrer Sprache erzielen wollen und alles, was sie kommunizieren, müssen sie begründen können. Mit den vier Grundlagen Verständlichkeit, objektive Wahrheit, Richtigkeit und subjektive Wahrhaftigkeit lässt sich nach Habermas die Kommunikation verbessern.

Weltkriegs miterlebt und brachte traumatische Erfahrungen mit. Doch er untersuchte den Holocaust unter sprachphilosophischen Aspekten und mithilfe von Kants philosophischen Theorien anstelle einer Hegel-Marx'schen Geschichtsphilosophie, wie das seine Vordenker getan hatten. Habermas sprach sich für die bürgerlich-liberale Demokratie aus.

In der Zeit der Studentenrevolten und 68er-Bewegung prägte Jürgen Habermas die Positionen der sogenannten verfassungsloyalen Linken mit und distanzierte sich zunehmend von radikaleren Studentengruppen, wie sie sich um den bekanntesten Vertreter Rudi Dutschke (1949–79) gruppierten. Habermas bezeichnete den Studentenführer Rudi Dutschke einst als „Linksfaschisten", bedauerte dies jedoch später. ■

**Rudi Dutschke**

# Kritischer Rationalismus

Karl Popper

Als „Aufklärung in der heutigen Zeit" bezeichnete der österreichisch-britische Philosoph und Soziologe Karl Popper (1902 – 94) den Kritischen Rationalismus. Popper gilt als Begründer des Kritischen Rationalismus. In dieser philosophischen Denkrichtung ist der Grundsatz vorherrschend, dass alle Erkenntnis fehlbar ist. Die Vertreter des Kritischen Rationalismus sind gegen Autoritäten, Totalitarismus, Intoleranz und Ideologie. Stattdessen befürworten sie eine offene pluralistische Gesellschaft.

Im Kritischen Rationalismus geht es darum, Fragestellungen undogmatisch, methodisch und rational zu analysieren und zu klären. Die Vertreter des Kritischen Rationalismus gehen von der Annahme aus, dass eine reale Außenwelt existiert, die unabhängig von menschlichem Erkenntnisvermögen ist. Eine endgültige Sicherheit darüber, ob die Erfahrungen des Einzelnen mit der tatsächlichen Wirklichkeit übereinstimmen, gibt es jedoch nicht. Popper forderte in Wissenschaft und Politik keine absoluten Gewissheiten, sondern rationale und kritische Überprüfungen. Er stellte die klassische Erkenntnistheorie infrage, die mit empiristischen und rationalistischen Elementen nach absoluter Gewissheit sucht und doch oft im sogenannten Münchhausen-Trilemma endet. Dabei wird entweder immer weiter und weiter nach Begründungen geforscht oder man dreht sich argumentativ im Kreis oder beruft sich auf Dogmen. Die Vertreter des Kritischen Rationalismus versuchen, sich zwischen Begründungsdenken und Relativismus einzuordnen.

Statt der induktiven Methode befürwortet Popper, dass Theorien frei erfunden werden dürfen. In Experimenten soll anschließend der Ausgang in Form sogenannter Basissätze festgelegt werden. Durch diese Basissätze könnten Theorien falsifiziert werden. Popper ging davon aus, dass sich Theorien durchsetzen, die wahrheitsnäher sind. Nach Popper lässt sich kaum überprüfen, ob wissenschaftliche Sätze richtig sind. Als einziges Kennzeichen für Wissenschaftlichkeit sieht er die prinzipielle Falsifizierbarkeit eines Satzes.

Popper forderte die Forscher auf, ihre Theorien nicht zu verifizieren, sondern zu falsifizieren.

## Popper kritisierte Platon, Marx und Hegel

**Friedrich Hegel**

Sein gesellschaftskritisches Werk *Die offene Gesellschaft und ihre Feinde* erschien 1945. Popper kritisierte darin die Gesellschaftsmodelle von Platon, Hegel und Marx, die seiner Ansicht nach totalitäre Systeme förderten. Als Gegenentwurf zu diesen sogenannten geschlossenen Gesellschaften schlägt er offene vor, die sich in einem ständigen Prozess befinden, in dem sie sich verbessern und weiterentwickeln. Obwohl Popper den Nationalsozialismus in seinem Buch nicht explizit nannte, war nach der Veröffentlichung schnell klar, dass sich die Kritik auch gegen den Nationalsozialismus richtete. Der von Popper geprägte Begriff der „Offenen Gesellschaft“ ging mittlerweile in die politische Sprache ein.

**Karl Popper in London**

Popper war auch in den Positivismusstreit verwickelt, eine Meinungsverschiedenheit in den 1960er-Jahren, in der über Methoden und Werturteile in Sozialwissenschaften diskutiert wurde. ■

### Karl Popper

Karl Popper wurde in Wien als Sohn des Rechtsanwalts Simon Popper und dessen Frau Jenny geboren. Beide Eltern waren zum Protestantismus konvertierte Juden. Mit 16 Jahren besuchte Karl Popper als Gasthörer Vorlesungen in Wien und begann Anfang der 1920er-Jahre ein Lehramtstudium.
Er interessierte sich für den Kommunismus, wandte sich aber davon ab, als er erlebte, wie bei einer Konfrontation zwischen Kommunisten und Polizei acht Menschen ums Leben kamen. Von diesem Zeitpunkt an wurde er ein konsequenter Kritiker des Marxismus. Ab 1930 arbeitete er als Hauptschullehrer und engagierte sich nebenher mit anderen Philosophen im „Wiener Kreis“. Sein wissenschaftstheoretisches Hauptwerk trägt den Titel *Logik der Forschung.* 1937 nahm Popper den Ruf einer Universität in Christchurch wahr und emigrierte nach Neuseeland. 16 seiner Familienangehörigen, die er zurücklassen musste, wurden von den Nationalsozialisten ermordet. Popper zog später nach London. Dort starb er 1994.

# Poststrukturalismus

**Der Poststrukturalismus spaltete sich in den 1960er-Jahren aus dem damals populären Strukturalismus ab. Die Begründer des Poststrukturalismus kritisierten am Strukturalismus vor allem dessen idealistische Tendenzen. Gemeinsam mit dem Strukturalismus ist dem Poststrukturalismus, dass Strukturen im Mittelpunkt der Denkrichtung stehen. Als Vertreter des Poststrukturalismus gilt der französische Philosoph und Psychologe Michel Foucault, der seine Arbeiten auf Nietzsches Perspektivismus aufbaute.**

Der Poststrukturalismus ist eine Strömung in der Philosophie, die aus dem Strukturalismus hervorgegangen ist. Strukturalismus war eine Denkrichtung, die vor allem in den 1950er- bis 1970er-Jahren verbreitet war. Im Strukturalismus sollten maßgebliche Strukturen (Zusammenfügungen, Ordnungen) eines Gegenstandsbereichs möglichst objektiv beschrieben und analysiert werden. Der Strukturalismus hat sich aus der Linguistik (Sprachwissenschaft) entwickelt und wurde von dem Genfer Sprachwissenschaftler Ferdinand de Saussure (1857–1913) gegründet.

**Ferdinand de Saussure**

## Die Abspaltung des Poststrukturalismus

Verschiedene Denker begannen, die idealistischen Tendenzen des Strukturalismus zu kritisieren und so spaltete sich Ende der 1960er-Jahre der Poststrukturalismus ab. Zu den Vertretern gehören Michel Foucault, Jean-François Lyotard, Jacques Derrida und Gilles Deleuze. Sie kritisierten, dass Strukturalisten von einer überhistorisch wirkenden, geschlossenen Struktur ausgingen und an ein strukturübergreifendes Zentrum glaubten.

**Jacques Derrida**

Martin Heidegger kritisierte das Wissenschaftsverständnis im Strukturalismus, das seiner Meinung nach moderne Metaphysik war. Auch die Vertreter des

## Michel Foucault

Michel Foucault

Der französische Philosoph und Psychologe Michel Foucault (1926 – 84) ist ein Vertreter des Poststrukturalismus. Foucault war das zweite Kind des Chirurgen und Professors Paul-André Foucault und dessen Frau Anne-Marie. Michel Foucault studierte Philosophie und Psychologie. 1951 erschien sein erstes Buch mit dem Titel *Psychologie und Geisteskrankheit*. Foucault war als Privatdozent tätig und reiste viel. In seinem Buch *Wahnsinn und Gesellschaft* beschrieb er die Geschichte des Wahnsinns und stellte die folgende Behauptung auf: „Man ist nicht schizophren, weil man an einer bestimmten Krankheit leidet, sondern weil jemand die Diagnose ‚Schizophrenie' stellt." 1970 wurde er zu dem neuen Lehrstuhl *Geschichte der Denksysteme* berufen. In weiteren Werken setzte er sich mit dem Gefängnis, dem Zusammenhang zwischen Macht und Wissen sowie mit Sexualität und Wahrheit auseinander.

Poststrukturalismus suchen nach Strukturen, jedoch nach dezentralen Strukturen ohne Zentrum. Die Poststrukturalisten sind von Nietzsche beeinflusst und suchen strukturell wirkende Machtmechanismen in der Gesellschaft. Dabei forschen sie auf dem Gebiet der Sprache und in Institutionen.

## Michel Foucault forschte über die Insassen von Psychiatrien

Foucault, einer der Begründer des Poststrukturalismus, ging in seinen Arbeiten von Nietzsches Perspektivismus aus, der besagt, dass es in der Welt nur subjektive Interpretationen gibt. Michel Foucault untersuchte unsystematisch, wie Vorstellungen und Begriffe entstanden sind, und betrachtete besonders den Zusammenhang mit der Macht steigernden und lebenserhaltenden Funktion von Vorstellungen und Begriffen. Foucault untersuchte und analysierte historische Diskursformen, um zu erfahren, wie das moderne Subjekt mit seinen Lebens- und Denkformen entstanden ist. Er bezog den gesellschaftlichen Zusammenhang bei seinen Forschungen mit ein und forschte mit institutionalisierten Macht-, Disziplinierungs- und Ausgrenzungstechniken. Besonders die Bereiche von psychiatrischen Krankenhäusern und Gefängnissen interessierten Foucault, weil deren Insassen nicht nur gemaßregelt, sondern auch von der anderen Gesellschaft ausgegrenzt wurden. Er identifizierte verschiedene Machttechniken, deren Mechanismen er auch im gesellschaftlichen Leben wiederfand.

# Radikaler Konstruktivismus

**Die Vertreter des Radikalen Konstruktivismus, einer erkenntnistheoretischen Richtung, gehen davon aus, dass jeder Mensch sich seine eigene Wirklichkeit selbst konstruiert. Sie sind der Meinung, dass die reale Welt nicht erfahrbar ist, sondern dass sie von jedem Menschen geschaffen wird. Zu den Vertretern gehören Ernst von Glasersfeld, Heinz von Foerster, Humberto Maturana und Francisco Varela. In Deutschland machte der österreichische Philosoph und Psychologe Paul Watzlawick den Radikalen Konstruktivismus bekannt.**

Paul Watzlawick

Unter Konstruktivismus versteht man eine erkenntnistheoretische Position, die von Kant ausgehend die Konstruktion als Leistung des erkennenden Subjekts ins Zentrum stellt. Die Vertreter des logischen Konstruktivismus gehen davon aus, dass die Wissenschaftstheorie eine Wissenschaftssprache konstruieren muss, die lückenlos begründet werden kann. Demzufolge darf sie nur auf Hilfsmittel zurückgreifen, die zuvor konstruiert wurden oder die der lebensweltlichen Praxis entnommen wurden.

Beim Radikalen Konstruktivismus dagegen handelt es sich um eine skeptizistische erkenntnistheoretische Position, die besagt, dass jeder Mensch die Wirklichkeit, die er wahrnimmt, selbst konstruiert, anstatt sie objektiv zu ergründen.

Die Theorie des Radikalen Konstruktivismus wird in verschiedenen wissenschaftlichen Disziplinen angewandt, wie der Kommunikations- und der Literaturwissenschaft, der Psychologie und der Soziologie.

## Gibt es eine objektive Realität?

Die Wissenschaftler Maturana, Glasersfeld und von Foerster begannen in den 1970er-Jahren, ausgehend von der Kybernetik und Jean Piagets Entwicklungspsychologie, den Radikalen Konstruktivismus zu begründen.

Jean Piaget

Radikale Konstruktivisten gehen davon aus, dass Menschen die Wirklichkeit, in der sie agieren, nicht erkennen und demzufolge auch nicht in ihrem Gehirn abbilden können. Alle Lebewesen, und somit auch Menschen, sind in sich abgeschlossene Systeme, die mithilfe ihrer physiologischen und funktionalen Fähigkeiten ihre eigene Wirklichkeit konstruieren.

Die Vertreter dieser Richtung leugnen nicht, dass es die reale Welt gibt, doch sie zweifeln an einer ontologischen Darstellung der Welt. Sie bestreiten, dass die reale Welt erfahrbar ist, und sind stattdessen der Ansicht, dass Wirklichkeit eine erfundene, beobachtete und somit konstruierte Welt ist. Weil das menschliche Gehirn ein geschlossenes System ist, das sich in seiner Aktivität auf sich selbst bezieht, erzeugt es eine kognitiv abgeschlossene Welt. Äußere Begebenheiten wirken zwar in unterschiedlicher Form auf das Gehirn ein, doch das Gehirn selbst legt fest, welche Einflüsse es in welchem Umfang wahrnimmt und verarbeitet. So schöpft das menschliche Gehirn aus sich selbst heraus. Erst mit sprachlicher Interaktion zwischen Menschen kommt man sich überein, welche Wirklichkeit für die tatsächliche Welt gehalten wird. ■

## Paul Watzlawick

Der österreichische Kommunikationswissenschaftler und Psychotherapeut Paul Watzlawick (1921 – 2007) machte den Radikalen Konstruktivismus in Deutschland mit seinen populärwissenschaftlichen Büchern bekannt. Watzlawick studierte Philosophie und Philologie in Italien und absolvierte anschließend eine Ausbildung zum Psychotherapeuten. Watzlawick, der durch sein Zitat „Man kann nicht nicht kommunizieren" bekannt wurde, gewann die Grundlagen seiner Kommunikationstheorien, als er erforschte, wie schizophrene Patienten kommunizieren. Fünf Axiome gehören zu seiner Kommunikationstheorie:

In einer sozialen Situation kann man nicht nicht kommunizieren.

Jede Kommunikation hat einen Inhalts- und einen Beziehungsaspekt, wobei der Beziehungsaspekt den Inhaltsaspekt bestimmt.

Die Natur einer Beziehung ist durch die Interpunktionen (subjektiv empfundene Startpunkte innerhalb eines unterbrochenen Mitteilungsaustauschs) der Kommunikationsabläufe seitens der Partner bedingt.

Menschliche Kommunikation bedient sich digitaler (gesprochene Worte) und analoger (Lächeln, Hinschauen, Wegblicken) Modalitäten.

Zwischenmenschliche Kommunikationsabläufe sind entweder symmetrisch oder komplementär (basierend auf Gleichheit oder Unterschiedlichkeit).

# Peter Sloterdijk

Peter Sloterdijk (geb. 1947), ein deutscher Philosoph der Gegenwart, wurde vor allem mit seinem 1983 veröffentlichten Werk *Kritik der zynischen Vernunft* berühmt, das zu den meistverkauften philosophischen Büchern des 20. Jahrhunderts gehört. Er hatte verschiedene Lehraufträge, gewann viele Preise und moderiert die TV-Sendung *Das Philosophische Quartett.* 1999 hielt er anlässlich einer Tagung seinen umstrittenen *Menschenpark*-Vortrag. Kritiker warfen ihm später vor, dass er vor dem Hintergrund der Gentechnik mit gezielten Züchtungen und Selektionen die Menschen „zähmen" wolle.

**Peter Sloterdijk**

Der deutsche Philosoph, Essayist und Kulturwissenschaftler Peter Sloterdijk wurde in Karlsruhe geboren. Er studierte in München und Hamburg Philosophie, Germanistik und Geschichte. 1972/73 schrieb er einen Essay mit dem Titel *Michel Foucaults strukturale Theorie der Geschichte.* 1976 promovierte Sloterdijk mit der Arbeit *Literatur und Organisation von Lebenserfahrung.* In den Jahren 1978–80 hielt er sich im Ashram des Bhagwan Shree Rajneesh (1931–90) in Indien auf. Über diese Reise sagte er später: „Das Indienabenteuer war bei mir ein Ausfluss dieser [hedonistischen] Siebzigerjahrestimmung. Man wollte damals Basis und Überbau umkehren und den mentalen Faktor ins Zentrum stellen ... Auch will man den Wettbewerb, wer der Unglücklichste ist, nicht mehr um jeden Preis gewinnen. Man lebt unter einem helleren Himmel. Was mich betrifft: Indien ist völlig in den Hintergrund getreten, aber die damals erlebte Umstimmung wirkt immer noch nach."

## Sloterdijk ist ein erfolgreicher Schriftsteller

Peter Sloterdijk publiziert seit den 1980er-Jahren Bücher. 1983 veröffentlichte er sein Werk *Kritik der zynischen Vernunft,* das heute zu den meistverkauften Philosophiebüchern des 20. Jahrhunderts gehört. Darin kritisiert er Ideologien, die Zynismus in sich tragen, und da seiner

## Der „Sloterdijk-Skandal"

Anlässlich des Symposiums *Jenseits des Seins – Exodus from Being, Philosophie nach Heidegger* vom 16. – 20. Juli 1999 auf Schloss Elmau hielt Sloterdijk einen Vortrag, der die Gemüter erhitzte und einen Gelehrtenstreit entfachte, in dem vor allem über die Anwendung von Gentechnologie beim Menschen diskutiert wurde. In seiner Rede *Regeln für den Menschenpark. Ein Antwortschreiben zum Brief über den Humanismus* bezog sich Sloterdijk auf einen Humanismusbrief, den Martin Heidegger 1947 veröffentlicht hatte. Darin vertrat er streitbare Thesen zur Situation des Humanismus. Zu dieser Rede hatten Sloterdijk vermutlich die sich immer schneller entwickelnde Gentechnik und die Diskussion der Bioethik-Kommission inspiriert. Vor allem seine anthropotechnischen Visionen über die Zukunft riefen Kritik bei anderen Gelehrten hervor. Sie warfen ihm vor, mit gezielten Züchtungen und Selektionen die Menschen „zähmen" zu wollen und einen sogenannten „Kodex der Anthropotechniken" zu entwickeln. Sloterdijk bettete seine Rede in Argumente aus der Philosophiegeschichte ein.

Meinung nach alle Ideologien zynisch sind, fällt die Kritik dementsprechend aus. Sloterdijk wendet sich gegen die pauschale Aussage, dass Wissen Macht ist, und zeigt in seinem Buch auf, dass Wissen allein noch lange nicht ausreicht, um eine Sache wirklich zu begreifen. Er ist der Ansicht, dass die Menschen, die etwas verstehen möchten, über einen Sachverhalt reflektieren müssen.

1988 wurde Peter Sloterdijk eine Gastdozentur der Goethe-Universität in Frankfurt angeboten, 1992/93 lehrte er an der Staatlichen Hochschule für Gestaltung in Karlsruhe Philosophie und Ästhetik. 1993 wurde er Leiter des Instituts für Kulturphilosophie in Wien und 2001 Vertragsprofessor für Kunstphilosophie und Medientheorie. Sloterdijk hat Gastdozenturen im In- und Ausland und gewann viele Preise. 2001 wurde er Rektor der Staatlichen Hochschule für Gestaltung in Karlsruhe. Seit 2002 moderiert Peter Sloterdijk im Fernsehen zusammen mit dem Philosophen Rüdiger Safranski (geb. 1945) die Sendung *Das Philosophische Quartett.*

***Das Philosophische Quartett* mit Sloterdijk und Safranski**

# Dualismus

Yin und Yang

**Dualismus ist eine Weltanschauung, nach der die Gesamtheit der Welt aus zwei voneinander unabhängigen Prinzipien, Substanzen oder Mächten besteht. Die Prinzipien können beispielsweise Gut und Böse oder Yin und Yang sein. Descartes trennte die Welt in denkendes Bewusstsein und ausgedehntes körperliches Sein. Eine Fragestellung im Dualismus gilt der Wechselwirkung der beiden Prinzipien. Der Gegensatz von Dualismus ist der Monismus.**

Der Dualismus ist eine philosophische oder religiöse Lehre. Die Vertreter des Dualismus gehen davon aus, dass die Welt mit ihrem gesamten Wirken aus zwei voneinander unabhängigen, gegensätzlichen und unvereinbaren Substanzen, Materien oder Prinzipien besteht. Das können Sein und Werden, Gut und Böse oder Geist und Materie sein. Der Dualismus steht somit im Gegensatz zum Monismus, bei dem von nur einer Substanz ausgegangen wird, aus der die Wirklichkeit besteht.

Die Prinzipien des Dualismus können unterschiedlich aufeinander wirken. Yin und Yang aus der chinesischen Philosophie ergänzen sich beispielsweise und wirken zusammen. Im Gegensatz dazu steht Zarathustra, in dessen Lehren es ein Reich des Guten und des Lichts sowie ein Reich des Bösen und Dunklen gibt. Diese beiden Mächte waren einander feindlich gesinnt, bis das Prinzip des Guten siegte.

## Platons Menschenbild war dualistisch geprägt

Platon ging in seiner Philosophie von einem metaphysisch-ontologischen Dualismus aus. Nach seinen Lehren gab es zwei unterschiedliche Seinsbereiche: die unveränderlichen Ideen auf der einen und die wahrnehmbaren, veränderlichen Dinge auf der anderen Seite. In seinem Menschenbild ging Platon von einem anthropologischen Dualismus aus: Der Geist des Menschen verbindet ihn mit dem Reich der Ideen. Sein Körper gehört dagegen dem Reich der Veränderungen an und behindert die Seele, nach Ideen zu streben. Erst im Tod wird die Seele befreit. Descartes trennte die Welt in ein denkendes Bewusstsein *(res cogitans)* und ein ausgedehntes körperliches, materielles Sein *(res extensa)*. Er konnte die gemeinsame Existenz dieser beiden unterschiedlichen Prinzipien in einem Wesen, dem Menschen, rational nicht mehr erklären.

## Monismus

Monismus ist eine Philosophie, die im Gegensatz zum Dualismus nicht von zwei Substanzen, sondern nur von einer ausgeht, aus der die Wirklichkeit geschaffen ist. Bereits in der vorsokratischen Zeit gab es den Monismus, als Thales und Anaximenes (585 – 525 v. Chr.) ihre Meinungen vertraten, das alles aus Wasser oder Luft entstanden ist. Im Monismus gibt es drei Richtungen:

- Idealismus/Phänomenalismus: Nach dieser Lehre besteht alles aus Geist. Nur geistige Vorgänge sind wirklich. Heute ist diese Strömung kaum mehr vertreten.
- Materialismus/Physikalismus: Die Vertreter dieser Richtung gehen davon aus, dass alles Materie ist. Nur physikalische oder materielle Dinge und Wirkungen sind real. Der Materialismus hat heute noch viele Anhänger.
- Neutraler Monismus: In dieser Strömung wird davon ausgegangen, dass alle Vorgänge, geistige und physikalische, auf einem dritten, unabhängigen Prinzip beruhen.

**Anaximenes**

Dieser kartesische Dualismus wirkt bis heute nach und brachte viele Neuerungen mit sich. So unterscheidet man beispielsweise heute streng zwischen Natur- und Geisteswissenschaften.

## Kant wollte den Dualismus überwinden

Immanuel Kant versuchte, den Dualismus in Bezug auf die Erkenntnistheorie zu überwinden. Zwar verzichtete er auf die Erkennbarkeit einer an-sich-bestehenden Wirklichkeit, doch hielt er am Ding-an-sich fest als Grundlage alles Erkennbaren. Zwischen dem Ding-an-sich, dem handelnden Subjekt, das pflichtbewusst ist, und den erscheinungshaften Anteilen im Menschen, dem Körper, der sich gegen die Erfüllung des kategorischen Imperativs stellt, kann es zu einem Widerstreit kommen, den Friedrich Schiller folgendermaßen kommentierte: „Zwischen Pflicht und Neigung bleibt dem Menschen nur die bange Wahl.“ ■

# Demokratie

Die erste Demokratie (Volksherrschaft) gab es im alten Griechenland, wo ein Teil der Bürger erstmals die Möglichkeit hatte, durch Wahlen bei Entscheidungen mitzubestimmen. Die Französische Revolution führte dazu, dass sich in vielen Ländern Europas Demokratien durchsetzten. Es gibt unterschiedliche Formen von Demokratie. Für Aristoteles war der Begriff Demokratie negativ besetzt – er fürchtete, dass im schlimmsten Fall der Pöbel herrscht. Auch Kant war der Demokratie gegenüber skeptisch eingestellt. Heute hat sich diese Herrschaftsform in vielen Staaten durchgesetzt.

Die Demokratie, die Volksherrschaft, ist ein Prinzip, nach dem die Bürger regelmäßig wählen können und so die Möglichkeit haben, im Staat mitzubestimmen.

Der griechische Historiker Herodot von Halikarnassos (484–425 v. Chr.) unterschied drei Herrschaftsformen: Die Monarchie, bei der ein Einzelner herrscht, die Aristokratie, bei der wenige herrschen,

## Die Demokratie im alten Griechenland

Die antike Attische Demokratie gilt als erste Demokratie in der Geschichte. Sie wurde nach lange andauernden Auseinandersetzungen zwischen den Reichen und dem Adel auf der einen und dem einfachen Volk auf der anderen Seite eingeführt. Voraussetzung für die Mitbestimmung in der Regierung von Athen war, dass man mindestens 18 Jahre alt und männlich war. Darüber hinaus musste man in die Ekklesia (Volksversammlung) gewählt worden sein. Ungefähr 6000 von 30.000 Bürgern hatten Wahlrecht. Die neue Staatsform war damals umstritten, weil sie den Wählern ermöglichte, Bürger, die die Demokratie gefährdeten, zu verbannen. Zwar war die Voraussetzung dafür, dass alle 6000 wahlberechtigten Athener einstimmig gegen den zu Verbannenden votierten, doch wurde die Praxis des Verbannens häufig missbraucht. Ein weiteres Problem war, dass die Wähler leicht zu beeinflussen waren.

und die Demokratie, bei der das ganze Volk herrscht.

Herodot

Die erste Demokratie gab es im antiken Griechenland, doch dort hatten längst nicht alle Wahlrecht. Frauen, Sklaven, Kinder und Fremdarbeiter machten den größten Teil der Bewohner aus. Sie galten jedoch nicht als Vollbürger und durften demzufolge nicht wählen.

## Mit der Französischen Revolution kam die Demokratie

Mit der Französischen Revolution wuchs in Europa die Forderung nach einer demokratischen Verfassung. Das allgemeine und gleiche Wahlrecht wurde eingeführt und allmählich wurden die Monarchien in Westeuropa durch Demokratien abgelöst. In Flächenstaaten (Staaten oder Länder, bei denen die Fläche des Landes im Verhältnis zu den Einwohnern relativ groß ist) setzte sich die Demokratie bis ins 19. Jahrhundert nicht durch.

## Bei Rätedemokratien werden Repräsentanten gewählt

Bei Demokratien gibt es verschiedene Formen der Machtausübung, die entweder direkt über Volksentscheide ausgeübt werden können oder indirekt. Bei der indirekten Form werden Repräsentanten gewählt, die die Regierung über Parlamente bestimmen. Die plebiszitäre Demokratie ist eine Mischform, bei der sich repräsentative Elemente mit direktdemokratischen abwechseln. Bei der Rätedemokratie wird die Herrschaft über direkt gewählte Räte ausgeübt. Das System der Räte ist in verschiedenen Ebenen aufgebaut; auf der unteren Ebene sitzen einfache Bürger. Jede Ebene sendet einen Vertreter in die übergeordnete Ratsebene. Nach oben hin nimmt die Zahl der Räte ab und die so gebildete Rätepyramide endet mit einem obersten Rat.

## Für Aristoteles war der Begriff Demokratie negativ

Der Begriff der Demokratie war nicht immer so positiv besetzt wie heute. Aristoteles sah in der Demokratie eine entartete Herrschaftsform, bei der eine Mehrheit oder – noch schlimmer – der Pöbel über eine Minderheit herrscht. Seine negative Einstellung gegenüber der Demokratie wirkte in der Philosophie lange nach. Auch Kant lehnte die Demokratie ab, die er zu einem „Despotismus“ erklärte. Hegel hielt eine Demokratie für möglich, jedoch nur in einem unentwickelten Zustand des Volkes.

Heute sind Demokratien weitverbreitete Herrschaftsformen, die sich in vielen Staaten durchgesetzt haben. In Deutschland beispielsweise ist im Grundgesetz vom 23. Mai 1949 im Artikel 20 festgelegt, dass die Bundesrepublik ein „demokratischer und sozialer Bundesstaat“ ist. Auch manche Kirchen werden demokratisch geführt. In der Wirtschaft sind bis heute andere Strukturen vorherrschend. ■

Karikatur von Kant

# Ethik

**Ethik ist ein wichtiges Teilgebiet der Philosophie, das sich mit dem Sittlichen beschäftigt. Gegenstand der Ethik sind menschliche Handlungen und die damit verbundenen Handlungsregeln. Dabei kann es um gesellschaftlich vorgegebene oder um selbst gesetzte Normen gehen. Die Anfänge der Ethik gehen weit zurück: Schon die Sophisten und Platon diskutierten über die Tugenden. Kant brachte mit seinem kategorischen Imperativ eine Wende in der Geschichte der Ethik. Heute sind Themen wie Bio- oder Medizinethik aktuell.**

Die Ethik (griech. ethos: Gewohnheit, Sitte) ist eine Lehre von Sitten und Sittlichkeit, bei der menschliches Handeln im Mittelpunkt steht. Die Regeln des menschlichen Handelns hängen von ethischen Richtlinien ab. Man unterscheidet zwischen der teleologischen und der deontologischen Ethik. Bei der teleologischen Ethik ist für die Beurteilung, ob eine Handlung gut oder schlecht war, ausschließlich entscheidend, welche Folgen dadurch entstanden sind. Das heißt, dass Handlungen aufgrund der daraus folgenden Konsequenzen als moralisch oder unmoralisch bewertet werden. Deshalb bezeichnet man die teleologische Ethik auch als konsequenzalistische Ethik. Im Gegensatz dazu steht die deontologische Ethik. Dabei wird ausschließlich die Intention, die zu einer Handlung führte, beurteilt. Nach Kant waren nur Handlungen gut, die „aus Pflicht" ausgeführt wurden. Heute spricht man deshalb anstelle von deontologischer Ethik auch von kantischer Ethik. Die Tugendethik geht auf Aristoteles zurück und lässt sich der teleologischen oder deontologischen Ethik nicht eindeutig zuordnen.

## Aristoteles sah die Glückseligkeit als höchstes Gut

Schon Platon diskutierte mit den Sophisten über Tugenden, also über die innere Haltung, Gutes mit innerer Neigung zu tun, und über die Lehrbarkeit von Tugenden. Aristoteles machte die Ethik zu einer eigenen Disziplin und sah die Glückseligkeit als des Menschen höchstes Gut an. Er verstand unter tugendhaftem Handeln das Maß zwischen zwei Extremen, wobei beide Extreme einzeln betrachtet immer schlecht waren. Die Stoiker vertraten die Ansicht, dass es ein sittliches Gesetz gibt, das von der Natur gegeben ist. Thomas von Aquin versuchte, ein natürliches Sittengesetz mit der christlichen Offenbarung zu vereinbaren, und entwickelte ein ethisches System, das bis zur Aufklärung Bestand hatte.

**Aristoteles**

## Kant entwickelte den Kategorischen Imperativ

Mit Kant kam eine Wende in der Ethik. Er machte den Kategorischen Imperativ („Handle nur nach derjenigen Maxime, durch die du zugleich wollen kannst, dass sie ein allgemeines Gesetz werde.") zum Thema der freien Selbstbestimmung. Nach Kant war eine Tat nur gut, wenn sie, unabhängig von den Konsequenzen, aus Pflicht ausgeführt wurde. Unter Pflicht verstand er, dass man den Kategorischen Imperativ beachtete.

Im 19. Jahrhundert entwickelten Jeremy Bentham und John Stuart Mill eine utilitaristische Ethik. Dabei orientierte sich ethisches Handeln am allgemeinen Nutzen, ob „das größte Glück der größten Zahl" gewährleistet wird. Im 20. Jahrhundert entwickelten sich weitere Ansätze zur Ethik. Zu den traditionellen Fragestellungen kamen neue hinzu, die durch technologische Fortschritte entstanden, wie Bioethik, Medizinethik, Wirtschaftsethik und ökologische Ethik. ■

### Moral

**Moral sind Sitten, Normen, Werte und Gebräuche, die in einer Gesellschaft üblich sind. Unter Moral versteht man die derzeit aktuelle Sittlichkeit. Diese kann in verschiedenen Kulturen und Epochen anders sein. Der Unterschied zwischen Moral und Ethik liegt darin, dass unter dem Begriff Moral Gebräuche und Sitten zu verstehen sind, die sich historisch gebildet haben, damit die Gemeinschaften des Menschen weiter bestehen können. Ethik dagegen ermöglicht es, aus nur wenigen Regeln menschliche Verhaltensgrundsätze abzuleiten. Ethik bedeutet auch Nachdenken über die Moral. Mithilfe der Ethik können Handlungen als moralisch oder unmoralisch bezeichnet werden.**

# Freiheit

**Freiheit ist ein Grundbegriff in der Philosophie, der zwei Bedeutungen hat. Einerseits ist damit die individuelle Freiheit eines Menschen, zwischen verschiedenen Optionen wählen zu können, gemeint. Andererseits ist Freiheit eine Bezeichnung dafür, dass jeder Mensch seinem Handeln individuelle Prinzipien zugrunde legen kann. Wer die Möglichkeit zur Freiheit hat, ist autonom. Es gibt positive und negative, individuelle und kollektive sowie innere und äußere Freiheit.**

Der britisch-russische jüdische Philosoph Isaih Berlin war es, der 1958 in seiner Schrift *Two Concepts of Liberty* erstmals zwischen positiver und negativer Freiheit unterschied. Negative Freiheit oder Handlungsfreiheit (Freiheit von) kennzeichnet die Abwesenheit von äußeren oder inneren Zwängen, die die Freiheit beeinträchtigen können, wie etwa Nötigung. Philosophische Vertreter von negativer Freiheit sind Hume, Locke und Smith. Positive Freiheit dagegen, auch Willensfreiheit genannt (Freiheit zu), bedeutet, die Fähigkeit und Verpflichtung zur sittlichen Selbstbestimmung (Autonomie) zu haben, also einen Zustand, in dem die Möglichkeiten der passiven Freiheit genutzt werden können. In der klassischen Gesellschaftstheorie der Philosophie ist meistens von negativer Freiheit die Rede.

## Der Freiheitsbegriff änderte sich ständig

In der Antike galt ein Mensch als frei, wenn er sein Schicksal selbst wählte, sich von Leidenschaften befreite und stattdessen ein selbstbeherrschtes und vernünftiges Leben führte. Platon und Aristoteles waren der freiheitlichen Demokratie gegenüber skeptisch eingestellt, da sie hier eine Tendenz zur Anarchie befürchteten. In der Antike waren die Angehörigen der oberen Schichten frei, Sklaven dagegen unfrei. Die griechische Lehre der Stoa entwickelte erstmals ein

**Immanuel Kant**

## Weitere Unterscheidungen des Freiheitsbegriffs

**Der Freiheitsbegriff kann neben positiver und negativer in individuelle und kollektive sowie in innere und äußere Freiheit aufgeteilt werden. Unter individueller Freiheit versteht man zum Beispiel die Freiheit, einen Beruf frei zu wählen. Kollektive Freiheit kennzeichnet die Freiheit einer Gemeinschaft, beispielsweise die Freiheit eines Landes. Äußere Freiheit ist eine soziale Größe, die rechtliche, politische und soziale Umstände einschließt. Man spricht von äußerer Freiheit, wenn ein Mensch seine eigenen inneren Fähigkeiten und Möglichkeiten nutzt, sich von inneren Zwängen wie Konventionen, Gewohnheiten und Erwartungen befreit und sich rational entscheidet. Erziehung und Bildung sind heutzutage die Grundlagen für innere Freiheit.**

individuelles und philosophisches Freiheitsverständnis. Im Mittelalter stand die Religion im Zentrum des Denkens. Es stellte sich die Frage, wie individuelle Freiheit mit Gottes Allmacht zu verknüpfen war. Auch im Mittelalter waren noch viele Menschen Leibeigene und somit das Eigentum anderer. Freiheit bezog sich im Mittelalter hauptsächlich auf die herrschenden Klassen.

**Freiheitsstatue in New York**

Erst im Zeitalter der Aufklärung wurde Freiheit zu dem Begriff geprägt, der unserem heutigen Verständnis von Freiheit nahekommt. John Locke stellte Freiheit neben Leben und Eigentum als ein unveräußerliches Recht der Menschen dar. Voltaire prägte das Prinzip der Meinungsfreiheit. Nach Immanuel Kant war Vernunft die Voraussetzung für Freiheit, da der Mensch ohne seine Vernunft ähnlich einem Tier seinen Trieben folgen würde. Der US-Präsident Franklin D. Roosevelt (1882–1945) sprach von Freiheit der Rede, Freiheit, Gott auf eigene Weise zu verehren, Freiheit von Not als Form internationaler wirtschaftlicher Verständigung und globaler Abrüstung. Nach Ansicht des Existenzialisten Jean-Paul Sartre ist der Mensch dazu verurteilt, frei zu sein und somit eigenverantwortlich zu handeln. Karl Jaspers sah die ursprüngliche Freiheit und Schuldfähigkeit des Menschen in der Unausweichlichkeit der Entscheidung begründet. ■

***Der Heilige Geist* von El Greco**

# Geist

Eine eindeutige Definition für den „Geist" gibt es nicht und dementsprechend hat der Begriff bis heute viele unterschiedliche Bedeutungen. In der Philosophie ist der Geist das Gegenprinzip zur Materie. Denken, Fühlen und Wollen sind im Geist organisiert. Beim bis heute ungeklärten Leib-Seele-Problem steht die Frage im Mittelpunkt, wie sich mentale Zustände zu körperlichen Zuständen verhalten, ob Geist und Materie zwei untrennbare Substanzen sind oder ob sie letztendlich doch eins werden.

Der Begriff „Geist" ist nicht einfach zu beschreiben, weil es keine klare Definition dafür gibt und das Wort mehrere Bedeutungen hat. Im Alltag bedeutet Geist im Sinne von „Heiliger Geist" ein göttliches Prinzip. Geist ist auch ähnlich wie „Gespenst" die Bezeichnung für ein immaterielles Geschöpf, vor dem sich die meisten gruseln. Wir reden von „Geist aufgeben", wenn etwas kaputtgeht, von „geistreich", wenn ein Mensch ausgesprochen intelligent ist, und vom „Zeitgeist" als Gesinnung.

In der Philosophie wird der Geist meist als Gegenprinzip zur Materie verstanden. Geist kennzeichnet den Bereich im Menschen, in dem das Bewusstsein, das Denken, das Fühlen und das Wollen stattfinden und organisiert sind.

## Die Physiologie des Geistes ist bis heute ein Rätsel

Descartes betonte mit seiner Zweisubstanzlehre den Dualismus, bei dem er die Welt in denkendes Bewusstsein und ausgedehntes körperliches Sein trennte. So entstand das Leib-Seele-Problem, das auch als Körper-Geist-Problem bezeichnet wird. Das Leib-Seele-Problem ist eine grundlegende Fragestellung in der Philosophie, bei der gerätselt wird, wie sich mentale Zustände (Geist, Bewusstsein) zu physischen Zuständen (Körper, Gehirn) verhalten. Zu den zentralen Fragen der Physiologie des Geistes gehört, ob es sich bei Körper und Geist um zwei verschiedene Substanzen handelt oder ob die beiden Materien doch eins werden.

Zu den Rätseln gehört auch, ob ein Geist ohne den dazu gehörigen Körper existieren kann, ob wir in unserem Fühlen, Denken und Wollen frei sind und ob Computer einen Geist haben bzw. über künstliche Intelligenz verfügen.

## Wer war zuerst da, der Geist oder die Materie?

Bis heute ist umstritten, ob der Geist ursprünglich ist und die Materie hervorbrachte oder umgekehrt bzw. ob Geist und Materie sich gegenseitig bedingen und damit keins von beiden ursprünglich ist.

Aristoteles sah den Geist als ein „sich selbst denkendes Denken" an, Hegel brachte die Differenzierung zwischen subjektivem, objektivem und absolutem Geist auf. Bei dieser Theorie bezeichnet der subjektive Geist das Denk- und Reflexionsvermögen, der objektive Geist nichtmaterielle gesellschaftliche Begrifflichkeiten wie Moral, Rechte und Pflichten. Der absolute Geist ist nach Hegel der Geist, der in Philosophie, Kunst und Religion auf sich selbst bezogen ist.

Mitte des 20. Jh. war man wegen neuester neurowissenschaftlicher Erkenntnisse versucht, den Geist auf das Gehirn zu reduzieren. In der zeitgenössischen, antimetaphysischen Philosophie wird der Begriff des „Geistes" meistens mit der Bezeichnung „Sprach- und Handlungsfähigkeit" ersetzt. ■

### Der Geist-Begriff in der Psychoanalyse

Sigmund Freud

Der österreichische Psychoanalytiker Sigmund Freud, der zwischen bewussten und unbewussten Bereichen beim Menschen unterschied, ging davon aus, dass geistige Prozesse größtenteils unbewusst ablaufen. Das bedeutet, dass sich jemand, der wütend oder enttäuscht ist, nicht über die Wut oder Enttäuschung bewusst sein muss. Freud vertrat die Ansicht, dass die Struktur des Geistes hauptsächlich durch gesellschaftliche Werte und Normen bestimmt wird. Das Ich, das im sogenannten Drei-Instanzen-Modell gebildet wird, steht nach Freud zwischen dem Unbewussten (Es) und den Normen und Werten des Über-Ich. Die Methoden der Tiefenpsychologie sind bis heute umstritten, aber derzeit wird in der Psychologie davon ausgegangen, dass geistige Strukturen nur verstanden werden können, wenn unbewusste und soziale Prozesse mit untersucht und analysiert werden.

Um etwa Phobien, Depressionen oder Neurosen zu verstehen, muss der soziale Kontext des Erkrankten miteinbezogen werden.

# Gender Studies

Botticelli: *Die Geburt der Venus*

**Gender Studies, früher auch als Frauen- und Geschlechterforschung bezeichnet, entstanden in der zweiten Hälfte des 20. Jahrhunderts. Die interdisziplinäre Forschung findet vor allem in der Philosophie und den Geistes- und Sozialwissenschaften statt und sucht nach Differenzen zwischen sozial und kulturell konstruierten Geschlechtern. Auch die Beziehungen der Geschlechter untereinander werden untersucht, wobei der Begriff „Geschlecht" nicht als biologisches Geschlecht, sondern als soziokulturelles Konstrukt von Sexualität interpretiert wird.**

Simone de Beauvoir schrieb es bereits 1949 in ihrem Werk *Das andere Geschlecht*: „Als Frau wird man nicht geboren, zur Frau wird man gemacht." Mit diesem Satz meinte sie, dass Mädchen und Jungen aufgrund ihrer Sozialisation im Laufe des Lebens verschiedene Verhaltensweisen annehmen, die mit ihrem biologischen Geschlecht nichts zu tun haben. Die Gender Studies haben es sich zum Ziel gesetzt, mithilfe der Geschlechtsidentität unterschiedliche Zusammenhänge des kulturellen und sozialen Lebens von Mann und Frau zu analysieren. An der traditionellen Philosophie kritisieren die Vertreterinnen der Gender Studies, dass in vielen Werken vom „Menschen" die Rede ist, in Wirklichkeit aber der Mann gemeint war. Frauen wurden oft nur am Rande beachtet, wodurch weibliche Aspekte des Lebens völlig außer Acht gelassen wurden. Zudem äußerten sich Philosophen nicht selten diskriminierend über „das andere Geschlecht".

## Es gibt ein Geschlecht und eine Geschlechtsidentität

Seit den 1960er-Jahren gibt es die Unterscheidung zwischen Geschlecht und Geschlechtsidentität (Gender). Mit diesen Begriffen wollten die Forscherinnen verhindern, dass körperliche Unterschiede zwischen Männern und Frauen als Ursache für Diskriminierungen herangezogen werden.

Die amerikanische Philosophin Judith Butler (geb. 1956) vertritt die Meinung,

## Feministische Philosophie

**Julia Kristeva: eine Vertreterin der feministischen Philosophie**

Die feministische Philosophie entstand im 20. Jahrhundert und untersucht die Strukturen natürlicher und soziokultureller Unterschiede der Geschlechter. Sie analysiert, welche Folgen diese Unterschiede auf Philosophie, Wissenschaft, Kunst und die Situation der Frau in der Gesellschaft haben und wie patriarchale Strukturen erkannt werden können. Die feministische Philosophie integriert weibliche Lebenswelten, deckt Diskriminierungen auf und stellt die Geschlechtsneutralität und Objektivität der Philosophie in Frage. Sie untersucht dualistische Vorstellungen von häuslich-familiär und öffentlich-politisch und analysiert, warum die eine mit „weiblich" und die andere mit „männlich" assoziiert wird. In der feministischen Philosophie wird die „Männerdomäne" Politik und die weibliche Vorstellung von Macht diskutiert. In der Ethik sucht sie nach Unterschieden zwischen weiblicher und männlicher Ethik und analysiert, warum die als weiblich interpretierte Fürsorge in der Ethik wenig berücksichtigt wird. Zu den Vertreterinnen feministischer Philosophie gehören die Philosophinnen Julia Kristeva (geb. 1941) und Judith Butler (geb. 1956).

dass man zwischen Geschlecht und Geschlechtsidentität nicht eindeutig unterscheiden könne, weil diese Differenzierung impliziere, dass es dennoch körperliche Merkmale gebe, die unabhängig von Kultur und Gesellschaften existierten. In den aktuellen Gender Studies geht man sogar davon aus, dass auch das biologische Geschlecht ein Ergebnis von kulturellem und sozialem Einfluss ist.

## Aktuelle Projekte der Gender Studies

Derzeit gibt es verschiedene aktuelle Entwicklungen der Gender Studies. So öffnete 2004 an der Berliner Charité ein Zentrum für medizinische Geschlechterforschung, wo Wissenschaftler untersuchen, warum viele Krankheiten bei Männern und Frauen unterschiedlich häufig auftreten und andersartige Symptomatiken zeigen. An verschiedenen Universitäten gibt es Zentren für Geschlechterforschung, wie die Zentraleinrichtung zur Förderung von Frauen- und Geschlechterforschung an der FU Berlin, die Interdisziplinäre Arbeitsgruppe Frauen- und Geschlechterforschung der Universität Kassel oder das Zentrum für feministische Studien an der Universität Bremen.

# Gutes Leben

**Zufriedenheit im Alter**

Unter gutem Leben versteht man, dass ein Individuum entsprechend seiner physischen und psychischen Bedürfnisse nach seinen eigenen Vorstellungen ein positives und erfüllendes Leben verwirklicht, wobei das Konzept in dem entsprechenden sozialen Kontext umgesetzt wird. In der Geschichte der Philosophie gab es viele Denker, die bezweifelten, dass ein gutes Leben möglich ist. Aristoteles predigte schon in der Antike die Glückseligkeit als das Gute für den Menschen.

Schon in der griechischen Antike beschäftigten sich die Philosophen mit dem guten Leben, dem Glück und der Erfüllung. Damit ihre Mitmenschen sich noch glücklicher und zufriedener fühlten, entwickelten sie verschiedene Lehren und riefen zum richtigen Umgang mit dem Körper, der Liebe und der Lust auf. Für Aristoteles war gutes Leben von großer Bedeutung. Unter Glückseligkeit verstand er alles, was für den Menschen gut war. Aristoteles war der Ansicht, dass sich Glückseligkeit am besten in einer politischen Gemeinschaft

### Pierre-Félix Guattari

Pierre-Félix Guattari (1930 – 92) studierte Psychiatrie. Er war politisch aktiv, gründete eine Zeitschrift und traf sich ab 1968 regelmäßig mit anderen Denkern seiner Zeit wie Daniel Cohn-Bendit (geb. 1945). Er lernte Gilles Deleuze (1925 – 95) kennen. Die zentrale Frage Guattaris galt der Subjektivität. Guattari ging in seinen Schriften von der These aus, nach der Delirium und Wahnsinn eine unbewusste Einbringung eines geschichtlich-gesellschaftlichen Feldes sind. Als Grundlage seiner Thesen diente die Wunschmaschine und die Methode der Schizoanalyse.

entwickeln kann. Epikur dagegen war Vertreter der Ataraxie (Unerschütterlichkeit) und sah das Ideal eines jeden Menschen in der Seelenruhe an. Er riet bei Schicksalsschlägen zu seelischer Gelassenheit und sprach sich gegen Übermaß in Lust und Leid aus. Epikur vertrat demnach die Ansicht, dass auch positive Ereignisse wie Freude die Seele aus dem Gleichgewicht reißen könnten.

## Die richtige Moral für ein gutes Leben

Zu Beginn des ersten Jahrhunderts diskutierten die Denker darüber, was für ein Leben als gut im Sinne der moralischen Richtigkeit bezeichnet werden kann. Mit dem aufkommenden Christentum im Mittelalter stellte sich die Frage nach der richtigen Moral mehr und mehr ins Zentrum des Denkens. Mit dem Beginn der Neuzeit kam es zu einer Wende in der Diskussion um gutes Leben und die Philosophen fragten sich, welche Rolle der Staat spielen und welchen Teil er dazu beitragen muss, um einem Menschen ein gutes Leben zu ermöglichen, und diskutierten utopische Modelle. Mit der Französischen Revolution wurde der Wunsch einer gesellschaftlichen Veränderung mit dem Ruf nach Freiheit, Gleichheit und Brüderlichkeit lauter. Marx und Engels wollten die Revolution, den Klassenkampf und die klassenlose Gesellschaft, um den Menschen ein gutes Leben zu ermöglichen. Nietzsche stellte das Individuum in den Mittelpunkt und forderte eine „neue Kultur“ jenseits der akademischen Philosophie, die seiner Meinung nach nicht dem Leben angemessen war.

## Die Wunschmaschine

**Herbert Marcuse**

Im 20. Jahrhundert sahen die Denker in einem guten Leben die Befreiung. Die Befreiung des Begehrens spielte bei Sigmund Freud eine große Rolle, der Wunsch nach Selbstverwirklichung, kreativer Lebensgestaltung und Selbstbestimmung wuchs an. Vertreter der Frankfurter Schule wie Marcuse und Adorno sahen in der Unterdrückung des Begehrens einen Grund, warum politische Veränderungen gescheitert waren.

Zu Beginn der 1970er-Jahre entwickelte der französische Psychiater und Psychoanalytiker Pierre-Félix Guattari (1930–92) zusammen mit dem Philosophen Gilles Deleuze (1925–95) das Konzept einer Wunschmaschine. Die Wunschmaschine, ein maschinell gedachtes Unbewusstsein, war – im Gegensatz zur Psychoanalyse – sprachlich nicht strukturiert, das Subjekt demzufolge nicht von einem Mangel, sondern von einem positiven Wunsch gekennzeichnet. Die beiden Erfinder wollten mit ihrer Wunschmaschine die Möglichkeiten zu sofortigem Handeln und zu gutem Leben eröffnen. ■

# Bewusstsein

**Bewusstsein bedeutet, über Denken, Erinnern, Fühlen, Wahrnehmen, Wollen und weitere mentale Fähigkeiten zu verfügen. Bis heute ist noch viel über das Bewusstsein ungeklärt und eine allgemeingültige Definition gibt es nicht. Bei der Frage nach dem Bewusstsein unterscheiden die Wissenschaftler zwischen einem Qualia- und einem Intentionalitätsproblem. Unter Selbstbewusstsein versteht man die Gewissheit eines Menschen über sich selbst und seine inneren Zustände.**

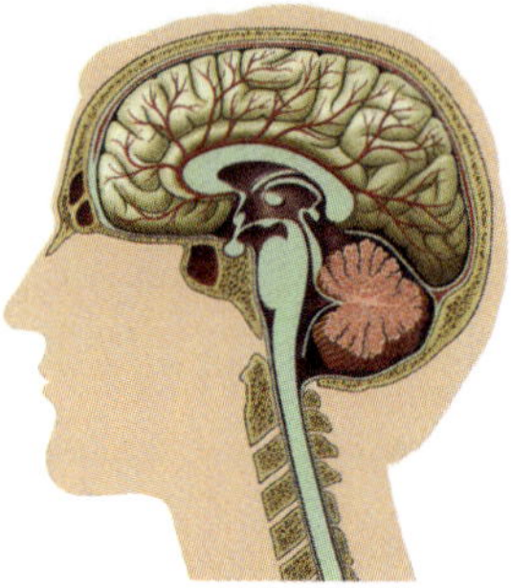

**Das Gehirn: Sitz des Bewusstseins**

Der Universalgelehrte Christian Wolff (1679–1754) war es, der den Begriff „Bewusstsein" in die Philosophie einführte. Dass es ein Bewusstsein gibt, bewies schon vor ihm Descartes mit seinem berühmten Satz „Cogito ergo sum" (Ich denke, also bin ich). Leibniz unterschied zwischen den unbewussten Wahrnehmungen der Monaden und Wahrnehmungen, die mit Bewusstsein verknüpft sind. Kant differenzierte zwischen einem empirischen und einem transzendentalen Bewusstsein.

**Gottfried Leibniz**

Der amerikanische Philosoph Thomas Nagel (geb. 1937) war es, der im 20. Jahrhundert das Augenmerk wieder auf das Bewusstsein lenkte, indem er die Frage stellte: „What is it like to be a bat?" (Wie fühlt es sich an, eine Fledermaus zu sein?). Er argumentierte, dass die Menschen nie erfahren werden, wie es sich anfühlt, eine Fledermaus zu sein, weil die Naturwissenschaften diese subjektiven Phänomene nicht erforschen können.

## Qualiaproblem und Intentionalitätsproblem

Die Frage nach dem Bewusstsein gliedert sich in zwei Teile: das Qualia- und das Intentionalitätsproblem. Qualia (*qualis*, lat.: wie beschaffen) ist der subjektive Erlebnisgehalt eines mentalen Zustandes. Das Qualiaproblem bezieht sich auf die Frage, warum es in der Natur Bewusstsein gibt. Alle Prozesse, die in der Natur vonstattengehen, sind auch ohne ein Bewusstsein erklärbar. Eine naturwissenschaftliche Theorie, die die Annahme eines Bewusstseins unbedingt erforderlich macht, existiert nicht. Das Intentionalitätsproblem ist analog zum Qualiaproblem und bezieht sich auf die Tatsache, dass Bewusstseinsakte wahr oder falsch sein können. Die Kategorien „wahr“ oder „falsch“ lassen sich auf die physikalischen Prozesse im Gehirn, die dem Bewusstsein zugrunde liegen, aber nicht anwenden.

## Zwei verschiedene Betrachtungsweisen des Bewusstseins

Es gibt zwei Möglichkeiten, Bewusstsein zu unterscheiden. Die nicht-symbolische unmittelbare Betrachtung des Bewusstseins ist nur durch die eigene Erfahrung eines jeden Menschen möglich. Ihr gegenüber steht die objektive Betrachtungsweise, bei der Bewusstseinszustände aus der Außenperspektive

Spinoza

der Naturwissenschaften beschrieben werden. Spinoza bezeichnete die unmittelbare Betrachtung als Intuition und die objektive als Intellekt.

## Bis heute ist das Bewusstsein ein Rätsel

Wissenschaftlern ist es bis zum heutigen Tag nicht gelungen, das Rätsel um das menschliche Bewusstsein zu lösen. Der Philosoph Thomas Metzinger (geb. 1958) stellte dazu fest: „Das Problem des Bewusstseins bildet heute – vielleicht zusammen mit der Frage nach der Entstehung unseres Universums – die äußerste Grenze des menschlichen Strebens nach Erkenntnis.“ ■

### Selbstbewusstsein

Der Begriff „Selbstbewusstsein“ ist heute in vielen Disziplinen gebräuchlich, wurde aber erstmals in der Philosophie verwendet. Selbstbewusstsein kennzeichnet das Bewusstsein eines jeden Menschen von sich selbst mit seinen inneren Zuständen. Schon in der Antike wiesen die Philosophen auf die Bedeutung des Selbstbewusstseins und die Fähigkeit zur Selbsterkenntnis durch den Geist hin. Descartes betonte die Selbstgewissheit des Selbstbewusstseins, bei Fichte und Kant stand die reine, apriorische Form des Selbstbewusstseins als transzendentales bzw. absolutes Ich im Mittelpunkt. Hegel ordnete Selbstbewusstsein zwischen Vernunft und Bewusstsein an. Die Philosophen nach Hegel untersuchten empirisch, wie sich das Selbstbewusstsein in der Kindheit herausbildet und inwieweit es von gesellschaftlichen Einflüssen geprägt wird.
In der heutigen Umgangsprache benutzt man „Selbstbewusstsein“ im Sinne von „Selbstwert“.

# Logik

**Logik ist die Lehre des Denkens, Urteilens und Schlussfolgerns. Sie untersucht unter anderem, ob Argumente in Bezug auf ihre Struktur gültig sind und analysiert die Formen logischer Urteile. Logik wird auch als Ethik des Denkens bezeichnet. Mit der Schrift *Organon* legte Aristoteles den Grundstein für die Logik. Man unterscheidet zwischen formaler und traditioneller Logik. Die Logik ist Teilgebiet verschiedener Disziplinen, wie der Philosophie, der Mathematik und der Informatik.**

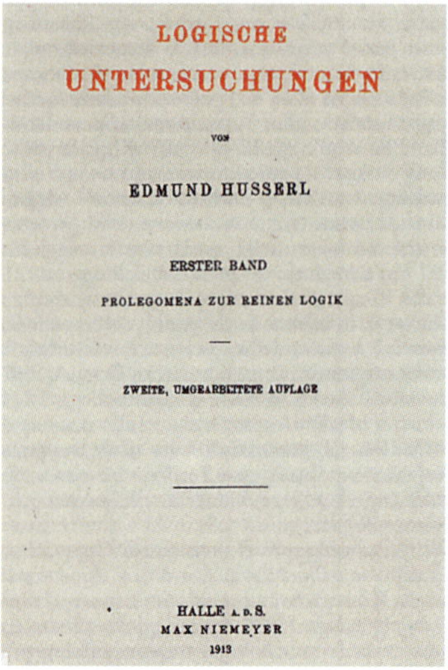
LOGISCHE
UNTERSUCHUNGEN
VON
EDMUND HUSSERL
ERSTER BAND
PROLEGOMENA ZUR REINEN LOGIK
ZWEITE, UMGEARBEITETE AUFLAGE
HALLE A. D. S.
MAX NIEMEYER
1913

**Titelseite eines weiteren Werkes zur Logik**

Bei der Logik geht es um folgerichtiges Denken, um Argumentieren, Beurteilen und um richtige Schlussfolgerungen. Unter richtigem Schlussfolgern versteht man, dass aus wahren bzw. angenommenen Prämissen (Annahmen) widerspruchsfreie Schlüsse gezogen werden können. Heute unterscheidet man zwischen der formalen und der traditionellen Logik. Inhalt der formalen Logik sind die Gesetze aus abgeleitetem Wissen, das aus geprüften oder früher bestimmten Wahrheiten gewonnen wurde. Die traditionelle Logik analysiert allgemeine Logikgesetze, wie das Gesetz vom Widerspruch, das Gesetz vom ausgeschlossenen Dritten oder das Gesetz der Identität.

Aristoteles legte mit seinem Werk *Organon* die Grundlagen der Logik fest. In seiner Syllogistik (altgr. syllogismos: Zusammenrechnen, logischer Schluss) führte er die logische Folgerung auf das Ableiten einer Schlussfolgerung aus zwei Prämissen zurück, die folgende Form hat:

1. Alle Menschen sind sterblich.
2. Sokrates ist ein Mensch.
3. Demzufolge gilt: Sokrates ist sterblich.

## Logik in Antike und Mittelater

Aber auch schon die Eleaten und Sophisten verwendeten Schluss und Beweis. In den Lehren von Sokrates standen Definition und Induktion im Mittelpunkt, Platon begründete eine Dialektik. Im Mittelalter war Logik ein fester Bestandteil des Universitätsstudiums. In der Neuzeit war das Interesse an der Logik zunächst nicht mehr so groß.

## Das *Organon*

In der Antike spielte das *Organon* eine wichtige Rolle. Dabei handelt es sich um Schriften von Aristoteles, in denen er über die Kunst der Logik als ein Werkzeug der Wissenschaft schreibt. Es ist allerdings unwahrscheinlich, dass die Schriften tatsächlich Aristoteles verfasste. Das *Organon* besteht aus sechs einzelnen Schriften, in denen steht, wie Wissen in verschiedene Bereiche eingeteilt und mit logischen Schlüssen, die aus Beobachtungen gewonnen werden, weiter ausgebaut werden kann, etwa durch Beweise. Das *Organon* setzt sich aus den folgenden sechs Büchern zusammen:

- *Kategorien:* Das Grundprinzip hierarchischer Klassifizierung
- *De Interpretatione:* Hier definiert Aristoteles den Begriff der Aussage als etwas, das wahr oder falsch sein kann.
- *Lehre vom logischen Schluss:* Aristoteles erklärt, wie aus zwei Beobachtungen eine neue Aussage abgeleitet werden kann.
- *Lehre vom Beweis:* Das Grundwissen der Wissenschaftstheorien
- *Topik:* Die Lehre von Definitionen
- *Sophistische Widerlegungen:* Die Lehre von Trugschlüssen

## *Principia Mathematica* ist die Grundlage der Logik

In der Mitte des 19. Jahrhunderts wurde Logik wieder mehr beachtet. George Boole (1815–64) fasste die Logik als eine Mathematik auf, bei der es nur die Werte 0 (wahr) und 1 (falsch) gab. Gottlob Frege, einer der bedeutendsten Logiker, stellte eine volle Prädikatenlogik zweiter Stufe vor. Bertrand Russell legte mit den *Principia Mathematica* eine mengentheoretische Grundlegung der Mathematik vor. Diese Schrift diente bis zur Moderne als Ausgangswerk für weitere Forschungen auf dem Bereich der Logik.

**George Boole**

Heutzutage wird Logik in der Philosophie in den meisten Fällen im Sinne von formaler Logik gebraucht. Sie gliedert sich in Elementarlehre und Methodenlehre. Sie wird als formal bezeichnet, weil es darin nur um Formen geht, in denen das logische Denken als „richtiges" geschieht.

Seit dem 20. Jahrhundert nahm die Bedeutung von Logik im Sinne symbolischer Logik zu. Symbolische Logik baut auf einer künstlichen, formalen Sprache auf. Die Schlussregeln sind dort streng definiert.

Seite aus dem Werk von Aristoteles

# Metaphysik

Metaphysik ist eine philosophische Lehre, in der es um alles geht, was empirisch nicht mehr erfass- oder erfahrbar ist. Die Disziplin beschäftigt sich mit dem, was den menschlichen Wahrnehmungen verborgen bleibt. Zentrale philosophische Fragen stehen im Mittelpunkt, wie z. B. die Frage nach dem Unterschied zwischen Geist und Materie, dem Universum und dem Sinn des Seins. Die Metaphysik versucht, die letzten Fragen der Menschheit zu klären. Metaphysik befindet sich im Bereich der Spekulationen.

Die Metaphysik („was nach der Natur kommt") versucht, den Sinn der Wirklichkeit und allen Daseins zu klären. Es werden Antworten auf alle Rätsel gesucht, die wir mit unseren sinnlichen Wahrnehmungen nicht mehr erfassen oder empirisch erfahren können. Dazu gehören Fragen wie: Gibt es einen Gott? Verfügt der Mensch über einen freien Willen? Ist die Seele unsterblich?

## Die Ursprünge liegen im alten Griechenland

Der Begriff „Metaphysik" hat seine Wurzeln in Griechenland. Angeblich soll Androkonos von Rhodos, der im 1. Jahrhundert v. Chr. lebte und die Lehren Aristoteles' erneuerte, die 14 Bücher von Aristoteles, die keinen besonderen Naturbereich zum Thema hatten, in der Bibliothek hinter die acht Bücher Aristoteles' zur Physik geordnet haben. So entstand die Bezeichnung „hinter der Physik". Um 200 n. Chr. setzte sich der Begriff „Metaphysik" als Bezeichnung für die „erste Philosophie" durch, die nach den allgemeinsten Prinzipien des Seins fragte.

## In der Metaphysik geht es um universale Fragen

Folgende Kernfragen gehören zur Metaphysik: Warum gibt es überhaupt etwas? Worin besteht die Wirklichkeit des Wirklichen? Was ist das Sein des Seienden?

Im Einzelnen versucht die Metaphysik, Antworten zu folgenden Themen zu finden: Freiheit, Wille, Unsterblichkeit, Seele, Materie, Geist, Wirklichkeit, Gott, Sein, Werden, Veränderung, Wahrheit, Natur, Nichts. Die Frage, welche Relation zwischen dem Individuellen und dem Allgemeinen besteht, ist ebenso Bestandteil der Metaphysik. Darüber hinaus versucht die Disziplin, das Verhältnis der Wirklichkeit zu der Wirklichkeit, wie sie der Mensch wahrnehmen kann, zu klären und die Beziehung von Sein und Sollen zu bestimmen.

**Nikolai Hartmann**

Schon die Vorsokratiker fragten nach dem Prinzip des Seins. Als Begründer der Ontologie, die sich teilweise mit der Metaphysik überschneidet, gilt der griechische Philosoph Parmenides, der erstmals nach dem Seienden fragte. Platon stellte in seinen Überlegungen die Idee in den Mittelpunkt, Aristoteles begründete schließlich die Metaphysik als eigene Disziplin. Im Mittelalter stand die Metaphysik als „Königin der Wissenschaften" im Zentrum, verlor aber zu Beginn der Neuzeit ihre Sonderstellung, als der Mensch zum alleinigen Maßstab in der Philosophie wurde. Kant kritisierte die Disziplin der Metaphysik und bezeichnete sie als eine „Worthülse". Ab der Mitte des 19. Jahrhunderts wurde die Metaphysik zunehmend skeptischer betrachtet, Materialismus und Positivismus setzten sich durch. Bis ins 20. Jahrhundert hielt die Kritik an der Metaphysik wegen unklarer Zielsetzung an. Philosophen wie Husserl, Heidegger oder Hartmann versuchten eine neue Herangehensweise an die Metaphysik.

## Ontologie

**Bei der Ontologie steht die Lehre des Seins im Mittelpunkt. Grundsätzliche, elementare Eigenschaften, die sogenannten Prinzipien, die das Sein bestimmen, werden diskutiert. Wie auch die Metaphysik beschäftigt sich die Ontologie mit Tatbeständen, die hinter unserer erfahrbaren Wirklichkeit verborgen bleiben und somit unseren Sinnen nicht zugänglich sind. Viele Philosophen sehen die Ontologie und die Metaphysik als die wahren Kernbereiche der Philosophie an, andere stehen den beiden Disziplinen kritisch gegenüber. Die Frage nach dem Sein war für Heidegger existenziell in der Philosophie; er sah sie als einzige Frage an. Manche glauben fälschlicherweise, dass Ontologie und Philosophie identisch sind.**

# Sein

Gedenktafel des Parmenides

**Der Begriff „Sein" ist seit Parmenides ein bedeutender Begriff in der europäischen Philosophiegeschichte. Aristoteles unterschied zwischen Sein und Seiendem. Als umfassender und allgemeiner Begriff ist „Sein" nicht einfach zu definieren. „Sein" gilt als Gegenbegriff von Nichts. Einige Philosophen vertreten die Ansicht, dass das Sein dem Nichts vorgeordnet ist.**

„Sein“ ist ein wichtiger Begriff in der europäischen Philosophie, insbesondere in den Disziplinen Metaphysik und Ontologie. Eine allgemeingültige Definition für „Sein“ gibt es nicht; vielmehr ist das Wort aufgrund seiner Allgemeinheit und Umfassendheit schwierig zu erklären. „Sein“ ist alles, was in irgendeiner Form „ist“, also existiert, unabhängig davon, ob es bekannt ist oder nicht. „Sein“ charakterisiert unseren Zustand, aus dem heraus wir leben. „Sein“ ist all das, was wir hören, sehen, fühlen, schmecken, riechen, also alles, was wir mit unseren Sinnen aufnehmen können. „Sein“ umfasst auch unsere Handlungen, unsere Gedanken, unsere Ideen, unsere Gefühle und alles, was uns umgibt, also die Natur, die Kultur, die ganze Welt und unser eigenes Ich.

„Sein“ ist der Gegenbegriff von Nichts. Es gibt zwei Möglichkeiten, dieses Gegensatzpaar zu erklären: Entweder wird das Sein ausschließlich gedacht (wie bei Parmenides) oder aber das Sein wird zusammen mit dem Nichts zu dem ständigen, immerwährenden Prozess von Sein und Nichts, Werden und Vergehen, entsprechend des dynamischen Weltprinzips von Heraklit oder Hegel.

## Parmenides sprach als einer der Ersten vom Sein

Parmenides war einer der ersten Philosophen, die das Wort „Sein“ zu einem Teil ihrer Philosophie machten. Der griechische Philosoph unterschied zwischen Sein und Nichtsein, sprach aber nur dem Sein Realität zu. Für Aristoteles wurde das Sein zu einer zentralen Kategorie. Er unterschied zwischen dem Sein, den allgemeinen Bestimmungen von Dingen, und dem Seienden, den konkreten und endlichen Dingen. Thomas von Aquin sah das göttliche Sein an der oberen Spitze der Seinsordnung, die die Natur geschaffen hat.

**Thomas von Aquin**

Im Mittelalter war Sein gleichbedeutend mit Wirklichkeit. Gott galt als reine Wirklichkeit. Nikolaus von Kues entwickelte einen dynamischen Seinsbegriff. Descartes prägte mit dem Satz „Ich denke, also bin ich" ein Sein, das vom Subjekt abgeleitet wird. Die Empiristen sprachen sich gegen den Dualismus aus und sahen das Seiende als Grundlage der Erkenntnis. Für Hegel war Sein ein abstrakter Begriff. Seiner Ansicht nach gab es zwischen dem Nichts und dem reinen Sein Ähnlichkeiten. Er sah das Sein in Verbindung mit etwas Absolutem, was Subjekt und Objekt aufhebt. Im 20. Jahrhundert stellte Heidegger das Sein wieder in den Mittelpunkt der Philosophie. Er warf den abendländischen Philosophen vor, dass sie nicht nach dem Sinn des Seins, wohl aber nach dem Sinn des Seienden gefragt hätten, und näherte sich dem Sein über die menschliche Existenz an. Der Philosoph Nicolai Hartmann (1882–1950) entwickelte die Schichtenlehre, mit der er die wichtigsten Kategorien der Seinsschichten analysierte. ■

## Nihilismus

**Heinrich Jacobi**

Das Wort „Nihilismus" (lat. nihil: Nichts) wurde von dem Philosophen Friedrich Heinrich Jacobi (1743–1819) geprägt und kennzeichnet eine Weltanschauung, bei der die Sinnhaftigkeit der Welt bestritten wird. Feststehende Wahrheiten werden genauso wie objektive Erkenntnismöglichkeiten verneint. Nihilisten erkennen keine allgemeine Moral an, weil sie sich gegen absolute Regeln, Normen, Werte und Gesetze aussprechen. Nietzsche sieht den Nihilismus als Verfallsprozess der europäischen Kulturentwicklung. Karl Jaspers wollte das Nichts aufheben, vertrat aber den Standpunkt, dass es nur der Unglaube möglich macht, zum Glauben zu finden. Die französischen Existenzialisten stellten sich als Nihilismus eine Welt ohne Sinn vor, gegen die sich das Individuum mit existenziellem Engagement auflehnen kann.

# Vernunft

**Vernunft ist in der Philosophie eine Bezeichnung für die menschliche Fähigkeit, Prinzipien zu reflektieren, Zusammenhänge zu erkennen und entsprechend zu handeln. Die Vernunft gilt als unser oberstes Erkennungsvermögen und hat die Aufgabe, den untergeordneten Verstand zu regulieren. Eine besondere Bedeutung kommt der Vernunft im Sinne von „vernünftigem Handeln" zu, wo ethische Prinzipien die Grundlage bilden. Vernunft und Verstand haben verschiedene Bedeutungen.**

**Goya:** ***Der Schlaf der Vernunft gebiert Ungeheuer***

Unter Vernunft versteht man die Fähigkeit, allgemeine Grundlagen des praktischen Handelns und des theoretischen Erkennens miteinander zu verknüpfen, Zusammenhänge zu bilden, Bedeutungen zu erkennen und dementsprechend zu handeln. Die individuelle Lebenssituation steht dabei im Mittelpunkt. Die Vernunft ist eine Voraussetzung, damit der Mensch reflektieren kann. Bis heute gehen die Meinungen der Philosophen auseinander, ob es neben der menschlichen (theoretischen oder subjektiven) Vernunft noch eine objektive Vernunft (metaphysische) gibt, die die Welt nach einem oberen Prinzip ordnet.

## Vernunft hat unterschiedliche Bedeutungen

Das Wort „Vernunft" hat mehrere Bedeutungen. Einmal hilft uns Vernunft bei der Erkenntnis, indem sie systematisiert und einen Bezugsrahmen für das Wissen vorgibt. Dann wird der Begriff „Vernunft" verwendet, wenn es um „vernünftiges Handeln" geht. Das bedeutet, dass dem Handeln eine Ethik zugrunde liegt, die Aristoteles als das rechte Maß und Kant als den kategorischen Imperativ bezeichnete. Zuletzt kennzeichnet Vernunft eine „höhere Ordnung". Diese Bezeichnung geht meistens auf religiöse Überzeugungen zurück.

## Platon differenzierte die Vernunft

Schon im antiken Griechenland diskutierten die Philosophen den Begriff der Vernunft. Platon differenzierte zwischen *noesis*, der Fähigkeit, das Seiende in seinem Wesen zu erkennen, und *dianoia*, der methodischen Erkenntnisweise. Im Mittelalter wurde *noesis* vom Lateinischen mit *intellectus* übersetzt und *dianoia* mit *ratio*. Martin Luther und Meister Eckhart begriffen *intellectus* als Verstand und *ratio* als Vernunft. Der Verstand war der Vernunft

**Sitzstatue Platons in Athen**

übergeordnet. Durch die starke Einbindung des christlichen Glaubens im Mittelalter war die Annahme verbreitet, dass das Wort Gottes eine natürliche Vernunft widerspiegelt. Auch in außereuropäischen Kulturkreisen sah man im Mittelalter die Vernunft in enger Verbindung mit Gott. In der Aufklärung, als mittels der Vernunft die Wahrheit ans Licht gebracht werden sollte, spielte sie eine besondere Rolle. Mit der Vernunftreligion wollten sich die Menschen vom über alles herrschenden Einfluss des Christentums befreien und Freiheit, Bildung und Wohlstand erreichen. Kant sah die Vernunft als ein dem Verstand vorgeordnetes Erkenntnisprinzip an und unterschied zwischen praktischer und theoretischer Vernunft. Unter praktischer Vernunft verstand er, dass ethische Prinzipien das Handeln leiten, mit theoretischer Vernunft meinte er die menschliche Fähigkeit, zu reflektieren, Schlüsse zu ziehen, sich selbst zu prüfen und zu Vernunftideen zu gelangen. In seinem Werk *Kritik der reinen Vernunft* zeigte er die Grenzen der Vernunft auf. Hegel sah in der Vernunft das spekulative Vermögen, Einsicht in das Absolute zu gewinnen. Seit dem Marxismus sind Vernunft und Fortschritt eng miteinander verwoben. Im 20. Jahrhundert bildete sich eine moderne Vernunftkritik heraus, die vor allem von der Frankfurter Schule ausging und unter anderem den Holocaust zu erklären versuchte. ■

### Verstand

Umgangssprachlich wird kaum ein Unterschied zwischen Vernunft und Verstand gemacht. In der Theorie versteht man unter Verstand das Erkenntnisvermögen zum Erzeugen von Zusammenhängen. Kant war der Ansicht, dass die Möglichkeiten des Verstands auf das reduziert sind, was der wahrzunehmende Gegenstand sein kann. Verstand ist eine Fähigkeit, die durch die Vernunft reguliert wird und bei der Sinneseindrücke miteinander verknüpft und Urteile gefällt werden. Während die Vernunft als Grundlage von Erkenntnisgewinn dient, ist der Verstand ein Instrument, bei dem viele verschiedene kognitive Fähigkeiten zusammenwirken.

# Wahrheit

Die Wahrheit kommt vom Himmel

**Wahrheit ist in der Philosophie ein bedeutender und zentraler Begriff, denn seit den Anfängen dieser Wissenschaft suchen die Philosophen nach der Wahrheit. Über die Auffassung der Wahrheit gibt es unterschiedliche Meinungen. In der Umgangssprache geht man von Wahrheit aus, wenn eine Aussage oder ein Gedanke mit dem tatsächlich Vorhandenem oder Geschehenem übereinstimmt. Es gibt verschiedene Wahrheitstheorien.**

Der Wahrheitsbegriff wird in der Philosophie als *Adequatio intellectus et rei*, als Übereinstimmung von Geist und Sache, bezeichnet. Das heißt, Wahrheit bedeutet, dass ein objektiver Tatbestand in unserem Bewusstsein vorhanden und dass Täuschung dabei ausgeschlossen ist. In der Philosophie gibt es verschiedene Wahrheitstheorien: die Korrespondenztheorie, die Evidenztheorie, die Kohärenztheorie, die pragmatische Wahrheitstheorie und die Konsensustheorie. Die Korrespondenztheorie wird von den Denkern des Realismus vertreten. Sie sprechen von Wahrheit, wenn eine Aussage oder ein Gedanke mit den gegebenen Tatsachen übereinstimmt beziehungsweise korrespondiert. Skeptizisten kritisieren an der Korrespondenztheorie, dass sich nicht mit Sicherheit sagen lässt, ob der Mensch Tatsachen so erkennen kann, wie sie wirklich sind, weil soziale, psychologische, historische und physische Faktoren bei der Erkenntnis mitwirken und sich somit kaum überprüfen lässt, ob eine Aussage oder ein Gedanke tatsächlich wahr ist.

## Die Evidenztheorie entstand aus der Mathematik

Bei der Evidenztheorie ist die Wahrheit unmittelbar und einleuchtend. Die Theorie wurde in den 1960er- und 1970er-Jahren entwickelt und kommt aus dem mathematischen Gebiet der Wahrscheinlichkeitstheorie. Die Evidenztheorie wird vor allem dann eingesetzt, wenn sich widersprechende Aussagen aus unterschiedlichen Quellen vorliegen und so kombiniert werden müssen, dass eine stimmige Gesamtaussage entsteht. Bei der Kohärenztheorie handelt es sich um eine Wahrheitstheorie aus dem Idealismus. Sie begreift Wahrheiten als widerspruchs-

## Nicholas Rescher

Der US-amerikanische Philosoph (geb. 1928) ist der bekannteste Vertreter der Kohärenztheorie. Reschers Vater arbeitete als Anwalt. Während des Zweiten Weltkriegs sprach er sich gegen die Nationalsozialisten aus und wanderte nach der Schließung seiner Kanzlei 1938 in die USA aus. Rescher studierte Mathematik und Philosophie. 1957 bekam er eine Professur für Philosophie. Seit 1961 lehrte Rescher an der Universität Pittsburgh. Dort leitete er das „Center for Philosophy of Science". In seinem Werk setzt er sich kritisch mit dem Logischen Positivismus auseinander. Rescher versucht, die Methodik der analytischen Philosophie mit traditionellen philosophischen Fragestellungen zu verbinden. Vor allem seine Kohärenztheorie zur Wahrheit wurde bekannt.

freien Zusammenhang eines Systems von Aussagen, wobei mehrere Aussagensysteme bestehen können und nicht ausgeschlossen werden kann, dass das ganze System unwahr ist. Wahrheit kann der Kohärenztheorie zufolge nur als System verstanden werden. Die Aussage, dass sich die Erde um die Sonne dreht, kann nach der Kohärenztheorie als wahr gelten.

**Der Mund der Wahrheit in der Kirche S. Maria in Cosmedin**

Voraussetzung dafür ist, dass diese Aussage mit anderen Darstellungen aus dem kopernikanischen Weltbild ohne Widersprüche zusammenhängt. Die Kohärenztheorie setzt Wahrheiten voraus, die bereits als wahr gelten.

## Die pragmatische Wahrheitstheorie kommt aus dem Alltag

Bei der pragmatischen Wahrheitstheorie wird Wahrheit in der Bewährung von Aussagen in Bezug auf deren Nützlichkeit verstanden. Das heißt, was sich im Leben bei dem Bewältigen von praktischen Problemen und Fragestellungen bewährt hat, gilt als wahr.

Die Konsensustheorie bestimmt Wahrheiten über die potenzielle Übereinstimmung einer unendlich großen Menschenmenge bei optimalen Kommunikationsvoraussetzungen.

In der aktuellen Philosophie ist die Konsensustheorie neben der pragmatischen Wahrheitstheorie am häufigsten vertreten.

Wo ein Wille ist …

# Wille/ freier Wille

Ein Mensch, der einen Willen hat, verfügt über Ziele, Wünsche, Begehrlichkeiten, Pläne und kann sich bewusst für oder gegen etwas entscheiden. Voraussetzung für den Willen ist, dass ihm keine fremden Einflüsse entgegenwirken. Wer seinen Willen durchsetzen möchte, braucht Durchhaltevermögen. Unter freiem Willen versteht man Willensfreiheit, also die Möglichkeit eines jeden Menschen, frei und aus sich selbst heraus etwas zu wollen. Determinismus und Interdeterminismus vertreten gegensätzliche Auffassungen zum menschlichen Wollen und Handeln.

Wer einen Willen hat, verfügt über Ziele oder Wünsche, die er in die Tat umsetzen möchte. Dabei ist entscheidend, dass diese Begehrlichkeiten und Anliegen aus dem eigenen Antrieb des jeweiligen Menschen heraus geschehen. Ist das nicht der Fall und der Mensch aufgrund äußerer Einflüsse wie Krankheit, Zwänge, Süchte etc. in dem Verfolgen seiner Ziele eingeschränkt, hat er keinen freien Willen. Einen (festen) Willen zu haben, bedeutet, dass Pläne durch konsequentes und zielgerichtetes Handeln oder schriftliche und mündliche Willensäußerungen in die Tat umgesetzt werden. Ein fehlender oder schwacher Wille heißt, dass nach außen hin wenig oder gar kein Versuch erkennbar ist, den eigenen Willen umzusetzen. Wirklichen Willen zu haben bedeutet, dass die entsprechende Person zumindest versucht, ihren Willen durchzusetzen. Um seinen Willen umzusetzen, muss der Mensch konzentriert sein und über Durchhaltevermögen verfügen. Er muss in der Lage sein, immer wieder auftretende Hindernisse aus dem Weg zu räumen, mit Phänomenen wie Frustration, Resignation und Entmutigung umgehen können. Hat der Mensch aber schließlich sein Ziel erreicht, fühlt er sich froh und glücklich darüber und in seinem Selbstwert gestärkt.

## Der freie Wille ist das Wollen aus sich selbst heraus

Einen freien Willen zu haben bedeutet, dass ein Mensch sein Wollen aus sich heraus selbst und frei bestimmen kann. Der Begriff des freien Willens wurde bereits seit der griechischen Antike, besonders aber während der Aufklärung kontrovers diskutiert. Immer wieder zweifelten die Gelehrten daran, dass es Willensfreiheit gibt, weil jeder Mensch in Kausalketten eingebunden ist und deshalb zwangsläufig so handeln muss, wie er schließlich handelt. Spinoza, Schopenhauer und Nietzsche stellten die Willensfreiheit infrage. Sie waren der Ansicht, dass Freiheit nur ein subjektiver Schein ist, weil dem Menschen die Kausalketten unbekannt sind. Dagegen sprachen sich Popper und Platon für Willensfreiheit und Interdeterminismus aus. ■

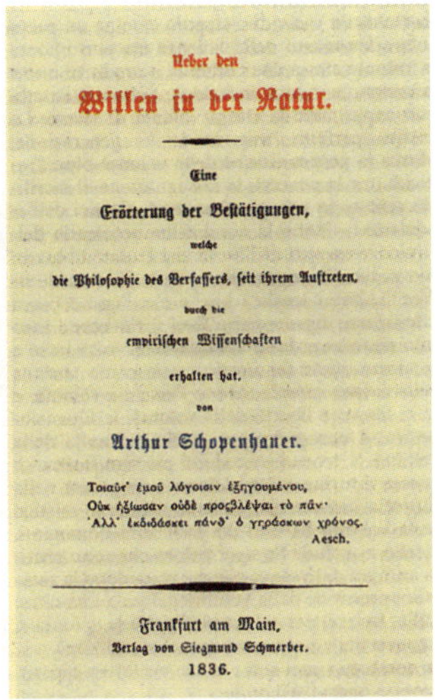

Ueber den

Willen in der Natur.

Eine

Erörterung der Bestätigungen,

welche

die Philosophie des Verfassers, seit ihrem Auftreten,

durch die

empirischen Wissenschaften

erhalten hat.

von

Arthur Schopenhauer.

Τοιαῦτ' ἐμοῦ λόγοισιν ἐξηγουμένου,
Οὐκ ἠξίωσαν οὐδὲ προσβλέψαι τὸ πᾶν·
Ἀλλ' ἐκδιδάσκει πάνθ' ὁ γηράσκων χρόνος.
Aesch.

Frankfurt am Main,

Verlag von Siegmund Schmerber.

1836.

**Titelseite von Schopenhauers Werk *Über den Willen in der Natur***

### Determinismus und Willensfreiheit

Unter Determinismus/Interdeterminismus versteht man eine gegensätzliche Auffassung zu der Frage des menschlichen Wollens und Handelns. Im Determinismus wird die Meinung vertreten, dass menschliches Wollen und Handeln vorausbestimmt ist und dass es keine Zufälle gibt. Es wird angenommen, dass alle Ereignisse zwangsläufig aus vorangegangenen Ereignissen resultieren. Interdeterminismus bedeutet dagegen, dass sich der Mensch unabhängig und frei entscheiden kann, weil es auch Ereignisse gibt, die nicht durch vorangegangene Ereignisse festgelegt sind. Im Zentrum dieser beiden Auffassungen steht das Verhältnis von Ursache und Wirkung. Die Vertreter des Determinismus begründen ihre Ansicht durch Gott oder eine universale Kausalität, die für die Bestimmung verantwortlich sind. Determinismus bedeutet, dass alle Ereignisse des Lebens in Vergangenheit, Gegenwart und Zukunft über das Kausalprinzip zuzuordnen sind. Somit würden alle psychischen Vorkommnisse psychologischen Regeln unterliegen, physische den physischen Gesetzen und die Natur den Bestimmungen der Natur. Der Mensch kann aber auch durch seinen genetischen Code oder seine Geschichte vorbestimmt sein. Vertreter des Determinismus widersprechen somit einer Willensfreiheit oder Verantwortlichkeit. Anhänger des Interdeterminismus gehen dagegen davon aus, dass der Mensch für sein Wollen und Handeln selbst verantwortlich ist.

# Wissen

Tschechische Nationalbibliothek in Prag

**Wissen gilt in der Philosophie als ein Zustand der Erkenntnis. Eine allgemeingültige Definition über Wissen existiert nicht und viele Fragestellungen, die mit diesem Begriff einhergehen, sind bis heute ungeklärt. Die griechischen Philosophen unterschieden zwischen Wissen und Meinung. Aristoteles differenzierte zwischen praktischem und theoretischem Wissen und Kant sprach vom Wissen als von einem „Für-wahr-Halten." Der französische Philosoph Lyotard unterschied narratives und diskursives Wissen.**

Eine Definition über Wissen, die alle Aspekte umfasst und die für die verschiedensten Bereiche gültig ist, gibt es nicht. Im Allgemeinen versteht man unter Wissen Informationen, über die eine Person oder Gruppe verfügt. In der Philosophie treten bei der Diskussion um den Wissensbegriff viele Fragestellungen auf: Wie wissen wir, dass wir etwas wissen? Wo ist das Wissen? Ist es im Gehirn gespeichert und wenn ja, in welcher Form? Wie können wir an uns und an anderen erkennen, dass wir / die anderen etwas wissen, wo man doch nicht sehen kann, ob jemand etwas weiß? Kann man den Wissenszustand fassen? Was bedeutet, dass jemand etwas weiß? Was sind die Voraussetzungen, damit eine Person sagen kann, dass sie etwas weiß?

## „Ich weiß, dass ich nichts weiß"

Im antiken Griechenland stellten einige Philosophen Wissen und Meinung gegenüber. Wissen implizierte Wahrheit, wohingegen die Meinung zwar wahr sein konnte, aber diskutabel war. Als Sokrates durch die Straßen Athens spazierte, bekannte er: „Ich weiß, dass ich nichts weiß." Und er begann, Fragen zu stellen. Platon definierte Wissen als „wahre, mit Begründung versehene Meinung". War die Begründung methodisch, so handelte es sich um wissenschaftliches Wissen. Aristoteles unterschied zwischen einem praktischen Wissen (wissen, dass) und einem theoretischen Wissen (wissen, warum). Er stellte verschiedene Stufen des Wissens auf: Wahrnehmung, Erinnerung, Erfahrung,

## Deklaratives Wissen

Unter deklarativem Wissen versteht man Wissen über Fakten. Es gibt verschiedene Formen deklarativen Wissens:

- Wissen über Fakten (Der Elefant ist ein Säugetier; die Amsel ist ein Vogel)
- Wissen über semantische Beziehungen, zum Beispiel:
  - Kausalbeziehungen (Blitz/Donner)
  - Abstraktionen (Der Tisch ist ein Möbelstück)
  - Zeitliche Beziehungen (chronologische Abfolge)
  - Teil-Von-Beziehungen (Der Henkel ist ein Teil von der Tasse)
  - Räumliche Beziehungen (Beziehungen von Behälter und Inhalt)
- Meta-Wissen: Wissen über Wissen
- Wissen über Regeln und einschränkende Bedingungen
- Wissen über Handlungen und Ereignisse

Kunst und Weisheit. Er verstand die Wertigkeit der Unterkategorien zwar als unterschiedlich, sah sie jedoch als methodisch nicht aufeinander reduzierbar an. Anders als Platon bezog er praktisches Wissen auf den Einzelfall und nicht auf das Allgemeine sowie auf das Veränderliche und nicht auf das Unveränderliche. Kant schrieb in seinem Werk *Kritik der reinen Vernunft* von den verschiedenen Weisen des Für-wahr-Haltens (meinen, glauben und wissen). Er definierte Wissen als subjektives Überzeugtsein und objektive Begründbarkeit. Karl Popper war der Ansicht, dass es sehr wenig gibt, was die Menschen mit Sicherheit wissen und dass der größte Teil unseres Wissens aus Vermutungen besteht.

**Lesender Mönch beim Studium**

## Lyotard unterschied zwischen narrativem und diskursivem Wissen

Der französische Philosoph und Literaturtheoretiker Jean-François Lyotard (1924–98) unterschied zwischen narrativem und diskursivem Wissen. Unter diskursivem Wissen versteht er Wissen der Moderne, das im Diskurs ermittelt und explizit legitimiert wurde. Dazu gehört auch wissenschaftliches Wissen, das er als spezifisches diskursives Wissen beschrieb, das dem akademischen Diskurs sowie dessen Regeln und Gesetzen unterworfen ist. Als narratives Wissen bezeichnete Lyotard traditionelles Wissen, das in Form von Geschichten und Erzählungen weitergegeben wird und sich selbst legitimiert. ■

# Zufall

**Der Begriff „Zufall" ist ein fester Bestandteil der philosophischen Disziplin, wird aber auch in der Mathematik, der Physik, der Psychologie und der Soziologie diskutiert. Im Altertum wurden die Schicksalsgöttinnen für Zufälle verantwortlich gemacht, im Christentum dachte man, dass Gott alles steuert. Heute gibt es Deterministen, die glauben, dass Ereignisse vorbestimmt sind, und Interdeterministen, die der festen Überzeugung sind, dass es sich bei allen Ereignissen um Zufallserscheinungen handelt.**

**Mathe-Ass ist dem Zufall auf der Spur**

Schon im Altertum machten sich die Menschen Gedanken über Zufälle. Zu dieser Zeit schrieben sie das Vorkommen von Zufällen den Glücks- und Schicksalsgöttinnen zu. Im Christentum des Mittelalters galt es als Gotteslästerung, wenn jemand wagte, an Zufall zu denken, da es Gott war, der alles steuerte. Heute gibt es verschiedene Bedeutungen des Zufallbegriffs. Als zufällig gelten in der Regel (1) Ereignisse, die nicht vorhersehbar waren, (2) Ereignisse, die unbeabsichtigt waren, (3) Er-eignisse, deren Vorkommen als sehr unwahrscheinlich gilt, (4) Ereignisse einer bestimmten Sache, die nicht unabdingbar zu dieser Sache dazu gehören, und (5) Ereignisse, die ohne ersichtlichen Grund und außerhalb von Kausalitätsketten auftreten. Es gibt einen relativen oder epistemischen und einen absoluten oder ontologischen Zufall. Bei den ersten vier Bedeutungen spricht man von einem relativen Zufall.

## Relativer versus absoluter Zufall

Bei relativem Zufall erscheint etwas innerhalb eines bestimmten Blickwinkels als Zufall, was von einem anderen Standpunkt her notwendig ist. Bei Ereignissen, die ohne ersichtlichen Grund und außerhalb von Kausalitätsketten auftauchen, ist der Zufall absolut. Bis heute ist in der Philosophie und in den Naturwissenschaften umstritten, ob es absoluten Zufall gibt. Deterministen wie Spinoza, Schopenhauer und Nietzsche gehörten zu den Philosophen, die daran glaubten, dass alle Ereignisse determiniert (vorbestimmt) waren, und die bestritten, dass es absolute Zufälle überhaupt gibt. Interdeterministen, also Zufallsanhänger wie Popper, hielten absolute Zufälle für möglich. Bei den Interdeterministen glaubt ein Teil an extreme Zufälle nach Kausalitätsprinzipien und der andere ist davon überzeugt, dass alle Ereignisse Zufallserscheinungen sind.

## Ist unsere Welt vorbestimmt oder zufällig?

Bis heute wird darüber geforscht, ob unsere Welt deterministisch (kausal vorherbestimmt) oder zufällig ist. Zwar werden immer wieder Ereignisse als zufällig eingestuft, doch sollte man dabei beachten, dass möglicherweise zu wenig Informationen vorliegen, um exakt den Tathergang voraussehen zu können, oder ob das System in sich zufällig ist. Bei deterministischen Systemen sind die Ergebnisse eines Versuchs unter exakt den gleichen Bedingungen immer dieselben.
In der Stochastik, einem Teilgebiet der Mathematik, in dem es um Häufigkeiten und Wahrscheinlichkeiten geht, werden verschiedene Begriffe wie „Beobachtung" und „Wahrscheinlichkeit" gebraucht, um den Zufall formal zu beschreiben. Ausschlaggebend für die Wahrscheinlichkeitstheorien war das Glücksspiel, mit dem auch heute oft noch diese Theorien illustriert werden. Mithilfe der Statistik kann bei einem gegebenen Zufallsexperiment die Wahrscheinlichkeitsverteilung ermittelt werden. ■

**Würfel fallen zufällig**

### Zufall und freier Wille

**Dass Zufall und freier Wille eng miteinander verbunden sind, zeigt die Tatsache, dass man auf der einen Seite begründen kann, dass eine freie Entscheidung zumindest zum Teil unabhängig von anderen Einflüssen (inneren und äußeren) ist. Insofern ist sie determiniert (vorbestimmt). Auf der anderen Seite kann genau das als zufällig angesehen werden. Folgt man dieser Auffassung, bedeutet das, dass man in einem Universum ohne Zufall keinen freien Willen mehr hat, weil jede Entscheidung vorhergesagt werden kann, vorausgesetzt, man kennt alle Einflussmöglichkeiten. Kommt eine Entscheidung nun zufällig zustande, bedeutet das erst recht nicht, dass wir uns aus freiem Willen für eine Sache entschieden haben.**

# Buddhismus

Meditierender Buddha

**Buddhismus ist eine Weltkultur, Lehrtradition und Religion, der heute etwa 500 Millionen Menschen angehören. Die Gründung des Buddhismus geht auf den historischen Buddha, Siddharta Gautama (563 – 483 v. Chr.), zurück, der im heutigen Nepal geboren wurde. Es gibt drei verschiedene Richtungen des Buddhismus: Hinayana, Mahayana und Vayrayana. Drei Merkmale des Daseins, Vier Edle Wahrheiten und der Achtfache Pfad sind in allen Strömungen vereint.**

Der Buddhismus ist heute besonders in den Ländern Bhutan, China, Japan, Kambodscha, Laos, Mongolei, Sri Lanka, Südkorea, Thailand, Tibet und Vietnam verbreitet. Er knüpft an indische Traditionen des Brahmanismus und des Hinduismus an. Mit den Veden, den heiligen Schriften des Hinduismus, bricht der Buddhismus. Die Lehre der Reinkarnation (Wiedergeburt) und die Bestimmung jeder neuen Existenz durch Karma führt er aber fort: Durch gute oder schlechte Taten sammeln die Menschen gutes oder böses Karma an. Wenn der Mensch stirbt, kommt er entsprechend des angesammelten Karmas in eine neue gute oder schlechte Existenz.

Der Buddhismus gliedert sich in die drei Richtungen Hinayana („kleines Fahrzeug“), Mahayana („großes Fahrzeug“) und Vayrayana („Diamantfahrzeug“). Hinayana kommt der ursprünglichen Form des Buddhismus am nächsten, Mahayana ist eine Richtung, die sich aus Hinayana entwickelte, und Vayrayana ist die Strömung, die im Westen als Tibetanischer Buddhismus bezeichnet wird.

## Drei Merkmale und Vier Edle Wahrheiten

Mittelpunkt aller Strömungen des Buddhismus sind die Lehre von den drei Merkmalen des Daseins und die Vier Edlen Wahrheiten. Die Lehre der Merkmale des Daseins enthält folgende Aussagen:

Alles ist unbeständig. Alles ist leiderfüllt. Alles ist substanzlos.

Der Satz, dass alles substanzlos ist, steht im Widerspruch zu westlichen Weltanschauungen, weil er aussagt, dass Festhalten am Ich Ursache des Leidens ist.

Nach buddhistischer Lehre setzt sich der Mensch aus fünf Aneignungsgruppen zusammen: Körper, Empfindungen, Wahrnehmungen, Geistesregungen und

Bewusstsein. Diese sind einem ständigen Kreislauf unterworfen und können auch zusammen keine Ich-Wesenheit bilden. Demzufolge kommt dem Ich keine eigene Existenz zu. Die Vier Edlen Wahrheiten leiten sich aus den drei Merkmalen ab und besagen Folgendes:

Alles Leben ist Leiden. Alles Leiden hat seine Ursache in Begierde. Das Aufheben der Begierde durch Askese führt zum Ende des Leidens und zum Ausbruch aus der Kette der Wiedergeburten. Um diesen Weg zu gehen, muss man sich an den Achtfachen Pfad halten: an den rechten Glauben, rechtes Denken, rechtes Reden, rechtes Handeln, rechtes Leben, rechte Anstrengung, rechtes Bewusstsein und rechtes Meditieren.

Der Buddhismus unterscheidet sich von westlichen Religionen. Er nimmt keinen Gott an und glaubt nicht daran, dass das Ich eine eigene Substanz ist oder dass es eine beharrende Seele gibt. Buddhisten verfolgen das Ziel, sich in einem Kreislauf von Reinkarnationen immer mehr von Irrtümern und moralischen Verfehlungen zu reinigen, um aus diesem Kreislauf ins Nirwana (Nichts) treten zu können. Nur so kann die Leidenskette durchbrochen und überwunden werden. ■

## Siddharta Gautama

**Königin Maya bei der Geburt Buddhas. Graeco-indisches Relief aus Gandhara, hellenistische Zeit**

Siddhartha Gautama begründete als Buddha (Erwachter) die Lehre des Buddhismus. Er entstammte einem Adelsgeschlecht aus Nordindien. Mit 16 Jahren heiratete der begabte Siddhartha Prinzessin Yasodhara, mit der er in einem luxuriösen Palast lebte. Dieses Leben schien ihn nicht auszufüllen und im Alter von 29 Jahren begab er sich auf Wanderschaft. Außerhalb des Palasts sah er sich mit Alter, Krankheit, Tod und Schmerz konfrontiert und verließ sein Zuhause, um als Asket zu leben. Er war Bettler und Eremit, begann zu meditieren und hatte mit 35 Jahren in Versenkung ein Erlebnis, das ihn zum „Buddha", zum Erwachten, machte. Buddha erkannte, dass Alter, Krankheit und Tod durch Begierden und Lebenswillen entstehen. Die Erlösung sah er im Nirwana, dem Heilsziel nach einem Kreislauf des Leidens durch Erleuchtung. Er verbreitete seine Lehre, die den Achtfachen Pfad von Tugend, Meditation und Weisheit einschließt, und fand rasch Anhänger.

Konfuzius, Denkmal in den „Gärten der Welt", Berlin

# Chinesische Philosophie

**Die chinesische Philosophie beeinflusste den Kulturraum um Korea, Taiwan, China und Japan ähnlich stark wie die Philosophie der antiken Griechen Europa. Die Anfänge der chinesischen Philosophie liegen in der Zeit um 1000 v. Chr. Konfuzius (um 551 – um 479 v. Chr.) und Laotse (6. Jahrhundert v. Chr.) begründeten zwei verschiedene Epochen. Die chinesische Philosophie unterscheidet sich in vielen Punkten von der westlichen. Yin und Yang sowie die fünf Elemente sind Bestandteil der chinesischen Philosophie.**

Die Ursprünge der chinesischen Philosophie reichen bis 1000 v. Chr. zurück, als das *Yijing* entstand. Dieses philosophische Werk beschreibt, wie der Wandel der beiden Grundkräfte Yin und Yang das gesamte Dasein geschaffen hat. Vom 6. Jahrhundert v. Chr. an verbreiteten die beiden Philosophen Konfuzius und Laotse ihr Werk. Konfuzius stellte den Begriff des Himmels in den Mittelpunkt seiner Lehren. Der Himmel *(Tian)* fordert sittliches Verhalten von den Menschen. Der Mensch ist von Natur aus gut und wenn ein Mensch Böses tut, liegt es an mangelnder Einsicht. Kenntnisse in der Geschichte sollen helfen, die richtige Erkenntnis zu vermitteln. Eltern müssen geachtet werden und das soziale Leben ist mit verschiedenen Beziehungen geregelt. Der edle Mensch gilt als erstrebenswert. Der Grundsatz lautet: „Was du selbst nicht wünschest, tu nicht an andern."

Buddhistische Grabstätte mit chinesischen Glückssymbolen

## Leben in Einklang mit der Natur

Laotse brachte vermutlich das Werk *Daodejing* hervor, das auch *Laozi* genannt wird. Es handelt von dem Weltgesetz

*(Dao)* und seinem Wirken *(De)*. Dao ist der „beständige, wahre Weg“, den man gehen muss. Dazu benötigt man *De*, Kraft und Tüchtigkeit. Anders als Konfuzius steht bei den Lehren Laotses das Leben im Einklang mit der Natur eindeutig im Vordergrund.

In der Han-Zeit (206 v. Chr. – 220 n. Chr.) entwickelte sich der Konfuzianismus zur Staatsideologie. Während der Tang-Dynastie (etwa 500–900) herrschte der Buddhismus vor. In der Song-Dynastie (960–1280) wurden Elemente aus Daoismus und Buddhismus in den Konfuzianismus integriert – der Neokonfuzianismus entstand. Gegen Ende des 19. Jahrhunderts brach die chinesische Philosophie durch den Kolonialismus zusammen und zu Beginn des 20. Jahrhunderts herrschte auch in China die westliche Philosophie vor.

In der chinesischen Philosophie stehen Himmel, Erde und Mensch im Mittelpunkt. Sie beeinflussen sich gegenseitig und werden von einem allumfassenden Gesetz regiert. Alles, was im Makrokosmos passiert, hat im Mikrokosmos des Menschen seine Entsprechung. Ein glückliches Leben setzt Einklang mit der Natur voraus. Yin und Yang und die fünf Elemente spielen beim chinesischen Denken eine wichtige Rolle.

## Westliche und östliche Philosophie unterscheiden sich

Während die westliche Philosophie analysiert und sich auf Einzelteile konzentriert, ist die östliche Philosophie durch eine ganzheitliche Wahrnehmung gekennzeichnet. Das Denken verläuft zyklisch, nicht statisch oder linear wie im Westen. Zudem gelten in China unterschiedliche Lehren als vereinbar. Die Gegensätze der Denkweisen erklären sich dadurch, dass in der Wiege der europäischen Philosophie, Griechenland, eine offene Gesellschaft bestand, während China weitgehend abgeschlossen und hoch entwickelt war. ■

### Yin und Yang und die fünf Elemente

In der chinesischen Weltanschauung gibt es fünf Elemente: Feuer, Wasser, Metall, Holz und Erde. Jedem Element wird eine Kraft zugesprochen:

- Feuer: das entzündet Sinkende
- Wasser: das nach unten Lösende
- Metall: das nach außen Gestaltende
- Holz: das organisch von innen sich steigend Gestaltende
- Erde: das Gleichgewicht der Mitte, der Boden

Erde, Mensch und Himmel befinden sich ständig im Wandel. Die fünf Elemente entsprechen diesen Zuständen des Wandels. Die Elemente sind durch die Urgewalten Yin und Yang entstanden, die folgende Eigenschaften beziehungsweise Prinzipien haben:

- Yin: weiblich, passiv, hingebend, empfangend, verhüllend
- Yang: männlich, zeugend, aktiv, schöpferisch, das Prinzip des Lichts

Yin und Yang ergänzen sich. Sie wirken nicht gegeneinander, sondern miteinander. Zusammen bringen sie alle Erscheinungen in der Welt hervor.

# Indische Philosophie

Ganesha

**Die indische Philosophie ist eng mit religiösem Denken verknüpft. Sie gehört mit zu den ältesten Philosophien auf der ganzen Welt. Auf der Grundlage der heiligen Schriften, der Veden, entwickelten sich im Laufe der Zeit neben dem Hinduismus noch der Buddhismus, der Jainismus, der Brahmanismus und weitere Philosophien. In der klassischen indischen Philosophie gibt es zwei Hauptgruppen mit orthodoxen und heterodoxen Systemen.**

Anders als in der europäischen Philosophie, deren Anfänge Sokrates, Platon und Aristoteles zugeschrieben werden, gibt es in der indischen Philosophie wenig überlieferte Namen. Eine Ausnahme bildet Adi Shankara, der etwa 788–820 lebte und einer der ersten religiösen Lehrer Indiens war. Ein weiterer Unterschied zur westlichen Philosophie liegt darin, dass es kaum überlieferte Schriften gibt. Die indischen Lehren wurden von den Meistern mündlich überliefert. Sie begannen erst relativ spät, ihre Texte schriftlich festzuhalten, und verwendeten dafür häufig schlecht haltbare Materialien wie Palmblätter, sodass viele Schriften verloren gingen. Erst zu Beginn der klassischen Zeit (400 v. Chr. – 700 n. Chr.) begannen die Gelehrten, ihre Werke auf Dauer schriftlich festzuhalten.

Körperübung

## Wiedergeburt

Die diversen Richtungen der indischen Philosophie haben viele Unterschiede, aber auch Gemeinsamkeiten. Dazu gehört, dass die Anhänger an den Zyklus der Wiedergeburten *(Samsara)* und an Karma glauben, eine Vorstellung, nach der jede Handlung, gute und schlechte, physische und geistige, Folgen hat, die sich entweder im aktuellen oder in einem der folgenden Leben zeigen. Alle indischen Philosophien glauben an eine kosmologische Instanz *(Dharma)* und daran, dass ein Ausbrechen aus dem Zyklus der Wiedergeburten möglich ist. Trotz dieser Übereinstimmungen unterscheiden sich die Philosophien in anderen Einzelheiten stark voneinander.

## Es gibt orthodoxe und heterodoxe Systeme

Indische Philosophien werden in zwei Hauptgruppen eingeteilt: in orthodoxe, wie Brahmanismus und Hinduismus, und in heterodoxe, wie Buddhismus und Jainismus. Orthodoxe Systeme erkennen die Veden an, heterodoxe lehnen die Autorität der heiligen Schriften ab.

Zu den sechs orthodoxen Systemen (sechs *Darshanas*) gehören die folgenden Philosophierichtungen:

- Samkhya: Dualistische Erkenntnisphilosophie
- Vaisheshika: Naturphilosophische Schule
- Nyaya: Lehre der Logik und Erkenntnistheorie
- Purva Mimansa: Schule der Ritualistik und Erkenntnisphilosophie
- Yoga: Praktischer Erlösungsweg
- Vedanta: Monistische Erlösungsphilosophie

Die sechs heterodoxen Systeme sind:

- Jainismus: Dualistische Lehre, die zwischen dem 6. und 5. Jahrhundert v. Chr. entstand
- Carcaka bzw. Lokayata: Lehre der Materialisten
- Sautrantika bzw. Sutra-Schule (Hinayana-Buddhismus)
- Sarvastivada bzw. Vaibhashika: „Schule der ausführlichen Erläuterung"
- Madhyamaka: „Schule des Mittleren Weges" (Mahayana-Buddhismus)
- Yogacara oder Vijnanavada: „Nur-Bewusstseins-Schule" (Mahayana-Buddhismus)

Im 19. Jahrhundert traf die indische Philosophie mit der westlichen zusammen. Das führte einerseits dazu, dass immer wieder Wissenschaftler versuchten, die beiden unterschiedlichen Denkrichtungen miteinander zu vereinbaren, andererseits blieben die traditionellen Richtungen von westlichen Einflüssen relativ unbeeinflusst. ■

### Brahmanismus

**Brahmane**

Brahmanismus ist eine Religionsphilosophie aus Indien. Der Brahmanismus war Wegbereiter des nachfolgenden Hinduismus und hatte seinen Höhepunkt in der Zeit zwischen 600 v. Chr. und 400 n. Chr. Brahmanen sind Angehörige der obersten Kaste, die damals das Recht und die Pflicht hatten, traditionelle vedische und epische Texte zu lehren und zu interpretieren. Zudem entwickelten sie religiöse Rituale. Im Brahmanismus wird von der Wesensgleichheit der einen Weltseele *(Brahman)* und der Einzelseelen *(Atman)* ausgegangen. Geburt und Wiedergeburt sind ein Kreislauf. Das Ziel des Menschen ist, sein Leiden zu überwinden und aus diesem Kreislauf auszubrechen. Meditationen, Rituale, Askese und eine moralische Lebensführung unterstützen die Angehörigen des Brahmanismus dabei, die spirituelle Einsicht von *Brahman* und *Atman* zu bekommen.

Islamische Kunst: Große Moschee (Isfahan)

# Islamische Philosophie

**Unter islamischer Philosophie versteht man die Philosophie des islamischen Kulturkreises, die in Zusammenhang mit der islamischen Lebensform entstand. Die islamische Philosophie entwickelte sich aus der Philosophie der griechischen Antike, die durch die Eroberung Alexandrias zu den Muslimen gekommen war, und der Religion des Islam. Ziel der islamischen Philosophie, die teilweise auf heftigen Widerstand stieß, ist die Vermittlung zwischen Vernunfterkenntnis und religiöser Offenbarung.**

Islamische Philosophie ist die Philosophie, die in islamischen Kulturkreisen gelernt und gelehrt wird, wobei religiöse Fragen nicht zwangsläufig Bestandteil sind. Die islamische Philosophie hat sich die Aufgabe gestellt, die Elemente des Korans, die Allmacht Gottes und die Endlichkeit des von ihm Geschaffenen zu behaupten und zwischen philosophischer Vernunfterkenntnis und religiöser Offenbarung zu vermitteln.

Die Lehren des Korans waren lange Zeit von tiefem Glauben an die Autorität und die religiöse Offenbarung geprägt. In der frühesten Form der islamischen Theologie wurde die Lehre der absoluten Einheit Gottes vertreten, die im 9. Jahrhundert zeitweilig zum Staatsdogma wurde und in der es eine Ethik über Gut und Böse gab sowie die Begriffe Freiheit und Substanz. Im 8. und 9. Jahrhundert nahmen die Gelehrten Elemente der antiken Philosophie mit auf. Die Werke Platons und Aristoteles' wurden kommentiert und ins Arabische übersetzt. Einflüsse aus Persien und Indien wirkten zusätzlich auf die islamische Philosophie ein. Die Schriften der islamisch-philosophischen Literatur wurden übersetzt und beeinflussten umgekehrt die moderne europäische Philosophie.

## Die Muslime übernahmen Demokrits Atomlehre

Die islamischen Gelehrten hatten die schwierige Aufgabe, ein philosophisches System zu entwickeln, das mit den Grundsätzen des Koran in Einklang gebracht werden konnte. Vor allem standen sie vor dem Problem, die Erschaffung der Materie begründen zu müssen. Sie übernahmen schließlich die Atomtheorie von Demokrit, stießen aber weiterhin auf Kritik. Im 12. Jahrhundert griff der Gelehrte Al-Ghazali (1058–1111) die Philosophen an, die daraufhin ihre Theorien klarer formulierten. Aus dieser kritischen Strömung kamen große Philosophen hervor, darunter Averroës (1126–98), der die islamischen Philosophen in zwei Hauptkategorien unterteilte: in Denker, die in der Regel keine schiitischen Glaubenslehren thematisieren, und in Denker, die überwiegend schiitische Glaubenslehren thematisieren.

**Averroës**

## Die moderne islamische Philosophie

Die Tradition der modernen islamischen Philosophie hat sich bis heute fortgesetzt. Seit der Mitte des 19. Jahrhunderts ist der europäische Einfluss zu spüren. Zu den verschiedenen Richtungen, die auf die islamistischen Philosophen besonders wirken, gehören der Existenzialismus, der Logische Positivismus und die Psychoanalyse. Im Laufe der Zeit bildete sich eine eigenständige islamische Philosophie heraus, die ihre eigenen philosophischen Termini hat. Obwohl es Gemeinsamkeiten gibt, hat sich in den einzelnen Ländern die islamische Philosophie unterschiedlich entwickelt. ■

### Der Traum des Kalifen

Dem Assasidenkalifen al-Mamun (786–833) gelang es, mithilfe eines vorgegebenen Traums die strenggläubigen islamischen Orthodoxen zu täuschen. Damit sie ihm nicht vorwarfen, Schriften gelesen zu haben, die nicht mit dem Koran zu vereinbaren waren, erzählte er ihnen von einem Traum. Al-Mamun sagte, ihm sei im Traum ein Mann in der Gestalt Aristoteles' erschienen, der ihm geraten habe, die philosophischen Werke der Antike zu lesen. Aristoteles galt von diesem Zeitpunkt an als „erster Lehrer" und erlangte großen Respekt, vergleichbar mit dem Propheten Mohammed (571–632 v. Chr.). Im Jahre 830 errichtete al-Mamun in Bagdad das sogenannte Haus der Weisheit. Dort wurden Werke antiker Griechen übersetzt, philosophische Abhandlungen verfasst und Diskussionsrunden veranstaltet. Al-Mamun versuchte mit diesen Mitteln, die Einheit des Islams wiederherzustellen. Als er den Rationalismus als Staatslehre durchsetzen wollte, protestierten islamische Orthodoxe und sagten der Philosophie den Kampf an.

# Japanische Philosophie

Japanische Buddha-Trias

Die Religionsphilosophie Japans entwickelte sich aus dem Konfuzianismus und dem Buddhismus. Bei der Zen-Philosophie spielen verschiedene Disziplinen eine Rolle, zu denen auch die Teezeremonie gehört. Im 19. Jahrhundert orientierte sich Japan in den Bereichen Wirtschaft, Kultur und Technik zunehmend am Westen und somit hielt auch die westliche Philosophie Einzug in den Inselstaat. Heute versuchen japanische Philosophen, östliche und westliche Denkweisen miteinander in Einklang zu bringen.

Im 4. Jahrhundert übernahm Japan den Konfuzianismus von China, dessen Gründer Konfuzius mit seinen moralischen Lehren von Schülern und Anhängern verehrt wurde. Der Konfuzianismus, der neben dem Daoismus *(Lehre des Weges)* und dem Buddhismus zu den drei großen Lehren Chinas gehört, beeinflusste das Leben Japans bis zu Beginn des 20. Jahrhunderts. Hofgelehrte gaben die Traditionen dieser Religionsphilosophie weiter, indem sie ihre Schüler ausschließlich an aristokratischen Bildungseinrichtungen unterrichteten.

Japanischer Garten

Im 13. Jahrhundert führten Zenmönche den Neokonfuzianismus ein. Diese Lehre hat ihre Ursprünge im Konfuzianismus, ist aber von Buddhismus und Daoismus beeinflusst und wurde bald eine der wichtigsten Strömungen in Japan.

## Der Mensch steht im Mittelpunkt

Beim Neokonfuzianismus steht der Mensch mit seinen Handlungen im Zentrum. Die sozialen Geflechte sind durch die „fünf menschlichen" Beziehungen geregelt. Es gelten die fünf Grundtugenden

Mitmenschlichkeit, Rechtlichkeit, Sitte, Rechtschaffenheit und Wissen. Das Dasein gründet auf ein Prinzip, das die Dinge ordnet *(Ri)*, und auf Materie-Energie *(Qi)*. Die Materie-Energie, die die Stofflichkeit gründet, besteht aus einem Ruhepol (*In*, chinesisch: *Yin*) und Bewegung (*Yo*, chinesisch: *Yang*) und ist mit dem chinesischen Yin und Yang zu vergleichen. In und Yo befinden sich in ständiger Bewegung und Wechselwirkung mit- und zueinander. Dadurch entstehen die fünf Wandlungsphasen Holz, Feuer, Erde, Metall und Wasser.

## Die Zen-Philosophie entstand aus dem Buddhismus

Auch die Zen-Philosophie spielt eine große Rolle in Japan. In der Nara-Zeit (710–784) kamen Anfänge buddhistischen Denkens in Japan auf und eigenständige Schulen gründeten sich. Zu Beginn der Zen-Philosophie stand die Metaphysik im Mittelpunkt, später kamen Erkenntnistheorie, Ethik und Psychologie hinzu. Die Zen-Philosophie war auch als Gegenbewegung zu den konfuzianischen und buddhistischen Schulen zu verstehen. Im 18. Jahrhundert begannen die Niederländer, die moderne westliche Philosophie in Japan bekannt zu machen. Die Philosophen Tominaga Nakamoto (1715–46), Miura Baien (1723–89) und Mori Fukuzawa Yukichi (1835–1901) wollten mit dem Einbringen westlicher Gedanken Japan wirtschaftlich, technisch und kulturell dem Westen angleichen. Nishi Amane (1829–97) gilt als Begründer einer modernen japanischen Philosophie. Im 20. Jahrhundert hatten Kant und der Neukantismus einen großen Einfluss. Nishida Kitaro (1870–1945) gründete schließlich eine eigene Schule, bei der er die westliche in die östliche Philosophie integrierte. Nach 1945 gab es Anhänger fast aller Richtungen, wie Existenzialismus, Marxismus und Pragmatismus. Heute suchen japanische Philosophen den Dialog mit Gelehrten aus der ganzen Welt. ■

**Konfuzius**

### Zen

Zen (Selbstversenkung) ist eine buddhistische, meditative Schule, die der indische Mönchsgelehrte Bodhidharma (440 – 528) im Jahr 520 in China gründete. Im 13. Jahrhundert begann sich der Zen-Buddhismus in Japan durchzusetzen, der unter anderem den Samurai-Kriegern die geistige Basis bot. Im Zen-Buddhismus gibt es verschiedene Disziplinen, die Wege des Zen. Dazu gehören Sado, der Weg der Teezeremonie, Shodo, der Weg der Schreibkunst, Kado oder Ikebana, der Weg des Blumenarrangements, Suizen, das kunstvolle Spiel der Shakuhachi-Bambusflöte, Zengarten, die Kunst der Gartengestaltung, und Budo, der Weg des Kriegers.

# Jüdische Philosophie

Philon von Alexandria

Unter jüdischer Philosophie versteht man die Verbindung von jüdischer Religion mit der wissenschaftlichen Philosophie. Im Mittelpunkt steht das Verhältnis zwischen der offenbarten Tradition des Judentums und der Vernunfterkenntnis der Philosophie. Eine jüdische Philosophie entstand erst im 8. und 9. Jahrhundert. Im Mittelalter wurde sie von Neuplatonismus und Aristotelismus beeinflusst. Heute versuchen Religionsphilosophen, moderne Fragestellungen in die jüdische Philosophie zu integrieren.

Die Anfänge der jüdischen Philosophie reichen bis um die Zeit von Christi Geburt zurück. Philon von Alexandria (15/10 v. Chr. – 40 n. Chr.), ein Vertreter des hellenistischen Judentums, wollte die platonische Schule in den jüdischen Glauben integrieren. Christliche Theologen nahmen sein Werk mit Interesse wahr, aber im Judentum blieb sein Versuch erfolglos. Erst zwischen dem 8. und 9. Jahrhundert entwickelte sich allmählich eine jüdische Philosophie.

## Im Mittelalter nahm der Einfluss der Griechen zu

Im Mittelalter beeinflussten der Neuplatonismus, der Aristotelismus und die islamische Theologie die jüdische Philosophie. Im Zentrum des Denkens standen Fragestellungen nach Gott, der Welt und der Thoraoffenbarung. Problematisch war vor allem die Synthese des Neuplatonismus mit der jüdischen Tradition, weil Schöpfung und Gottesbegriff unterschiedlich interpretiert wurden. Seit dem 12. Jahrhundert ist der Aristotelismus und der Averroismus (eine Strömung innerhalb des Aristotelismus) in der jüdischen Philosophie vorherrschend.

Schriftrolle der Thora

## Kabbala

In der Kabbala, einer Geheimlehre, findet sich die jüdische Mystik wieder. Die Kabbala (hebräisch für „Überlieferung, Übernahme") entwickelte sich aus der Thora, der Heiligen Schrift des Judentums. In dem Werk geht es um Ekstase, also um eine Änderung des Bewusstseins bis zu höchster Hingabe. Kabbalistische Erfahrungen ermöglichen es, die Grenze zwischen Subjekt und Objekt aufzuheben. Die verschiedenen Techniken, um mit dem Ich aus dem Körper zu gelangen, verstehen sich als Geheimlehren. Früher wurden sie mündlich überliefert, erst später schriftlich. Die ersten kabbalistischen Überlieferungen stammen aus dem 1. Jahrhundert n. Chr. Im Mittelalter gab es kabbalistische Bewegungen in Deutschland und Spanien. Im Sohar, dem bedeutendsten Schriftwerk der Kabbala, finden sich Erzählungen zu mythischen Gestalten des Judentums. Nachdem die Juden im Jahr 1492 aus Spanien vertrieben wurden, verlegte sich das Zentrum der kabbalistischen Lehre nach Safed in Galiläa. Der jüdische Kabbalist Rabbi Yehuda Leib Ha-Levi Ashlag (1884 – 1954) brach mit der bisherigen Tradition, die Lehren der Kabbala nur unter Geheimhaltung weiterzugeben, und wollte sie verbreiten, um dem zunehmenden Egoismus entgegenzuwirken. Er sagte voraus, dass sich die Massen im Jahr 1995 der Kabbala zuwenden würden.

Im Spätmittelalter und in der Neuzeit gab es wieder vermehrt Versuche, die Tradition des jüdischen Glaubens mit der wissenschaftlichen Philosophie zu vereinbaren, aber die traditionsgebundenen Schriften setzten sich mehr und mehr durch. Philosophen, die den jüdisch-orthodoxen Glauben kritisch hinterfragten und philosophische Einflüsse wünschten, wurden häufig aus ihren Gemeinden ausgeschlossen, wie Uriel Acosta (1585–1640) und Baruch de Spinoza. Seit dem Mittelalter hat sich die mystische Richtung, die Kabbala, die auf der Jenseitigkeit und Einheit Gottes basiert, durchgesetzt. Während der jüdischen Aufklärung griffen die Gelehrten wieder zunehmend auf die jüdische Philosophie des Mittelalters zurück und im 19. und 20. Jahrhundert beeinflusste der deutsche Idealismus die jüdische Religionsphilosophie. Die Religionsphilosophen Martin Buber (1878–1965) und Abraham Joshua Meschel (1907–72) brachten Einflüsse aus der modernen Theologie und der Sozialphilosophie ein. Ernst Bloch (1885–1977) und Emmanuel Levinas (1906–95) blieben der jüdischen Tradition treu, durchsetzten sie aber mit verweltlichten, marxistischen und phänomenologischen Einflüssen. ■

**Martin Buber**